Tessloffs Bildlexikon in Farbe

DATEN DER WELTGESCHICHTE

Jane Chisholm

Konzept: Iain Ashman

Illustration: **Ian Jackson** und **Richard Draper**

Fachliche Beratung:
Anne Millard und **Malcolm Falkus**

Karten: **Guy Smith**

Weitere Illustrationen:

Joseph McEwan, Gillian Hurry, Chris Lyon, Martin Newton, Roger Phillips und **Sara Silcock**

Inhalt

Über dieses Buch

Dieses illustrierte Buch über die Daten der Weltgeschichte umfaßt den Zeitraum von etwa 9000 v. Chr. bis heute. Das Buch ist in acht Perioden eingeteilt. Diese sind an den Daten oben links auf jeder Doppelseite und einem Farbdreieck unten rechts leicht zu erkennen.

Jeder Abschnitt enthält Darstellungen zu den wichtigsten Themen wie auch Datentafeln, die in Spalten den jeweiligen geographischen Bereichen zugeordnet sind. Man kann daran also das Geschehen in verschiedenen Teilen der Welt zu einer bestimmten Zeit verfolgen. Die Perioden:

 ca. 9000 v. Chr. — 499 n. Chr.

 500—1199

 1200—1499

16. Jahrhundert

 17. Jahrhundert

 18. Jahrhundert

 19. Jahrhundert

20. Jahrhundert

Zum Gebrauch des Buches

Das Buch kann von vorne bis hinten durchgelesen oder auch als Nachschlagewerk benutzt werden.

Folgende Abkürzungen werden verwendet:

ca. steht für circa, das lateinische Wort für „etwa". Viele der frühen Daten beginnen mit ca., weil die Historiker nur ein ungefähres Datum feststellen konnten.

v. Chr. steht für „vor Christus". Viele Historiker glauben heute jedoch, daß Jesus im Jahre **5 v. Chr.** geboren wurde und nicht, wie man aufgrund eines Rechenfehlers meinte, im Jahre **0**.

n. Chr. steht für „nach Christus" und gilt für alle Daten nach Christi Geburt.

Um Verwirrung zu vermeiden, sind **v. Chr.** und **n. Chr.** in den Texten und jeweils zu Beginn einer Datenliste hinzugefügt, wo die Zeiträume wechseln. In den späteren Jahrhunderten sind alle Daten „n. Chr." und nicht mehr besonders vermerkt.

Der heute benutzte Kalender wird als der **Gregorianische Kalender** bezeichnet. Er wurde **1582** (nur in katholischen Ländern) von **Papst Gregor XIII.** eingeführt und ist eine revidierte Fassung des **Julianischen Kalenders**, der **46. v. Chr.** von **Julius Cä-**sar eingeführt wurde. Sein Kalender unterschied sich von unserem nur dadurch, daß das Jahr nicht am 1. Januar begann und die Schaltjahre anders gezählt wurden.

Hinter einem Personennamen stehende Daten in Klammern — etwa: **Isaac Newton (1642–1727)** — beziehen sich auf seine oder ihre Lebenszeit. Bei Königen, Königinnen und Herrschern — etwa: **Maria Theresia von Österreich (1740–1780)** — ist die Regierungszeit gemeint. Es gibt ein paar Ausnahmen — wie **Karl V.** und **Friedrich II.**, die zu verschiedenen Zeiten über verschiedene Länder regierten.

Alle Daten und Schlüsselworte, Länder- und Personennamen, sind durch Fettdruck hervorgehoben. Folgt darauf ein Sternchen — z. B.: **Renaissance*** — so findet sich dieses Wort auch in der Fußnote unten auf der Seite. Das ist ein Hinweis auf eine weitere Erklärung im Text oder auf das erste Erscheinen in einer Datentafel. Bei manchen Wörtern wird auf das Glossar (S. 113–114) verwiesen. Wer das Wort bereits kennt, kann weiterlesen. Um Platz zu sparen, sind die Fußnoten vereinfacht: **Hethitisches Reich** und **Hethitisches Königreich** tauchen einfach unter **Hethiter** auf. Wörter wie **Juda, Judentum** und **jüdisch** fallen unter den Eintrag **Judentum**.

Die ersten Bauern

Die ersten Menschen lebten als **Nomaden***, jagten Tiere und sammelten Wildpflanzen. Es fand nur ein allmählicher Wechsel, regional zu unterschiedlichen Zeiten, zu einer seßhaften Lebensweise mit Ackerbau statt. Die Landwirtschaft begann vermutlich um etwa **9000 v. Chr.** in **Vorderasien** im „Fruchtbaren Halbmond".

Jericho bestand aus dicht gedrängten Lehmziegelhäusern, die hinter einem starken Schutzwall mit großem Wachtturm standen.

Mit Beginn der Landwirtschaft bauten die Menschen dauerhafte Siedlungen. Eine der bekanntesten ist um **8000 v. Chr.** Jericho mit etwa 2000 Einwohnern. Es wurde um **7000 v. Chr.** zerstört und später neu erbaut.

Die wilden Ursprungsformen von Weizen, Gerste, Linsen und Erbsen, Ziegen, Schweinen, Schafen und Rindern waren in dieser Region heimisch. Die Menschen haben vermutlich Jahrhunderte von ihnen gelebt, bevor sie begannen, sie zu züchten, zu zähmen oder anzubauen.

Catal Hüyük (Anatolien).

In **Catal Hüyük** hatte man schon geschmückte Schreine für Götter und Göttinnen errichtet.

Um **6000 v. Chr.** war **Catal Hüyük** eine blühende Stadt mit etwa 6000 Bauern und Händlern. Sie stellten Töpferware und Stoffe her. Über ihr Leben wissen wir wenig, weil es kaum Fundstätten gibt.

Europa

ca. 6000 v. Chr.   Bauern- und Hirtengruppen aus **Anatolien*** erreichen **Griechenland**, **Kreta*** und die **Ägäischen Inseln**.

ca. 5200—2000   Die Landwirtschaft breitet sich in **Nord- und Westeuropa** aus.

ca. 4000—1500   Errichtung der **Megalithe**, großer Steinkreise und Gräber in **Malta**, der **Bretagne**, auf der **Iberischen Halbinsel** und den **Britischen Inseln**.

Stonehenge, England ca. 2000 v. Chr., ein typischer Steinkreis

ca. 4000   Kupferbearbeitung auf dem **Balkan**.

ca. 3000   In der **Ägäis** werden Oliven, Wein und Getreide angebaut. Erste Handelsverbindungen.

ca. 2500   Bronzeverarbeitung in **Europa** beginnt.

ca. 2500—2000   **Schnurkeramik-** (oder **Streitaxt-**) und **Glockenbecher-Kulturen** in **Nordeuropa**.

Glockenbechergefäße

Schnurverzierte Gefäße

Goldbecher aus **Wessex** (England)

ca. 2000—1700   Zeit der **ersten Paläste** auf **Kreta***.

ca. 2000—1500   Wessexkultur in Südengland.

Vorderasien

ca. 9000 v. Chr.   Landwirtschaft im **Zweistromland** (siehe Karte oben).

ca. 8000   **Jericho** ist eine blühende Stadt mit etwa 2000 Einwohnern.

ca. 7000   Töpferei, Spinnerei, Webkunst und gehämmertes Kupfer bekannt.

ca. 6000   **Catal Hüyük** mit ca. 6000 Einwohnern

ca. 5000—2000   **Sumerische*** Stadtkultur

Mosaik-Standarte von Ur (**Sumer***).

ca. 4000   Entdeckung der Technik des Gold- und Silberschmelzens.

ca. 3400   In **Sumer*** wird das Rad erfunden.

ca. 3300   Die **Sumerer*** entwickeln die Schrift.

Steintafel mit **sumerischen** Schriftzeichen

ca. 2371—2230   Königreich von **Akkad***

ca. 2000   **Hethitische*** Staaten in **Anatolien***.

ca. 2000   Aufstieg **Babylons***.

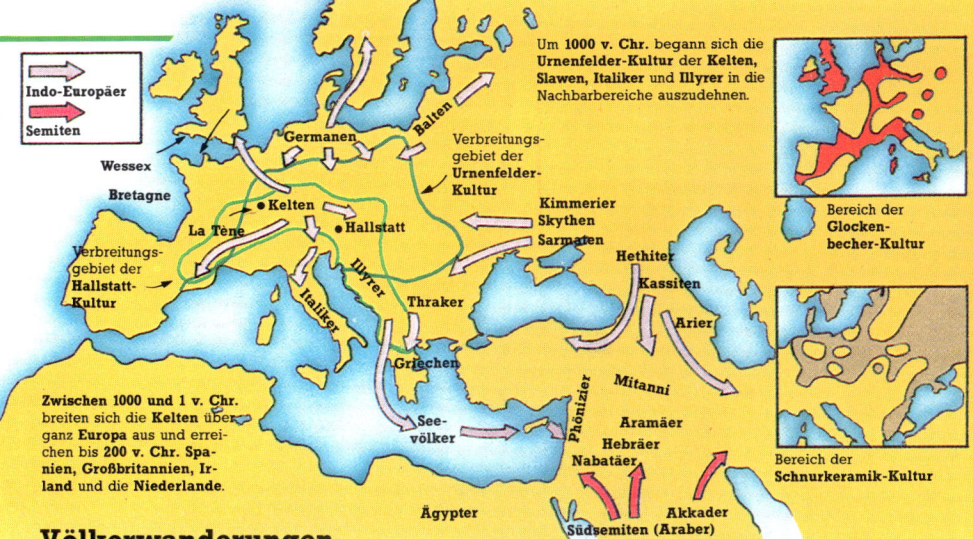

Um **1000 v. Chr.** begann sich die **Urnenfelder-Kultur** der **Kelten, Slawen, Italiker** und **Illyrer** in die Nachbarbereiche auszudehnen.

Indo-Europäer
Semiten

Germanen
Wessex
Bretagne
La Tène
• Kelten
• Hallstatt
Balten
Verbreitungs-gebiet der **Urnenfelder-Kultur**
Verbreitungs-gebiet der **Hallstatt-Kultur**
Illyrer
Italiker
Thraker
Griechen
Kimmerier
Skythen
Sarmaten
Hethiter
Kassiten
Arier
Mitanni
Phönizier
See-völker
Aramäer
Hebräer
Nabatäer
Ägypter
Südsemiten (Araber)
Akkader

Bereich der **Glocken-becher-Kultur**

Bereich der **Schnurkeramik-Kultur**

Zwischen **1000** und **1 v. Chr.** breiten sich die **Kelten** über ganz **Europa** aus und errei-chen bis **200 v. Chr.** Spa-nien, Großbritannien, Ir-land und die Niederlande.

Völkerwanderungen

Zwischen **3000** und **2000 v. Chr.** brachen ganze Völker zu Wanderungen durch **Asien** und **Europa** auf. Viele der Völker gehörten den großen Sprachgruppen der **Semiten** und der **Indoeuropäer** an. Um **3000 v. Chr.** begannen die **Semiten** sich über ganz Vorderasien auszubreiten. **Se-mitische Sprachen** sind das **Arabische**, das **Hebräische** und ausgestorbene Spra-chen wie **Babylonisch***. Die **Indoeuro-päer** könnten aus dem **südlichen Rußland** stammen. Seit **2000 v. Chr.** besiedelten viele von ihnen neue Gebiete. Die meisten **modernen europäischen Sprachen**, wie auch **Armenisch, Latein, Sanskrit** und ei-nige **Hindu**-Dialekte, stammen von einer indoeuropäischen Ursprache ab.

Afrika

ca. 5000 v. Chr. Die einst grüne **Sahara** ist noch teilweise frucht-bar, und es gab dort Rinderhirten.

Felsmalereien aus dieser Zeit, gefunden in der **Sahara**.

ca. 5000 Landwirtschaft in **Ägypten***. Die Ägypter entwik-keln auch Töpferei, Leinenher-stellung und Metallbearbeitung.

Bäuerliche Szene aus einer **ägyptischen** Grabmalerei.

ca. 3300 Hieroglyphenschrift* in **Ägypten***.

ca. 3118 Menes eint **Ägypten***.

Der Ferne Osten

ca. 5000 v. Chr. Allmähliche Übernahme des Landbaus in **China**.

ca. 4000 Im **Indus-Tal** in **Indien** siedeln bäuerliche Gemeinschaften.

ca. 3000 Sammler/Jäger auf den **japanischen Inseln**. Töpferei.
ca. 2500—1500 Die auf Land-wirtschaft beruhende **Induskultur** in **Indien** mit Handelsverbindun-gen bis nach **Mesopotamien***. Ihr Mittelpunkt sind große Städte mit öffentlichen Gebäuden, Sanitär-anlagen und gitterartig angeord-neten Häusern. Die bekanntesten Stätten: **Mohenjo-Daro** und **Harappa**.

ca. 1800—1500 Legendäre **Hsia-Dynastie** in **China**.

Steinstatue und Bronzefigur der **Indus-kultur**.

Amerika

ca. 6000 v. Chr. In **Mittelamerika** entwickelt sich Landwirtschaft.

ca. 3200 Einführung der Töpfe-rei in **Ekuador**.

ca. 3000 Verwendung von Töp-ferei in **Kolumbien**.

ca. 3000 Langsamer Übergang zu bäuerlicher Lebensweise in **Peru** und **Mexiko**.

ca. 3000 Nordamerika: Jäger und Sammler der **Cochise-Kultur** leben im Südwesten.

ca. 2300 Mexiko: die bäuerliche Lebensweise führt zu Seßhaftig-keit in dauerhaften Siedlungen.

ca. 2300 Töpferei breitet sich nach **Mexiko** und **Guatemala** aus.

ca. 2000—1500 Töpferei bei den Bauern in **Peru** bekannt.

Nordamerika
Hopewell-Kultur
Adena-Kultur
Cochise-Jägerkultur
Mississippi
Hohokam-Kultur

Ägypten, 10–11; **Babylon**, 7; **Hieroglyphen**, 10; **Mesopotamien**, 6–7

Mesopotamien und Anatolien ca. 5000 v. Chr. – 200 n. Chr.

Eine der ersten Kulturen des Altertums entstand in **Mesopotamien**, dem Land zwischen den Strömen **Euphrat** und **Tigris**. Von etwa **4000 v. Chr.** an entstanden dort Gesellschaften mit Städten, öffentlichen Bauten, Schrift, Politik, Religion und Gesetzgebung.

Schwarzes Meer

ANATOLIEN • Hattusa

KLEINASIEN

Tauros-Gebirge

Farbschlüssel:

Hethitisches Reich

Babylonisches Reich (Hammurabi)

Assyrisches Reich (Assurbanipal)

Akkadisches Reich

Sumer

Erste sumerische Siedlungen

• Ninive

Assur •

PALÄSTINA SYRIEN

Mittelmeer

Zagros-Gebirge

Euphrat

Babylon •

Uruk •

Eridu • • Ur

Tigris

PERSIEN

Persischer Golf

Sumer und Akkad

Harfe

Halsbänder

Helm

Goldenes Messer

Schätze aus dem Königsgrab von **Ur**.

Um **3100–2800 v. Chr.** waren in **Sumer** im südlichen Mesopotamien Stadtstaaten wie **Eridu, Ur** und **Uruk** entstanden. Die Staaten wurden von Königen unter wechselnder Vorherrschaft (**Hegemonie***) regiert. Die **Sumerer** errichteten gewaltige Bauten und erfanden Rad, Schrift und Töpferscheibe.

Benachbarte **semitische*** Stämme wollten am Wohlstand Sumers teilhaben. In **Akkad** kamen Semiten an die Macht und gründeten unter **Sargon** (ca. **2371–2316 v. Chr.**) eine Dynastie. König Sargon eroberte Sumer, einte Mesopotamien unter seiner Herrschaft und entmachtete die Stadtstaaten.

Sargon von Akkad

Sargon und sein Enkel **Naramsin** (ca. **2291–2255**) unternahmen Beutezüge nach Syrien, Persien und Kleinasien.

Die **Zikkurat** (Terrassentempel) von **Ur**, ca. **2100 v. Chr.**

Um **2230 v. Chr.** wurde Akkad von den **Gutäern** aus dem **Zagros**-Gebirge erobert. Ein neues sumerisches Reich mit Ur als Hauptstadt entstand. Diese Kultur fand um **2000 v. Chr.** ihr Ende mit der Invasion der semitischen **Amoriter**, die auf den alten Stadtstaaten basierende Reiche errichteten. Zwei von diesen – **Babylon** und **Assyrien** – wurden bedeutend (siehe S. 7).

Hegemonie, 113; Semiten, 5.

6

Babylon

Eines der Reiche der **Amorit**er mit der Hauptstadt **Babylon** gewann an Bedeutung und eroberte **Akkad** (**ca. 1894 v. Chr.**). Später umfaßte das **Babylonische Reich** ganz **Mesopotamien**.

Diese steinerne Stele zeigt die Gesetzessammlung von **König Hammurabi (1792 bis 1750 v. Chr.**), Eroberer von **Mesopotamien**.

Als der Amoriter-König **Hammurabi** starb, fiel ein Teil seines Reiches ab. Um **1595 v. Chr.** übernahmen die **Kassiten** aus dem **Zagros-Gebirge** die Herrschaft über das babylonische Reich. Sie wurden von den **Elamitern** (**ca. 1174 v. Chr.**) vertrieben, die nur kurz herrschten. Um **1170 v. Chr.** errichtete **Nebukadnezar I.** die babylonische Herrschaft erneut. Das Reich fiel **689 v. Chr.** an die **Assyrer**.

Das Neubabylonische Reich

Das **Ischtartor von Babylon**, erbaut von **Nebukadnezar II.** (605–562 v. Chr.). Er beherrschte **Westmesopotamien, Syrien, Palästina** und **Elam**.

Mit Hilfe der **Meder*** unterwarfen die **Babylonier** die **Assyrer** und bildeten **627 v. Chr.** das **Neubabylonische Reich**. Es bestand bis **539 v. Chr.**, als die **Perser** es eroberten und zur Provinz des **Persischen Reiches*** machten. Es wurde von **Alexander dem Großen*** im Jahre **331 v. Chr.** erobert und ging **301 v. Chr.** ins **Seleukidenreich*** über. Dieses fiel **126 v. Chr.** unter die Herrschaft der **Parther***. Um **200 n. Chr.** war Babylon eine verlassene Ruinenstadt.

Die Assyrer

Assyrisches Steinrelief aus dem Palast **Sargons II.** in **Chorsabad**.

Die Assyrer waren große Baumeister und schmückten ihre Paläste mit gewaltigen Steinreliefs, ihrer wichtigsten Kunstform.

Die **Assyrer** waren **Semiten***, die in **Mesopotamien** um die Städte **Assur** und **Ninive** siedelten. Sie waren ein zähes, kriegerisches Volk. Das erste **Assyrische Reich** (1814–1754 v. Chr.) wurde von **Schamschiadad** und seinem Sohn **Ischmedagan** erobert. Es wurde von den **Babyloniern** vernichtet und kam unter die Herrschaft der **Mitanni*** (**ca. 1450 v. Chr.**).

In einem **assyrischen** Palast.

Der König läßt sich nach der Schlacht Gefangene vorführen.

Die Assyrer gewannen ihre Unabhängigkeit und gründeten das **Mittlere Assyrische Reich** (**ca. 1375 bis 1047 v. Chr.**). Unter **Tiglatpileser I.** (1115–1077 v. Chr.) eroberten sie neue Gebiete und forderten **Tribut*** von unterworfenen Völkern. Das Reich zerfiel bei der Ankunft der **Aramäer*** (**ca. 1047 v. Chr.**).

Das **Neue Assyrische Reich** (**ca. 911 bis 609 v. Chr.**) dehnte seine Herrschaft über ganz **Vorderasien** aus. In seiner Blütezeit umfaßte es Mesopotamien, einen großen Teil des östlichen Hochlandes, **Syrien**, die **Levante**, **Palästina** und **Unterägypten**. Es gab jedoch viele Rebellionen. Ein Bündnis der **Meder*** und Babylonier gegen Assyrien führte **614 v. Chr.** zum Sturz des Reiches.

Die Hethiter

Hethitischer Streitwagen

Die Hethiter verarbeiteten Eisen.

Die **Hethiter**, ein **indoeuropäisches*** Volk, tauchten um **2000 v. Chr.** in **Anatolien** auf und gründeten kleine Staaten. König **Labarna** einte das Land und begründete das **Alte Reich** (**ca. 1650 bis 1450 v. Chr.**) in **Hattusa**. Die Hethiter dehnten ihr Reich nach **Nordsyrien** aus und eroberten **1595 v. Chr. Babylon**. Während des **Neuen Reiches** (**ca. 1450 bis 1200**) reichte ihr Herrschaftsgebiet vom **Mittelmeer** bis zum **Persischen Golf**. Das Reich zerbrach unter dem Ansturm der **Seevölker** um **1200 v. Chr.**.

Europa

Um 2000 v. Chr. Pferde und Fahrzeuge mit Rädern in **Osteuropa** verwendet.

Bronzewagen
Dänemark, 1500 v. Chr.

ca. 1900—1200 Mykeni-
sche* Kultur.

ca. 1700—1450 Zeit der
jüngeren Paläste auf Kreta*.
Sog. „**Linear A**-Schrift".
„**Linear B**", eine frühe Form
des Griechischen, ab etwa **1400**.

Kretische
Scheibe mit
Linear A.

ca. 1400—1200 Blüte der **mykenischen* Kultur.**

ca. 1380 Zerstörung des Palastes von **Knossos**.

Dörfliche
Siedlung
aus der
Urnen-
felder-
Kultur.

ca. 1300 Urnenfelder-Kultur in Mitteleuropa.

ca. 1250 Der **Trojanische Krieg** zwischen **Mykenern*** und **Trojanern** (aus Troja in Kleinasien) führt zur Zerstörung von **Troja**.

ca. 1050—750. Dunkles Zeitalter in **Griechenland*.**

ca. 900 Etrusker (Metallarbeiter aus Kleinasien) siedeln in **Norditalien**.

ca. 800 Homer dichtet die *Ilias* und die *Odyssee*, griechische Epen über den **Trojanischen Krieg**.

776 Erste **Olympische Spiele** in **Griechenland*.**

Etruskischer
Krieger in Bronze

Bronzeaxt der
Hallstattkultur.

753 Überliefertes Datum der Gründung **Roms*.**

ca. 750 Griech. Stadtstaaten* gründen erste Kolonien.

ca. 750—500 Hallstatt-Kultur* in **Österreich**: ein reiches Zentrum mit Salzbergbau und Eisenbearbeitung.

Skythische
Goldarbeiten aus
Rußland.

ca. 700 Das **indoeuropäische*** Volk der **Skythen** dringt von Zentralasien nach **Osteuropa** vor.

683 Athen* ersetzt das **Erbkönigtum** durch neun **Archonten** (Herrschende), die jährlich von den Adligen gewählt werden.

ca. 600—500 Archaische Periode in griech. Kunst.

594 Solon wird zum alleinigen **Archon Athens*** ernannt. Er führt Regierungsreformen ein.

510—509 In **Rom*** wird die **Monarchie** durch eine **Republik*** ersetzt.

509—507 Kleisthenes führt **Athen*** durch Reformen zur **Demokratie*.**

ca. 500 Die **Kelten** wandern von **West- und Zentraleuropa** nach **Spanien, England, Irland** und in die **Niederlande**.

Vorderasien

ca. 1814—1754 v. Chr. Erstes **Assyrisches Reich*.**

ca. 1792—1750 Hammurabi, König des **Babylonischen Reiches*.**

ca. 1650—1450 Altes Hethiterreich*.

ca. 1595 Hethiter* zerstören **Babylon*.**

ca. 1450—1200 König Telepinus gründet das **Neue Hethiterreich.**

ca. 1450 Das **Assyrische Reich** gerät unter Herrschaft des **semitischen*** Volkes der **Mitanni**.

ca. 1400 Erste Erwähnung der „**Seevölker**" als Räuber in **ägyptischen** Berichten. Damit sind verschiedene Völkergruppen der **Mittelmeerinseln**, der **Anatolischen Küste** und **Griechenlands*** gemeint.

1380—1340 Suppiluliuma, König der **Hethiter***, vernichtet das **Mitanni-Reich** und zersplittert den nördlichen Teil des **Ägyptischen Reiches*.**

ca. 1375—1047 Mittleres Assyrerreich*.

ca. 1269 Bündnis zwischen **König Hattusilis II.** der **Hethiter*** und **Ramses II.** von **Ägypten*.**

ca. 1200 Wanderung der **Seevölker**, die **Zypern** und viele vorderasiatische Stadtstaaten besiegen und den größten Teil des **Hethiterreiches*** vernichten.

ca. 1200 Ankunft der **Hebräer*** in **Kanaan**, geführt von **Mose** und **Josua**.

ca. 1200—1000 Die **Phönizier** kommen (im heutigen **Libanon**) an die Macht. Sie gründen an den südlichen und westlichen Küsten des Mittelmeeres Kolonien. Wichtige Städte sind **Byblos, Sidon, Beirut** und **Tyros**. Ihr Alphabet ist Grundlage für die **griechische, lateinische** und **moderne Schrift**.

Phönizischer
Hafen

ca. 1190 Ramses III. von **Ägypten*** schlägt die **Seevölker**. Eine Gruppe, die **Peleset** (später **Philister** genannt), siedelt in einem Teil von Kanaan, das nach ihnen **Palästina** genannt wird.

1115—1077 Herrschaft von **Tiglatpileser I.** von **Assyrien***

ca. 1010—926 Israel.
Gesamtreich

926 Israel* zerfällt in zwei Reiche: **Israel** und **Juda*.**

ca. 911—609 Neues
Assyrisches Reich*.

847 Erste Erwähnung des Volkes der **Nabatäer** in **Arabien**. Sie siedeln um das **Tote Meer**.

835—825 Sardur I. begründet das Reich von **Urartu** (oder **Ararat**) am **Wan-See**. Als wichtiges Zentrum der Eisen- und Kupfergewinnung wird es 721—705 von den **Assyrern*** erobert, dann von den **Skythen** und gehört ab 610 v. Chr. zum **Meder-Reich*.**

Afrika

Statue von Prinz **Raho-tep** und Prinzessin **Nofret** ca. 2660 v. Chr.

ca. 2686—2181 v. Chr. Altes Reich in Ägypten, 3.—6. Dynastie.

ca. 2181—2040 Erste Zwischenzeit in **Ägypten***, 7.—10. Dynastie. Ende der Zentralregierung, die zeitweise von den Königen der 9.—10. Dyn. von **Herakleopolis** wiederhergestellt wird.

Schmuck einer Prinzessin aus dem Mittleren Reich.

ca. 2133—1633 Mittleres Reich in **Ägypten***, 11.—13. Dynastie.

ca. 1674—1567 Zweite Zwischenzeit in **Ägypten***, 14.—17. Dyn.

1567—1085 Neues Reich in **Ägypten***, 18.—20. Dynastie.

Büste der Königin **Nofretete**, Frau **Echnatons** (siehe unten).

1503—1482 Herrschaft der ägypt. Königin **Hatschepsut**.

ca. 1500 Rinder und Ziegen in **Westafrika** domestiziert.

ca. 1450 Das **Ägyptische Reich*** erstreckt sich vom vierten Nilkatarakt bis zum **Euphrat**.

1379—1362 Herrschaft **Echnatons** von **Ägypten***. Er versucht die Anbetung nur eines Gottes durchzusetzen, scheitert aber.

1190 Ramses III. von **Ägypten*** besiegt die **Seevölker***.

ca. 1085 Nubien und **Kusch** sind wieder von **Ägypten*** unabhängig.

1085—656 Dritte Zwischenzeit in **Ägypten***. 21.—25. Dynastie. Beginn des Niedergangs Ägyptens.

900 v. Chr.—400 n. Chr. Äthiopisches Königreich von **Meroë**.

814 Gründung **Karthagos** in **Nordafrika** durch die phönizische Prinzessin **Elissa von Tyros**.

Der Ferne Osten

ca. 1500 v. Chr. Vernichtung der **Induskultur*** durch **Indo-Europäer*** (oder **Arier**) aus dem Nordwesten und Überflutung der schon niedergehenden Städte durch den **Indus**. Arische Herrschaft bis zum **Ganges**.

ca. 1500—1028 Shang-Dynastie in **China**, Feudalstaat mit befestigten Städten und Tempeln, von Priesterkönigen regiert.

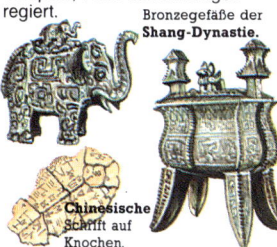

Bronzegefäße der **Shang-Dynastie**.

Chinesische Schrift auf Knochen.

ca. 1500—1600 Vedische Periode in **Indien**. Entwicklung der **Hindu-Religion**. Die **Veden** (Schriften) werden zusammengestellt und das hinduistische Kastensystem ausgebildet.

ca. 1028 Shang-Dynastie in **China** wird von der **Chou-Dynastie** (1028—771) abgelöst.

ca. 800 Indo-Europäer* dringen in **Indien** nach Süden vor und verbreiten den Hinduismus.

660 Legendäres Gründungsdatum **Japans** unter **Kaiser Jimmu**. (Japan wurde wahrscheinlich um 120 begründet.)

ca. 650 Einführung der Eisenherstellung in **China**.

ca. 600 Begründung des **Taoismus** als Religion und Philosophie durch **Laotse** in **China**.

Nach **Buddhas** Tod wurden Teile seines Körpers in **Indien** unter halbkugelförmigen Gewölben begraben, sog. **Stupas**.

Großer Stupa von **Sanchi**, ca. 150 v. Chr.

ca. 560—483 Lebenszeit **Gautama Siddhartas**, bekannt als **Buddha**, indischer Begründer der Religion des **Buddhismus**.

551—479 Lebenszeit des **Kung Futse**, auch **Konfuzius**, des großen **chinesischen** Philosophen.

512 Die indischen Provinzen **Gandhara** und **Sind** werden dem **Persischen Reich*** einverleibt.

Amerika

ca. 2000—1000 v. Chr. Beginn der **Maya-Kultur** in **Mittelamerika** (s. Karte unten), bekannt als die **frühe vorklassische Periode**. Die Bauern werden in Dörfern seßhaft.

2000 Erste Nachweise von Metallbearbeitung in **Peru**.

ca. 1800—900 Die **Initialphase** in **Peru**. Die Menschen siedeln in dauerhaften Dörfern mit sozialer und religiöser Struktur. Ausbreitung der Töpferei.

Tempelplattform in **Peru**.

ca. 1500 Nordamerika: Landwirtschaft erreicht den Südwesten und später den mittleren Westen.

ca. 1500 v. Chr.—200 n. Chr. Ausbreitung der **Olmekenkultur** in **Mexiko**. Die Olmeken kennen **Hieroglyphen** (Bilderschrift) und Kalender. Sie bauen Kultstätten und schaffen riesige Basaltköpfe sowie kleine „kindsgesichtige" Jadefiguren.

Riesiger Basalt-Kopf

ca. 1000—300 Die **mittlere vorklassische Periode** der **Maya**. Sie bauen Hügelplattformen für Tempel und Paläste.

ca. 900 Mexiko. Die Olmeken bauen den ersten Ballspielplatz in **La Venta** für religiöse Feste.

Mittelamerika

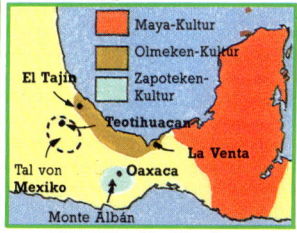

	Maya-Kultur
El Tajin	Olmeken-Kultur
	Zapoteken-Kultur
Teotihuacan	
Tal von Mexiko	La Venta
	Oaxaca
Monte Albán	

ca. 900—200 Die **Chavín-Kultur** erblüht in **Peru**; Beginn der Gold- und Silberverarbeitung. Diese Periode ist als **früher Horizont** bekannt.

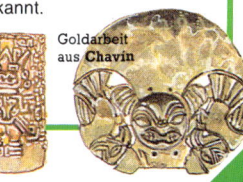

Goldarbeit aus **Chavin**

Das alte Ägypten

Eine der Kulturen der Alten Welt war die des **Alten Ägypten**. Die Ägypter entwikkelten eine eigene Kunst und Architektur, erwarben sich Kenntnisse in Mathematik, Astronomie und Medizin und erfanden eine Bilderschrift (**Hieroglyphen**).

Schminktafel mit dem Bildnis von **König Menes**.

Schon vor **5000 v. Chr.** gab es am **Nil** bäuerliche Siedlungen. Um **3300 v. Chr.** entstanden in Ägypten zwei Königreiche. Diese wurden um **3118 v. Chr.** von König **Menes** vereinigt, der die Hauptstadt **Memphis** gründete.

Im **Alten Reich** (ca. **2686–2181 v. Chr.**) hatte Ägypten eine blühende Kultur, während derer die **Pyramiden** und viele Tempel gebaut wurden. Zum Ende dieser Zeit wuchs die Macht der **Nomarchen** (Provinzherrscher), und die Zentralregierung endete. Es folgte eine Zeit innerer Kämpfe, Hungersnöte und Invasionen.

Ägypten

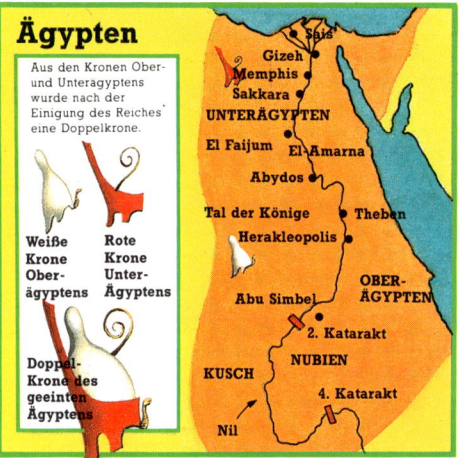

Aus den Kronen Ober- und Unterägyptens wurde nach der Einigung des Reiches eine Doppelkrone.

Weiße Krone Oberägyptens

Rote Krone Unterägyptens

Doppelkrone des geeinten Ägyptens

Späte Pyramiden, wie die **Große Pyramide von Gizeh**, hatten glatte Seiten.

Stufenpyramide von Sakkara, die der Baumeister **Imhotep** für König Djoser (2667–2648) erbaute.

Europa

Klassische **griechische** Architektur.

ca. 500—338 v. Chr. **Klassische** Periode der **griechischen** Kunst.

490 und **480—479** **Perserkriege** gegen die **Griechen***.

461—429 Perikles spielt in der Politik **Athens*** eine führende Rolle.

Beispiele **keltischer** Muster aus der **La Tène**-Zeit.

ca. 450 Beginn der **keltischen*** Kultur, ausgehend von **La Tène** im heutigen **Frankreich**.

450 **Zwölftafelgesetze**: Grundlage des **röm.*** Rechts.

431—404 Peloponnesischer Krieg in Griechenl.

395—387 **Korinthischer Krieg**: Athen*, Theben, Korinth und Argos verbünden sich gegen Sparta*.

387 Die **keltischen*** Gallierstämme plündern Rom*.

359—336 **Philipp II.*** von **Makedonien**.

340 **Hellenenbund** griechischer Städte wird gegen **Philipp II.*** gebildet.

338 **Philipp II.*** besiegt den **Hellenenbund** in der Schlacht von **Chaironeia**.

336—323 Reich **Alexanders des Großen***.

280—168 **Antigoniden** in Makedonien.

Vorderasien

835 v. Chr. Aufstieg des **Meder**reiches*.

800 Das Königreich **Phrygien** wird errichtet.

ca. 745 **Assyrien** erobert kleine Staaten der **Hethiter*** in **Syrien**.

722—705 Herrschaft **Sargons II.** von **Assyrien**: Höhepunkt assyrischer Militärmacht. Die Assyrer erobern **Juda***B und plündern **Babylon***.

7. Jh. **Phrygien** fällt unter die Herrschaft der **Kimmerier**. Das Königreich **Lydien** wird vorherrschend.

680—652 **König Gyges** dehnt das Reich **Lydien** aus.

668—631 Herrschaft **Assurbanipals** von **Assyrien**.

653—583 Herrschaft des **Kyaxares** von **Medien***. Medien wird zur Großmacht.

627—539 Das **Neue Babylonische Reich***.

615—609 **Meder*** und **Babylonier*** verbünden sich gegen die **Assyrer** und führen den Zusammenbruch des assyrischen Reiches herbei.

586—538 Die **Babylonische Gefangenschaft**: König **Nebukadnezar II.** von **Babylon*** (605—561) zerstört **Jerusalem** und führt **Juden** in Gefangenschaft.

Die **Hängenden Gärten** von Babylon

Ägyptische Festung.

Während des **Mittleren Reiches (ca. 2133–1633 v. Chr.)** kamen die Herren von **Theben** an die Macht und einten um **2040 v. Chr.** das ägyptische Reich, eroberten einen Teil **Nubiens** und bauten große Festungen, um die Grenzen zu verteidigen. Dann folgte um etwa 1700 der **Einfall der Hyksos**, die das **Niltal** und **Unterägypten** eroberten und sich einen Teil **Mittelägyptens** untertan machten.

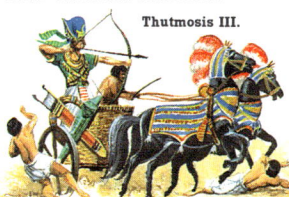
Thutmosis III.

Das ägyptische Reich erlangte unter **Thutmosis III.** (1504–1425 v. Chr.) die größte Ausdehnung.

Die Herren Thebens vertrieben die Hyksos und einten Ägypten im **Neuen Reich (1567–1085 v. Chr.)**. Die Macht Ägyptens war auf dem Höhepunkt. Das Reich erstreckte sich vom **4. Nilkatarakt** im Süden bis zum **Euphrat** im Norden.

Während des **Neuen Reiches** entstanden in **Ägypten** viele großartige Bauwerke. Die Könige hießen nun **Pharaonen** und wurden in Felskammern im **Tal der Könige** beigesetzt.

Schätze aus der Grabkammer von König **Tutenchamun** (1361–1352 v. Chr.).

Ab **1085 v. Chr.** begann der Niedergang Ägyptens. Das Land wurde von **Persien (525–404 v. Chr.)** und **Makedonien** und **Griechenland (332–30 v. Chr.)** erobert und besetzt. **30 v. Chr.** wurde Ägypten **Provinz des Römischen Reiches***.

Tempel von **Abu Simbel**, erbaut von **Ramses II.** (1290–1224 v. Chr.).

Afrika

750—656 v. Chr. In **Ägypten** regieren die Könige von **Kusch** (25. Dyn.), die später vertrieben werden.

ca. 700 Rinder und Schafe in **Westafrika** domestiziert.

671 Ägypten von **Assyrern*** erobert.

664—332 **Spätzeit** in Ägypten (26.—30. Dynastie). Das Land wird durch die Herren von **Sais** geeint und kommt zu neuem Ansehen.

663 Einführung von Eisenwaffen und -werkzeugen in **Nordafrika** aus **Asien**. Um **450** erreichen sie **Nigeria** und den Süden 100 n. Chr.

ca. 650 **Karthago*** baut zur Verteidigung der **phönizischen Kolonien** Flotte und Heer auf.

Phönizisches Kriegsschiff.

525—404 **Ägypten** wird von **Persien*** erobert und besetzt.

Der Ferne Osten

327—325 v. Chr. Feldzug **Alexanders des Großen** in **Indien**.

321—185 **Maurya-Dynastie** in **Indien** begründet.

300 v. Chr.—300 n. Chr. Die **Yayoi-Kultur** in **Japan** wird beeinflußt durch Reisende aus **China** und **Korea**. Bronzeverarbeitung.

272—231 Herrschaft von König **Ashoka** aus der **Maurya**-Dynastie. Er eint **Nord-** und **Zentralindien** zu einem Reich und wird **Buddhist**.

Von **Ashoka** errichtetes Säulenkapitel.

221—206 **Ch'in-Dynastie** in **China**. Die **Chinesische Mauer** wird **214** erbaut, um die **Hsiung-Nu*** abzuwehren.

Im Grab eines Kaisers der **Ch'in** wird eine Armee aus lebensgroßen Terrakottakriegern gefunden.

Amerika

ca. 700 v. Chr. Gründung von **Monte Albán**, der heiligen Stadt der **Olmeken*** in **Oaxaka, Mexiko**.

ca. 600 v. Chr. **Oaxaka** wird zum Zentrum der **Olmekenkultur***.

ca. 600—200 Das **Adena-Volk** in **Nordamerika** betreibt Landwirtschaft und baut schlangenförmige Grabhügel.

Grabhügel der **Adena**.

ca. 300 Niedergang der **Olmenkenkultur*** in **Mexiko**. Aufstieg der **Zapoteken** in **Oaxaka**.

ca. 300 v. Chr.—250 n. Chr. In **Mittelamerika** Aufstieg der **Maya***: späte vorklassische Periode. Große politische und religiöse Zentren wie **Monte Albán**, **Teotihuacán**, **El Tajín**.

ca. 300 **Nordamerika:** Das **Hopewell-Volk** besiegt die **Adena**. Sie bauen gewaltige Hügelanlagen und treiben Handel.

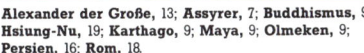

Griechenland

Kreta ca. 3000–1100 v. Chr.

Die erste bekannte **europäische** Kultur entstand in **Kreta** zwischen **3000** und **2000 v. Chr.** Es gab planmäßig angelegte Städte, Handwerker und eine Schrift (**Linear A**) sowie einen blühenden Handel. Nach dem legendären **König Minos** heißt sie die **Minoische Kultur**.

Der größte Palast befand sich in **Knossos**. In ihrer Blütezeit hatte die Stadt 100 000 Einwohner.

Minoische Paläste besaßen ein Wasserleitungssystem und Wandmalereien. Dieses Wandgemälde zeigt das **Stierspringen**, das vermutlich eine religiöse Bedeutung hatte.

Tonfigur einer Schlangengöttin.

Durch den Vulkanausbruch auf **Thera** (**ca. 1500–1450**) wurde Kreta vermutlich weitgehend zerstört. Zur gleichen Zeit kamen die **Mykener** aus **Griechenland** und nahmen die Insel ein. Etwa **1380 v. Chr.** fiel **Knossos**. Die Ursache kann ein Erdbeben, eine kretische Revolte oder ein Angriff anderer Mykener gewesen sein. **Um 1100 v. Chr.** war die Minoische Kultur untergegangen.

Kretas große Zeit (**Periode der ersten und zweiten Paläste**) dauerte von **ca. 2000–1450 v. Chr.** Die **Minoer** bauten eine Reihe großartiger Paläste, wie **Knossos, Phaistos** und **Mallia**. Sie unterhielten Handelsverbindungen zu **Griechenland, Ägypten*** und der **Levante**.

Mykene ca. 1900–1050 v. Chr.

Zwischen **2500** und **1900 v. Chr.** drangen **Indo-Europäer***, die eine frühe Form des Griechischen sprachen, in **Griechenland** ein und vermischten sich mit der Bevölkerung. Sie bauten von Königen regierte Festungen, deren wichtigste **Mykene** war. Es folgte eine Phase des Wohlstandes, die durch Kontakte mit **Kreta** und anderen Ländern beeinflußt wurde.

Goldmaske eines **mykenischen** Königs oder Prinzen.

Homers Epen *Ilias* und *Odyssee*, geschrieben im **8. Jh. v. Chr.**, erzählen die Legenden der **Mykener**.

Von **1600 bis 1200 v. Chr.** herrschten die **Mykener** auf dem Festland vor. Sie überfielen **Kreta, Rhodos** und **Zypern**, übernahmen den kretischen Handel und schufen **Linear B**, eine frühe griechische Schrift. Um **1250 v. Chr.** setzt durch Einwanderer aus dem Norden ein rascher Niedergang ein. **1050 v. Chr.** wurde Mykene zerstört.

Das Dunkle Zeitalter ca. 1085–750 v. Chr.

Zwischen **1085 und 750 v. Chr.** wurden die alten Zentren zerstört, die Schrift ging verloren, und das Volk zerstreute sich. Die **Phönizier*** wurden das führende Handelsvolk.

Karte von Griechenland

Makedonien
KLEIN-ASIEN
GRIECHENLAND
Ägäis
Thermopylen
Chaironeia
Delphi
Theben
Plataea
Marathon
Leuktra
Athen
Mykene
Salamis
Korinth
Sparta
Peloponnes
Thera
Mittelmeer
Rhodos
Knossos
Mallia
KRETA
Phaistos

Äypten, 10–11; Indo-Europäer, 5; Phönizier, 8.

750–338 v. Chr.

Griechische Tongefäße.

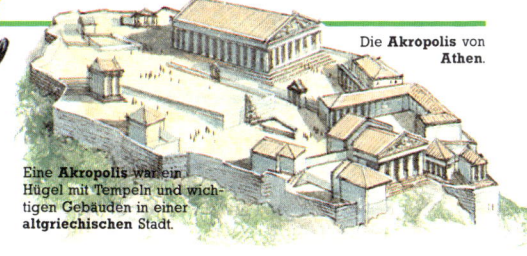

Die **Akropolis** von **Athen**.

Dann blühte der Handel wieder auf, und ein neues, einfacheres Alphabet wurde eingeführt (**ca. 725 v. Chr.**), das auf dem **phönizischen*** aufbaute. Um die alten Festungen entstanden kleine Stadtstaaten – die wichtigsten **Korinth, Sparta** und **Athen**. Kolonien wurden in **Anatolien** und auf den **Ägäischen Inseln** gegründet. In manchen Staaten ersetzte die **Aristokratie** (eine Gruppe Adliger), die **Oligarchie** (Herrschaft der Wenigen) oder ein **Tyrann*** den König, worauf manchmal eine **Demokratie** (Volksherrschaft) folgte.

Eine **Akropolis** war ein Hügel mit Tempeln und wichtigen Gebäuden in einer **altgriechischen** Stadt.

Das **5. Jahrhundert v. Chr.** war die Blütezeit Griechenlands und besonders Athens, das zum Kultur- und Handelszentrum wurde. In jener Zeit entwickelten sich in Kunst, Architektur, Literatur, Drama, Politik, Philosophie, Wissenschaft und Geschichte die Grundlagen der europäischen Zivilisation.

Seeschlacht zwischen **Griechen** und **Persern**.

Athen wurde im 5. Jahrhundert v. Chr. zur Seemacht.

Griechisches Theater.

Masken der Schauspieler.

Zu Beginn des **5. Jahrhunderts v. Chr.** wurde **Griechenland** durch das **Persische Reich*** bedroht, das die griechischen Kolonien in **Kleinasien 546 v. Chr.** erobert hatte. Von **500–494 v. Chr.** erhoben sich diese Kolonien erfolglos. Athen, Sparta und andere Staaten schlugen die Perser gemeinsam in mehreren Schlachten (**Marathon 490, Salamis 480** und **Plataea 479 v. Chr.**).

Rivalität zwischen Sparta und Athen und der Unmut vieler Staaten über die Macht Athens führten zum **Peloponnesischen Krieg (431–404 v. Chr.)**, der die griechische Welt zerriß. Sparta siegte, wurde aber **371 v. Chr.** von Theben bei **Leuktra** geschlagen.

Der Aufstieg Makedoniens

Philipp II. von Makedonien (359–336 v. Chr.) nutzte die Schwäche der Stadtstaaten, um Griechenland unter seiner Herrschaft zu einen. Nach der Einigung Makedoniens und der Neuordnung seiner Regierung und Armee schlug er die griechischen Städte **338 v. Chr.** bei **Chaironeia**. Außer **Sparta** brachte er alle griech. Staaten unter seine Herrschaft.

Makedonische Soldaten in der **Phalanx**, einer Schlachtordnung.

Alexander der Große

Unter **Philipps** Sohn **Alexander (336–323 v. Chr.)** wurde **Makedonien** zur Weltmacht. Der hervorragende Soldat und Eroberer schlug die **Perser 333 v. Chr.** bei **Issos** und marschierte durch ihr Reich bis nach **Indien**; er machte Eroberungen und gründete Städte. Nach seinem Tod zerfiel sein Reich unter seine Generäle, die **Diadochen**, die um die Nachfolge kämpften. Obwohl das Reich kurzlebig war, verbreitete es die **griechische** Sprache und Kultur. Die auf Alexanders Tod folgende Periode nennt man das Zeitalter des **Hellenismus (323–30 v. Chr.)**.

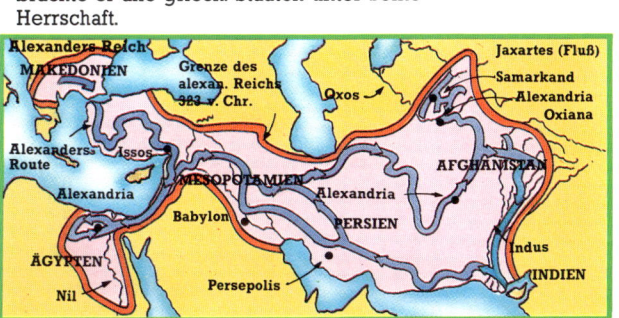

Alexanders Reich
MAKEDONIEN
Grenze des alexan. Reichs 323 v. Chr.
Oxos
Jaxartes (Fluß)
Samarkand
Alexandria
Oxiana
Alexanders Route
Issos
Alexandria
AFGHANISTAN
Alexandria
MESOPOTAMIEN
Alexandria
Babylon
PERSIEN
Indus
ÄGYPTEN
INDIEN
Nil
Persepolis

Perser, 16; Phönizier, 8; Tyrann, 114.

Europa

Hannibal und sein Heer überqueren die Alpen.

218—201 v. Chr. 2. Punischer Krieg*. Hannibal von **Karthago*** fällt in **Italien** ein.

215—205 1. Makedonischer Krieg zwischen **Rom*** und **Makedonien***. Weitere Kriege (200—197 u. 171—163) enden mit der Niederlage Makedoniens.

149—146 Der **3. Punische Krieg** endet mit der Vernichtung **Karthagos***. Das Gebiet von Karthago wird dem **Römischen Reich*** einverleibt.

91—89 Bundesgenossenkrieg, nach dessen Ende Bundesgenossen das röm. Bürgerrecht erhalten.

82—79 Sulla wird **Diktator*** von **Rom*.**

73—71 Der Sklave **Spartacus** führt einen Sklavenaufstand an, der niedergeschlagen wird.

60 Julius Caesar, Pompeius und **Crassus** regieren Rom als **Triumvirat*.**

58—51 Julius Caesar erobert **Gallien** (Frankreich).

49—45 Bürgerkrieg zwischen **Julius Caesar** und **Pompeius. Caesar** wird **Diktator*.**

46 Julius Caesar führt den reformierten **Julianischen Kalender** ein.

Statue des Kaisers Augustus.

44 Julius Caesar wird ermordet; ein Bürgerkrieg bricht aus.

31 Oktavian siegt in der Seeschlacht von **Aktium** und wird Herrscher **Roms**.

27 Ende der **Römischen Republik*. Oktavian** wird Kaiser, nimmt den Namen **Augustus** an und regiert bis **14. n. Chr.**

n. Chr.

9 n. Chr. Schlacht im Teutoburger Wald. Der Germane **Arminius** schlägt die **römischen** Truppen.

43 Die **Römer*** erobern **Britannien.**

98—117 Das **Römische Reich*** erreicht unter **Kaiser Trajan** seine größte Ausdehnung.

Trajans Säule, die 113 n. Chr. als Denkmal seiner Siege erbaut wurde.

122—127 Der **Hadrianswall** wird als Nordgrenze des **Römischen Reiches*** in **England** erbaut.

ca. 200 Germanische Stämme* greifen die Grenzen des **Römischen Reiches*** an.

ca. 370 Die **Hunnen*** fallen in Europa ein.

378 Schlacht von Adrianopel. Der römische Kaiser **Valens** wird von den **Goten*** geschlagen.

391 Der römische Kaiser **Theodosius** macht das **Christentum*** zur Staatsreligion.

395 Das **Römische Reich*** wird in Ost- und Westreich gespalten.

401—413 Die **Westgoten*** nehmen **Italien** ein. Ravenna wird römische Hauptstadt. Der Bischof von Rom (**Papst**) wird Herrscher Roms.

406—436 Reich der **Burgunder** an der Rhône.

Vorderasien

605—560 v. Chr. Lydien wird unter König **Alyattes** zur Großmacht.

560—546 König Krösus von Lydien unterwirft alle griech. Kolonien außer **Milet.**

550 Das **Persische Reich*** wird von **Kyros II.** begründet. Persien erobert **Assyrien*** (550), **Lydien** und griech. Städte in **Kleinasien** (546) und **Babylon*** (539).

Kopfskulptur eines persischen Königs.

4. Jahrh. Die **Nabatäer** bauen die **Felsenstadt Petra.** Sie beherrschen den arabischen Handel mit Weihrauch und anderen Waren bis nach Indien.

Ruinen der Stadt **Petra**.

336—323 Reich **Alexanders des Großen*.**

304—64 Seleukidenreich, anfangs über **Kleinasien, Persien*, Mesopotamien u. Indien** herrschend, dann aber kleiner werdend.

ca. 280—47 Das Königreich **Pontos** am **Schwarzen Meer** wird von **Mithridates I.** begründet.

279 Die **Kelten*** gründen das Reich **Galatien.**

279—74 Königreich **Bithynien** am Schwarzen Meer.

263—133 Eumenes I. gründet das Königreich von **Pergamon.**

247 v. Chr.—277 n. Chr. Das Reich der **Parther** wird gegründet.

BITHYNIEN PONTOS
Unabhängige griechische Staaten GALATIEN SELEUKIDENREICH PARTHERREICH
PERGAMON BAKTRIEN

Hellenistische Welt um 200 v. Chr.

171—138 Mithridates I., König der **Parther**, dehnt das Reich über **Persien** und **Mesopotamien** aus.

168 Judas Makkabäus führt eine **jüdische*** Revolte gegen die **Römer*** an.

133 Der letzte König von **Pergamon** vermacht sein Reich den **Römern*.**

88—64 Das Reich **Pontos** wird durch Kriege gegen die **Römer*** verkleinert.

74 Bithynien fällt unter **römische*** Herrschaft.

64 Ausbreitung des **Röm. Reiches*** im **Nahen Osten. Palästina** wird zur römischen Provinz **Judäa.**

47 Schlacht bei Zela: Caesar erobert das Königreich **Pontos.**

37—4 Herodes I., der Große, König der Juden.

ca. 5 Geburt **Christi*** in **Bethlehem**, Judäa.

n. Chr.

26—36 n. Chr. Pontius Pilatus Statthalter von **Judäa.**

ca. 29 Kreuzigung **Jesu Christi*.**

73 Die Römer zerstören die **jüdische** Festung von **Masada.**

Afrika

510 v. Chr. Erster Vertrag zwischen **Rom*** und **Karthago*** (weitere 348 und 306) sichert **Handelsmonopol*** Karthagos im westlichen **Mittelmeer** und mit **Sizilien**.

ca. 500 v. Chr.—400 n. Chr. **Nubische** Könige verlegen ihre Hauptstadt nach **Meroë** in den Süden. Eine neue Phase kultureller Entwicklung mit Städten, Tempeln, Palästen und Pyramiden mit **ägyptischem*** Einfluß folgt.

Pyramiden in **Meroë**.

ca. 500 v. Chr.—200 n. Chr. Kultur der **Nok** in **Nigeria**.

343—332 Ägypten* wird wieder von **Persien*** besetzt.

Skulptur der **Nok**.

332 Ägypten* wird von **Alexander dem Großen*** erobert.

323—30 Ägypten* wird von der Dynastie der **Ptolemäer** (begründet von **Ptolemaios**, einem General Alexanders) von **Alexandria** aus regiert, das zu einem wichtigen Kulturzentrum und zur größten Stadt der **griech.*** Welt wird.

Leuchtturm von Alexandria, erbaut um 285 v. Chr.

203 Die **Römer*** schlagen die **Karthager*** bei **Tunis**.

202 Die **Römer*** vernichten das Heer **Karthagos*** bei **Zama**.

146 Karthago* wird von **Rom*** zerstört und wird zur römischen Provinz **Nordafrika**.

Ruinen von **Leptis Magna**, einer römischen Stadt in **Nordafrika**.

30 Ägypten* fällt nach der Niederlage der ägyptischen Königin **Kleopatra** bei **Aktium** ans **Römische Reich***.

n. Chr.

44 n. Chr. Mauretanien (Marokko) wird von **Rom*** erobert.

Der Ferne Osten

Totenkleid aus Jade für eine Prinzessin der **Han**.

206 v. Chr.—222 n. Chr. Herrschaft der **Han-Dynastie** in **China**, Ausdehnung und Wohlstand.

ca. 200 In **Südindien** werden drei Königreiche geschaffen.

200 Griechen aus **Baktrien** und **Parthien** fallen in **Indien** ein. Im **Pandschab** entstehen ab 170 mehrere Städte.

ca. 150 v. Chr.—50 n. Chr. **Bronzezeit**-Kultur in **Nordvietnam**.

140—87 Unter Kaiser **Wu-ti** dehnt sich **China** nach **Korea** und **Nordvietnam** aus. Er führt eine Staatswirtschaft ein, nimmt den Adligen Macht und baut ein Netz von Straßen und Kanälen.

ca. 100 Nordindien wird von den **Griechen*** und **Nomaden**stämmen wie den **Kushana** besetzt.

Kaiser Wu-ti.

n. Chr.

9 n. Chr. Wang Mang ergreift die Macht und begründet in **China** die **Hsin-Dynastie**.

25—222 Erneuerung der **Han-Dynastie** und der chin. Kultur.

Buddha-Skulptur aus der **Kushana-Periode** in **Indien**.

ca. 50 Die **nomadischen* Baktrier** fallen in **Indien** ein und begründen das **Kushana-Reich** in **Nordindien**.

91 Die **Chinesen** schlagen die **Hunnen*** in der **Mongolei**.

105 In **China** Papier erfunden.

ca. 100 Buddhismus* gelangt von **Indien** nach **China**.

ca. 180 Zusammenschluß von Stammesgruppen in **Japan**.

ca. 195—405 In **Nordindien** herrschen die **Parther***.

Amerika

ca. 200 v. Chr.—200 n. Chr. Kultur der Nekropolen von **Paracas** in **Peru**. Leuchtendbunt gefärbte, bestickte Stoffe in einem Gräberfeld gefunden.

ca. 200 v. Chr.—600 n. Chr. **Peru**: regionale Entwicklung der **Mochica**-Kultur an der Nordküste und der **Nazca**-Kultur im Süden.

Keramik der **Nazca**.

ca. 200 v. Chr.—700 n. Chr. In **Mexiko** Kultur von **Teotihuacán***.

Westküste Südamerikas — **Mochica**-Kultur — **PERU** — **Chavín**-Kultur — **Paracas** Gräberfeld — **Nazca**-Kultur — **Titicaca**-See

Sonnenpyramide von **Teotihuacán**

ca. 100 v. Chr. Nordamerika: Volk der **Hohokam** im Südosten bauen Bewässerungsgräben und Deiche für die Felder. **Pyramidenhügel** und Ballspielplätze werden gebaut.

n. Chr.

ca. 250—600 Frühe **klassische Periode** der **Maya-Kultur***, Höhepunkt in Kunst und Kultur. Sie benutzen Bilderschrift (**Hieroglyphen**) und stellen **Stelen** (Steintafeln) auf. Astronomie mit Mathematik.

Ballspielfeld der **Maya**.

ca. 250—750 Klassische Periode der **Zapoteken-Kultur***.

Zapotekische Urne.

ca. 400 Inkas* siedeln sich an der **Pazifikküste** Südamerikas an.

Europa

409 n. Chr. **Wandalen*, Alanen** und **Sueben*** drängen nach Spanien vor.

410 **Westgoten*** plündern **Rom***.

415 **Westgoten*** errichten Königr. **Toulouse.**

416—711 Reich der **Westgoten*** in Spanien.

443—534 Reich der **Burgunder*** an der **Rhône-Saône** in Frankreich.

449 **Angeln*, Sachsen*** und **Jüten** fallen in **England** ein.

451 **Römer*** und **Franken*** besiegen **Hunnen*** in der **Schlacht auf den Katalaunischen Feldern.**

451 Dynastie der **Merowinger*** in Frankreich.

455 **Wandalen*** plündern **Rom***.

457 Die **Angelsachsen*** begründen in England sieben Königreiche.

476 Ende des **Weströmischen Reiches***.

481—511 **Chlodwig*** König der **Franken***.

493 **Theoderich*** errichtet ein **ostgotisches*** **Reich** in Italien.

495 **Cerdic**, später König von **Wessex**, landet in England.

493 **Chlodwig* Kg. der Franken**, wird **Christ***.

Ostgotischer Schmuck aus der Zeit von **Theoderich**, gefunden in Cesena bei Ravenna.

Vorderasien

106 n. Chr. Das **Nabatäerreich*** wird von **Kaiser Trajan** (98—117) zur römischen Provinz gemacht, darauf Niedergang des Handels.

115—117 Aufstand der **Juden*** in **Ägypten***, **Kyrene** und **Zypern.**

131—135 Erfolgloser **Juden**aufstand*, unter **Simon Bar Kochba. Jerusalem** wird zerstört und als **Aelia Capitolina** wiedererbaut. Viele **Juden** ins Exil. Danach die **Diaspora**, die Zerstreuung der Juden über das Mittelmeergebiet.

227 **Sassaniden**-Dynastie in **Persien** durch **Ardaschir I.** begründet.

260 **Schapur I.** von **Persien** schlägt die **Römer*** und macht Kaiser **Valerian** gefangen.

Skulptur des Kopfes einer Adligen aus **Palmyra**.

268—273 Königin **Zenobia** von **Palmyra** erobert **Syrien, Mesopotamien** und Teile von **Ägypten***.

310—379 **Schapur II.** von **Persien.**

325 Erstes **Konzil** der **christlichen* Kirche** in **Nicaea.**

Mosaik aus dem **4. Jh.** Brote und Fische, frühe **christliche** Symbole.

484 Die **Hunnen*** greifen das **Persische Reich** an und töten den Herrscher.

Das Perserreich

Der Palast hatte riesige Säulen, höher als die griechischen, gekrönt mit Tier-Skulpturen.

Der **Palast von Persepolis**, begonnen von **Darius I.** 516 v. Chr., zerstört von **Alexander dem Großen** 330 v. Chr.

Um **1500 v. Chr.** kamen **Indo-Europäer*** in den heute als **Iran** bekannten Raum. Um **700 v. Chr.** hatten die **Meder** und die **Perser** rivalisierende Reiche aufgebaut (**Medien** und **Persien**). **550 v. Chr.** schlägt **Kyros II.** von Persien (**559–529 v. Chr.**) seinen Großvater, **Astyages** von Medien, und eint beide Königreiche unter der Dynastie der **Achämäniden. 547 v. Chr.** erobert er **Lydien** und **535 v. Chr.** **Babylon** und die **griechischen*** Städte in **Kleinasien.** Sein Sohn **Kambyses** (**529–522 v. Chr.**) erobert **525 Ägypten***. **Darius I.** (**522–485 v. Chr.**) dehnte das Reich erheblich aus, teilte es in 20 Provinzen, **Satrapien** genannt, und schuf eine einheitliche Reichsverwaltung. Im **5. Jahrhundert v. Chr.** bekämpfte **Persien** die wachsende Macht der **Griechen**, konnte aber das griechische Festland nicht einnehmen (**490–479 v. Chr.**). **Alexander der Große*** schlug Persien **331 v. Chr.** und gliederte es **330 v. Chr.** seinem Reich an.

Karte des Persischen Reiches

Oxos
Euphrat
Tigris
BAKTRIEN
Milet
Ekbatana
Babylon
Susa
Indus
Persepolis
Nil
Größte Ausdehnung des **Persischen Reiches**

Afrika

ca. 70 n. Chr. **Christentum*** kommt bis nach **Alexandria**, breitet sich ab **180** nach Süden aus.

100—1000 Kultur von **Aksum in Äthiopien,** ein Handelsstaat, dessen Reichtum aus dem Seehandel und Elfenbein-Export stammt.

ca. 300 **Aksum** erobert **Nubien*** und wird zur vorherrschenden Macht am **Roten Meer.**

Obelisk bei **Aksum,** hoher Pfeiler aus Stein mit Pyramidenspitze.

400 **Aksum** wird **christlich***.

429 Reich der **Wandalen*** in **Nordafrika** begründet.

Karte von Afrika
Karthago
Zama Tunis
SAHARA ÄGYPTEN
Felszeichnungen Nubien
in der Sahara Meroë
Nok Aksum
■ **Phönizische** Siedlungen

Der Ferne Osten

222—265 **Han-Dynastie*** in **China** wird durch drei unabhängige Regionalstaaten ersetzt.

265—316 Aufeinanderfolge kleiner Staaten in **China.**

ca. 285 Überliefertes Datum für die Einführung der **Schrift** in **Japan** (wahrscheinlich eher **450**).

ca. 300 **Yamato**-Herrschaft in **Japan.** Clans (Geschlechterverbände) entstehen, die der **Shinto**-Religion angehören.

304 **Hunnen*** brechen durch die **Chinesische Mauer*** in Nordchina, gefolgt von **Türken.**

316 Kaiserin **Jingo** von **Japan** besetzt **Korea.**

316—589 Rivalisierende Dynastien in **Nord-** und **Südchina.**

320—535 **Tschandragupta II.** gründet **Gupta-Reich** in **Indien.** Klassische Zeit Indiens.

430—470 Invasion der **Hunnen*** führt zum Niedergang des **Gupta-Reiches**.

Buddha aus der **Gupta**-Periode.

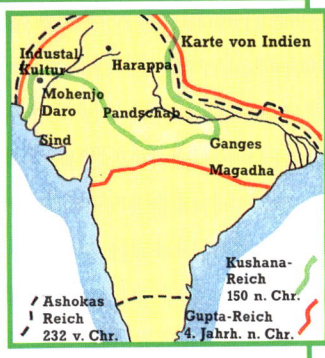

Karte von Indien
Industal Kultur Harappa
Mohenjo Daro Pandschab
Sind Ganges
Magadha
Kushana-Reich
150 n. Chr.
Ashokas Reich 232 v. Chr.
Gupta-Reich 4. Jahrh. n. Chr.

Karte von China MONGOLEI
Peking
Chinesische Mauer Ch'ang-an KOREA
Huang Ho (Gelber Fluß)
Einfluß-gebiet der Shang
Reich der Han
Reich der Ch'in
VIETNAM

Das Judentum

Die **Hebräer** (später als **Juden** bekannt) waren **semitische*** Stämme, die der Glaube an einen Gott einte. Etwa **1200 v. Chr.** führte sie **Moses** von **Ägypten*** nach **Kanaan** (in **Palästina**). Auf Druck der **Philister*** und **Ammoniter** einten sie sich um **1010 v. Chr.** unter König **Saul.** Unter König **David** (**ca. 1000–966 v. Chr.**) schlugen sie die **Philister** und errichteten das Königreich **Israel** mit der Hauptstadt **Jerusalem**.

Semitische Stämme auf einer **ägyptischen** Wandmalerei. Nach dem Alten Testament flohen die **Hebräer** vor einer Hungersnot in **Kanaan** um **1600 v. Chr.** nach Ägypten.

Israel erlebte unter Davids Sohn **Salomo** (ca. 964–926 v. Chr.) eine Blütezeit. Er baute in **Jerusalem** einen Tempel. Nach seinem Tod zerfiel das Reich in **Israel** und **Juda.** Die **Assyrer** zerstörten Israel **772 v. Chr.**, die Babylonier* **Juda** **587 v. Chr.** Tausende von Juden wurden von **586–538 v. Chr.** in **Babylon** gefangengehalten (**Babylonische Gefangenschaft**). Als **516 v. Chr.** die **Perser*** Babylon eroberten, durften die Juden zurückkehren und **Jerusalem** wieder erbauen. **332 v. Chr.** wurden sie von **Alexander dem Großen*** besiegt und fielen danach unter die Herrschaft der **Ptolemäer** (**301 v. Chr.**) und der **Seleukiden** (**198 v. Chr.**).

Karte von Palästina
Antiochia
Phönizien Palmyra
Israel Byblos
Sidon Grenze des Königreichs Davids
Juda Tyros
Ammoniter Reich Jerusalem Bethlehem
Masada
Römische Provinz Judäa Petra

63 v. Chr. wurde **Palästina** die römische Provinz **Judäa**. Religiöse und nationalistische Spannungen wuchsen. Es gab **66–70 n. Chr.** und **132 n. Chr.** erfolglose jüdische Aufstände. Jerusalem wurde zerstört, und viele Juden gingen ins Exil.

Das Römische Reich

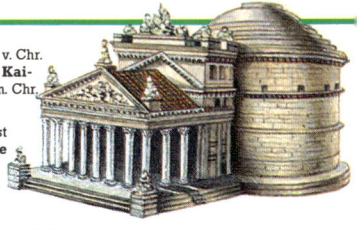

Das **Pantheon**, ein 27 v. Chr. erbauter Tempel, den **Kaiser Hadrian** 120–124 n. Chr. völlig erneuern ließ.

Die römische Baukunst ahmte die **griechische** nach. Doch war der Kuppelbau eine römische Erfindung.

Etwa ab **1000 v. Chr.** siedelte sich in **Italien** im Gebiet der bronzezeitlichen* Bauern eine neue Welle eisenbearbeitender **Indo-Europäer*** an. Die **Latiner** bauten an den Ufern der **Tiber** mehrere Dörfer, die allmählich zur Stadt **Rom** anwuchsen. Das überlieferte Datum der Gründung

Römische Senatoren

Roms ist **753 v. Chr.** Es kann aber auch früher oder später unter dem Einfluß **etruskischer** Metallarbeiter aus **Kleinasien** entstanden sein.

Bis **510 v. Chr.** wurde Rom von Königen regiert. Dann wurde es **Republik***. Rom dehnte sich aus und beherrschte um **250 v. Chr.** fast ganz **Italien**. Konflikte mit **Karthago*** führten zu den **Punischen Kriegen** (**264–241, 218–201, 149–146 v. Chr.**). Karthago wurde vernichtet, und Rom stieg zur See- und Großmacht auf. Um **44 v. Chr.** war Rom im **Mittelmeerraum** vorherrschend.

Seeschlacht zwischen **Römern** und **Karthagern.**

Das Wachsen des Reiches und der politische Ehrzeig der Heerführer belasteten Staat und Verfassung. Es gab Bürgerkriege und Diktaturen (**Sulla 82–79, Pompeius 52–46** und **Cäsar 45–44 v. Chr.**), die **31 v. Chr.** mit dem Sieg **Oktavians** endeten, der den Namen **Augustus** annahm und erster **römischer Kaiser** wurde (**27 v. Chr.–14. n. Chr.**). Damit begann das römische **Kaiserreich**.

Das **Römische Reich** umfaßte bald fast ganz **Europa**, Teile **Vorderasiens** und **Nordafrikas**. Größte Ausdehnung erlangte es unter den **Kaisern Trajan (98–117)** und **Hadrian (117–138)**. Von **200** an gab es immer wieder schwere Angriffe **fremder Völker** (siehe nächste Seite) auf die Grenzen. Dies, eine Wirtschaftskrise, Bürgerkriege und eine Reihe schwacher Herrscher führten ab **235–305** zur Zeit der **Soldatenkaiser**.

Straßen, Brücken und **Aquädukte** (über eine Brücke führende Wasserleitungen) wurden im ganzen Römischen Reich gebaut. Die Grenzen bewachte ein stehendes Heer.

Diokletian (284–305) versuchte die Regierung durch eine Teilung der Macht mit einem Mitherrscher zu verbessern. **Kaiser Konstantin (306–337)** verlegte die Hauptstadt nach **Byzanz** (nach ihm **Konstantinopel** genannt) und einte das Reich wieder. Ab **395** blieb es geteilt in das **Oströmische Reich** (Hauptstadt Konstantinopel) und das **Weströmische Reich** (Hauptstadt Rom). Ferne Provinzen fielen an die Barbaren (siehe nächste Seite). Rom wurde von **Goten (410)** und **Wandalen (455)** geplündert. Das Weströmische Reich endete im Jahre **476.**

Rom im 4. Jahrhundert n. Chr.

Barbareneinfälle

Im **4. und 5. Jahrhundert n. Chr.** wurden die **indische** und die **römische Kultur** durch Invasionen berittener **Nomaden**stämme* aus den **Steppen**, den Grasebenen **Zentralasiens,** unterwandert. Sie waren von den **Hunnen** aus der **Altai**-Region der **Mongolei** nach Westen vertrieben worden. Schon **230–200 v. Chr.** wanderten **indoeuropäische*** Nomadenstämme, die **Germanen**, von **Skandinavien** und dem **Ostseeraum** nach Süden an die nordöstlichen Grenzen des **Römischen Reiches**. Einige durften als Verbündete an den Grenzen siedeln oder wurden ins römische Heer rekrutiert. Die Ankunft der **Hunnen** im öst-

Der den **Hunnen** verwandte Stamm der **Hsiung Nu** brach 304 n. Chr. durch die **Chinesische Mauer.**

lichen **Europa** um **370 n. Chr.** trieb jedoch viele weiter nach Westen und damit in den Konflikt mit den Römern. Das **Weströmische Reich** wurde nach und nach unterworfen und fiel **476. Germanische Königreiche** ersetzten es.

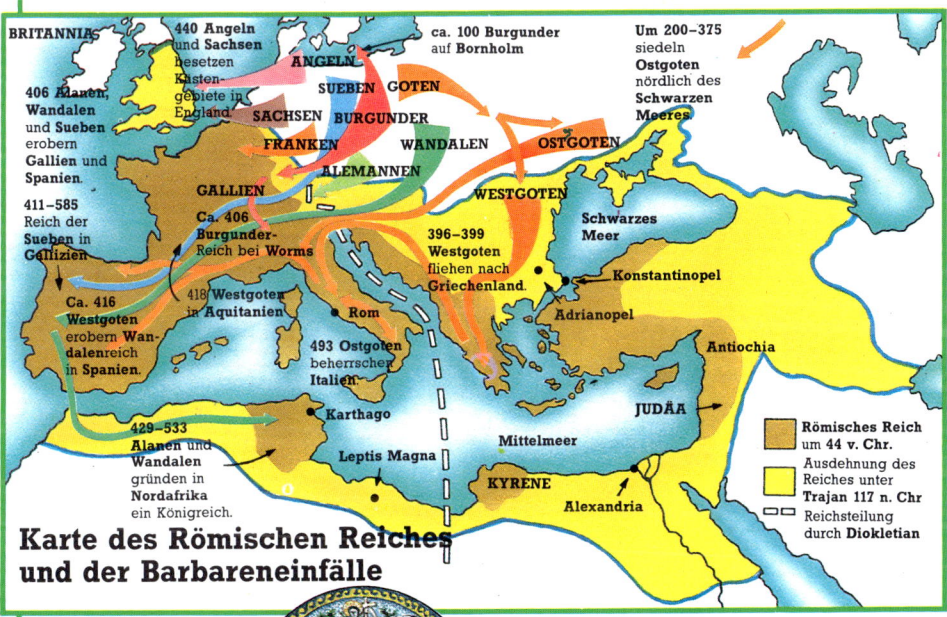

BRITANNIA

440 Angeln und Sachsen besetzen Küstengebiete in England **ANGELN**

406 Alanen, Wandalen und Sueben erobern Gallien und Spanien.

SACHSEN **SUEBEN** **GOTEN** **BURGUNDER**

ca. 100 Burgunder auf **Bornholm**

FRANKEN **WANDALEN**

ALEMANNEN

Um **200–375** siedeln **Ostgoten** nördlich des **Schwarzen Meeres**

OSTGOTEN

GALLIEN

411–585 Reich der Sueben in Gallizien

Ca. 406 Burgunder-Reich bei Worms

WESTGOTEN

Ca. 416 Westgoten erobern Wandalenreich in Spanien.

418 Westgoten in Aquitanien

Rom

396–399 Westgoten fliehen nach Griechenland.

Schwarzes Meer

Konstantinopel

Adrianopel

493 Ostgoten beherrschen Italien

429–533 Alanen und Wandalen gründen in Nordafrika ein Königreich.

Karthago

Leptis Magna

Mittelmeer

KYRENE

Alexandria

JUDÄA

Antiochia

	Römisches Reich um 44 v. Chr.
	Ausdehnung des Reiches unter **Trajan 117 n. Chr**
	Reichsteilung durch **Diokletian**

Karte des Römischen Reiches und der Barbareneinfälle

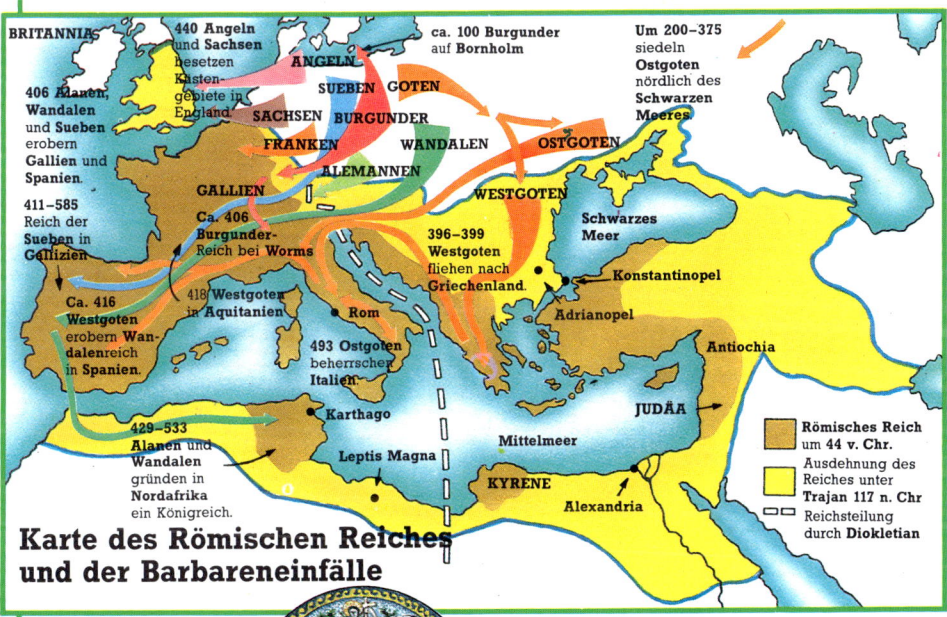

Christliches Mosaik, **5. Jahrhundert**, Ravenna.

Christentum

Das **Christentum** wurde durch **Jesus von Nazareth** (**ca. 5. v. Chr.–29 n. Chr.**), später **Jesus Christus** genannt, in **Palästina** begründet. Wegen seiner Lehren wurde er gefangengenommen und gekreuzigt. Nach seinem Tode verbreiteten seine **Jünger** seine Lehre, vor allem **Paulus von Tarsus**, der Missionsreisen im östlichen **Mittelmeerraum** machte (**45–48, 49–52** und **54–58**).

Die christl. Lehre richtete sich zunächst an die **Juden***, aber nur wenige übernahmen sie. Dann wurde sie den **Heiden** (Nichtjuden) gepredigt. Trotz Unterdrückung und Verfolgung breitete sich das Christentum im **Römischen Reich*** besonders unter den Armen schnell aus. **Im 4. Jh.** wurde die Kirche in **Diözesen** (Amtsbereiche) unter Bischöfen eingeteilt. Die wichtigsten: **Antiochia, Rom, Alexandria. Kaiser Konstantin*** wurde **312** Christ, und **391** wurde das Christentum zur römischen **Staatsreligion.**

Justinian und das Byzantinische Reich

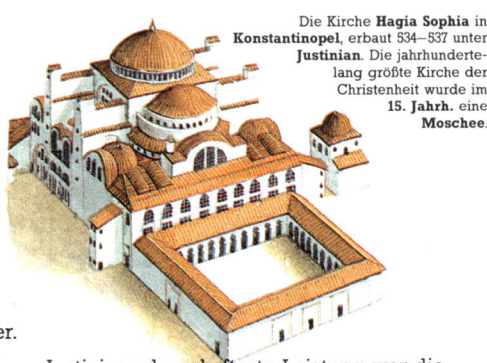

Die Kirche **Hagia Sophia** in Konstantinopel, erbaut 534–537 unter **Justinian**. Die jahrhundertelang größte Kirche der Christenheit wurde im **15. Jahrh.** eine **Moschee**.

Das **Oströmische** oder **Byzantinische Reich** überdauerte den Untergang **Roms*** um 1000 Jahre. Mit dem Zentrum in **Konstantinopel** blieb es eine wichtige politische Macht. In ihm lebten durch die (**griechisch-orthodoxe**) **Ostkirche** die klassische Bildung und das **Christentum*** fort. Es gab seine religiösen und kulturellen Traditionen an **Griechen** und **Slawen*** weiter.

Mosaike mit Kaiser **Justinian** und seiner Frau **Theodora** in der Kirche San Vitale in Ravenna.

Kaiser Justinian (**527–565**) kämpfte um die Wiedergewinnung der westlichen Reichshälfte. Es gelang ihm, das **Wandalen**reich* in **Nordafrika** (535), das **Ostgoten**reich* in **Italien** (553) und einen Teil des **Westgoten**reiches* in **Spanien** (554) zurückzugewinnen.

Justinians dauerhafteste Leistung war die Organisation des römischen Rechts zum **Codex Justinianus** (528–534), der Grundlage des **westeuropäischen Rechts**. Er führte auch gewaltige Bauvorhaben durch. Seine Landgewinne gingen jedoch nach seinem Tod wieder verloren. **568** nahmen die **Langobarden** Italien ein, die Verbindung zum Westreich war damit unterbrochen. **Latein** als Amtssprache wurde durch **Griechisch** ersetzt. Die **Ostkirche** begann sich von der **röm.-katholischen Westkirche** abzusondern.

Süd- und Westeuropa

507–711 Westgotenreich* in **Spanien**.

533 Justinian und seine Feldherren zerstören das **Wandalenreich** in Afrika.

535–555 Justinian erobert das **ostgotische*** Reich in **Italien**.

Keltisches Kreuz von **Iona**.

Westgotische Krone des Königs Recceswinth.

554 Justinian erobert einen Teil des **Westgotenreichs*** in **Spanien**.

563 Der Ire **St. Columba** gründet ein Kloster auf **Iona**. Seine Anhänger missionieren in **Schottland** und **England**.

568–774 Langobardisches Reich in **Norditalien**.

596 Papst Gregor der Große beauftragt den Abt **Augustinus** mit der Christianisierung der **Angelsachsen** in **England**.

Schätze aus dem Grab eines der letzten **Angelsachsenkönige** bei **Sutton Hoo** (ca. 625).

Nord- und Osteuropa

ca. 500–700 Die **Slawen*** wandern aus Mitteleuropa in das **russische** Waldland ein.

527–565 Herrschaft von **Kaiser Justinian** über das **Oströmische** oder **Byzantinische Reich**.

Die Kirche von **San Vitale, Ravenna**, im 6. Jh. erbaut. Unter **Justinian** war **Ravenna** Zentrum der **Ostkirche** in Italien.

540–561 Krieg zwischen **Persien** und dem **Byzantinischen Reich**.

603–628 Letzter Krieg zwischen **Persien** u. **Byzanz**, der mit Persiens Niederlage endet.

610 Krönung des **byzantinischen Kaisers Heraklios**. Die Verbindung zum **Westen** wird unterbrochen und **Griechisch** wird Amtssprache.

632 Die **Araber*** greifen das **Byzantinische Reich** an. Sie schlagen **Heraklios** in **Syrien** (634–638), erobern **Ägypten** (639–642) und **Karthago** (698).

Araber, 24; Christentum, 19; Ostgoten, Sachsen, Wandalen, Westgoten (siehe Barbareneinfälle). 19; Rom, 18; Slawen, 29.

Ikonen waren religiöse, auf Holztafeln gemalte Bilder von hoher Bedeutung in der byzantinischen Kunst. Von **724** bis **843** wurde die Bilderverehrung gebannt und viele zerstört. Die Bewegung hieß **Ikonoklasmus** (Bilderstreit)

Das **byzantinische** Mosaik zeigt Christus als Pantokrator (Weltenschöpfer).

Justinians Reich zu Beginn der Regierung

Justinians Wiedereroberungen

Ravenna
Konstantinopel
Cordoba
Rom
Karthago
Sizilien
Alexandria

Justinians Reich

Durch Eroberungen der **Perser** (611–616) und der **Araber*** (632–750) verlor das Reich seine Gebiete in **Vorderasien**, in Nordafrika, Spanien und **Sizilien**. Während der **Makedonischen Dynastie (867–1056)**, besonders unter **Basileios II.** (976–1025), dehnte es die Grenzen wieder aus, doch belastete der ständige Krieg das Land. **1071** schlugen die türkischen **Seldschuken*** Byzanz vernichtend bei **Manzikert** und besetzten einen Teil des Reiches in **Kleinasien**.

Der Sieg der türkischen Seldschuken führte zu den **Kreuzzügen***, die für das Byzantinische Reich katastrophal endeten. Auf dem **4. Kreuzzug* (1202–04)** wurde Konstantinopel von den Kreuzfahrern erobert und geplündert und ein kurzlebiges **Lateinisches Reich** errichtet. **1261** kam wieder ein griechischer Herrscher an die Macht, aber das Reich blieb schwach und konnte dem Andrang der **Osmanischen Türken*** nicht standhalten, die **1453** Konstantinopel einnahmen.

Vorderasien und Afrika

531 Justinian sendet den Mönch **Julian** mit einer Gruppe Mönche nach **Aksum**. Sie bekehren **Äthiopien** zum **Christentum***.

531–579 Chosrau I., **persischer Sassanidenherrscher***. Größte Ausdehnung des Reiches.

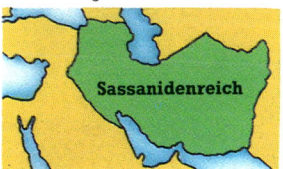

Sassanidenreich

543 Julian verläßt **Äthiopien** und bekehrt **Nubien**. Nubien teilt sich in drei christliche Reiche: **Nobatien, Makurien, Alodien**, jedes mit eigenem König und Bischöfen. Durch die **arabische Eroberung Ägyptens** (639–642) werden sie vom Rest der Christenheit* abgeschnitten.

Ägyptische Wandmalerei zeigt eine **nubische Königin**.

Der Ferne Osten

535 Das Reich der **Gupta*** bricht zusammen. **Indien** spaltet sich in rivalisierende Königreiche.

552 Der **Buddhismus*** wird von **China** nach **Japan** gebracht.

581 General **Yang Chien** begründet die **Sui-Dynastie** und eint **China** im Jahre **589.**

594 Buddhismus wird Staatsreligion in **Japan**.

605–610 Millionen Menschen müssen am **Kaiser-Kanal** bauen, der die Flüsse **Jangtse** und **Huang Ho** in China verbindet.

606 In **China** wird eine schriftliche Prüfung für **Beamte** eingeführt.

607 Tibet wird politisch geeint.

618–907 **Tang-Dynastie** in China.

624 Buddhismus* wird in China zur **Staatsreligion**.

627–649 Tai Tsung der Große, Kaiser von China.

645 Buddhismus* in Tibet.

Gläsernes Kamel der **Tang-Dynastie**.

Amerika

ca. 500 Nordamerika: Wirtschaftl. Niedergang der **Hopewell-Hügelbauer***. Die **Mississippi-Hügelbauer** treten am unteren Mississippi-Lauf auf. Sie handeln mit Muschelschalen und gewinnen weitläufigen Einfluß.

Tongefäße der **Mississippi-Hügelbauer.**

500–900 Goldene Zeit der **Zapoteken***-Kultur in **Oaxaca, Mexiko**.

Pyramide in **El Tajín**.

500–1200 **Totonaken**-Kultur an der **Golfküste** in **Mexiko**, El Tajin als Zentrum.

ca. 600 Blütezeit der **Maya-Kultur***. Hinweise auf intensive Landwirtschaft mit gutem Bewässerungssystem.

Das Frankenreich

Das erfolgreichste **Germanenreich*** war das der **Franken** unter **Chlodwig I. (481–511)**, einem **Christen** und Begründer der **Merowinger-Dynastie**. Er besiegte **507** die **Westgoten**. Seine Nachfolger schlugen **531** die **Thüringer, 532–534** die **Burgunder***, **535** die **Alemannen** und nahmen **537** die **Provence** ein.

Gemäß der fränkischen Tradition wurde das Reich unter den Söhnen des Königs aufgeteilt. Das schwächte jedoch die Dynastie, und die Macht kam in die Hände führender Familien. Eine wichtige Beamtenlinie, die **Hausmeier**, kamen mit **Pippin I. (580–640)** an die Macht. **Pippin II. (640–714)** schlug seine Rivalen in der **Schlacht von Tertry** (687) und herrschte über das Fränkische Königreich.

Büste **Karls des Großen**.

Karl Martell (714–741), Sohn Pippins II., schlug die **Araber*** (732) und vertrieb sie aus Frankreich. **751** setzte **Pippin III.** den Merowingerkönig ab und begründete die **Karolinger-Dynastie**. Seine Söhne **Karlmann** und **Karl** (der Große) erbten das Reich. Nach dem Tod seines Bruders **771** wurde **Karl der Große** Alleinherrscher über das Frankenreich.

Fränkisches Königreich vor Chlodwig
Fränkisches Königreich vor 507
Fränkisches Königreich um 560
Reich Karls des Großen (771–814)
Von Karl Martell ererbtes Reich
Marken

Thüringer · Burgunder · Alemannen · Westgoten · Provence · Sachsen · Aachen · Bayern · Awaren · Langobardenreich

Süd- und Westeuropa

ca. 529 **Benedikt von Nursia** begründet die abendländische Form des Mönchstums.

711 **Araber*** erobern **Spanien**, außer Asturien.

Die **Große Moschee** von **Cordoba**, erbaut **788**.

732 **Schlacht zwischen Tours und Poitiers: Karl Martell** schlägt die vordringenden Araber in Südfrankreich (s. o.) und treibt sie zurück nach Spanien.

751 **Childerich III.** wird als letzter **Merowinger**könig abgesetzt. **Pippin III.** (751 bis 768) wird erster **Karolingerkönig** in Frankreich (s. o.).

751 **Langobarden** erobern **Ravenna**, in Norditalien letzte **byzantinische*** Stadt.

756–1031 **Kalifat*** der **Omaijaden*** in Cordoba, Spanien.
757 **Offa von Mercia** (757–796) baut einen Wall gegen die **Waliser** und wird 779 König **Englands**.
768–814 Herrschaft von **Karl dem Großen** (s.o.).
773–774 **Karl der Große** erobert das **Langobardenreich** in Norditalien.
793–794 Beginn der **Wikingerzeit. Normannen** überfallen von Norwegen aus das englische Kloster **Lindisfarne**.
800 **Karl der Große** wird von Papst **Leo III.** in Rom zum **Römischen Kaiser** gekrönt.
806 **Wikinger*** plündern **Iona***, Zentrum des keltischen Christentums. Die Mönche fliehen.

Nord- und Osteuropa

674–678 Die **Araber** belagern erfolglos **Konstantinopel.**

ca. 680 **Bulgaren*** fallen im **Balkan** ein, vermischen sich mit **Slawen*** u. gründen einen Staat.

716 Das **Byzantinische Reich*** erkennt den Staat der **Bulgaren*** an, der bis **1018** besteht.

717 Der byzantinische Kaiser **Leo III.** verbündet sich mit den **Bulgaren*** und **Chasaren***.

718 **Araber*** belagern erfolglos **Konstantinopel.**

Byzantinische Ikonen.

726–843 **Bilderstreit** im **Byzantinischen Reich***. **Leo III.** und nachfolgende Kaiser verbieten Bilder (**Ikonen***) in Kirchen und lassen viele zerstören.

787 **Kirchenkonzil** von **Nicaea** läßt das Bilderverbot aufheben.

ca. 793–794 Plünderungen der **Wikinger*** in Europa.

Eine **Wikinger**siedlung.

Unter **Karl dem Großen (771–814)** erreichte das Frankenreich seine größte Ausdehnung. **773–774** eroberte er das **Langobardenreich** und besiegte **788** die **Bayern, 796** die **Awaren, 804** die **Sachsen.** Zum Schutz des Reiches richtete er **Marken** (Grenzländereien) ein.

Karl der Große unterstützte Gelehrte an seinem Hof in **Aachen.** Biblische Texte und klassische Autoren wurden kopiert und an Klosterbüchereien gesendet.

Der Dom von **Aachen** , eine der Hauptstädte **Karls des Großen.** Der Dom war San Vitale, Ravenna, nachgebildet.

Karls Feldzüge gegen die **Araber** und die heidnischen **Magyaren*** und **Awaren** sowie seine gewaltsame Bekehrung der **Sachsen** brachten ihm den Ruf eines Verteidigers der **Christenheit*** ein. **800** wurde er vom **Papst** in **Rom** zum **Römischen Kaiser** gekrönt, trotz der Proteste aus **Byzanz,** das sich als Erben **Roms*** ansah.

Karls Sohn, **Ludwig der Fromme (814–840),** vererbte das Reich seinen drei Söhnen. Innere Zwiste führten zur Reichsteilung. Im **Vertrag von Verdun** (843) wurde das Frankenreich in das **West-, Mittel-** und **Ostreich,** im **Vertrag von Meersen** (870) das Mittlere Reich zwischen dem West- und Ostreich geteilt, das entspricht dem Gebiet des **heutigen Frankreichs** und **Deutschlands.**

Reich
Karls II., des Kahlen

Reich **Ludwigs II.**

Reich **Ludwigs des Deutschen**

Vertrag von Meersen 870

Östliches Reich

Westliches Reich

Mittleres Reich

Vorderasien und Afrika

611—614 Perser erobern **Antiochia, Damaskus** und **Jerusalem** von **Byzanz*** und überrennen **Kleinasien.**

618—619 Perser erobern **Ägypten.**

622 Mohammed* flieht nach **Medina.**

629 Der byzantin. Kaiser **Heraklios** (575—641) verbündet sich mit **Äthiopien,** schlägt **Persien** und gewinnt Land zurück.

632 Tod **Mohammeds*. Abu Bekr** wird erster **Kalif*.** Beginn der **arabischen** Expansion. Die **Araber** nehmen **Syrien** und **Irak** (638) und **Jerusalem** (638) ein.

639—642 Die **Araber*** schlagen **Byzanz*** auf dem Meer und erobern **Ägypten.**

642 Araber* erobern **Persien** und unterwerfen die **Sassaniden*. Persien** nimmt den **Schiitischen*** Zweig des **Islam*** an.

661—750 Dynastie der **Omaijaden*** regiert von **Damaskus** aus.

698—700 Araber* erobern **Karthago** und **Tunis.** Die nordafrikanische Küste wird zum **Islam*** bekehrt.

Der Ferne Osten

657 Chinesen schlagen **türkische*** Armeen und dehnen ihre Macht nach **Zentralasien** aus.

665 Die **Tibeter** dringen nach **Turkestan** vor.

690—713 Kaiserin Wu ergreift die Macht in China.

Buddhistischer Tempel in **Nara, Japan.**

718—784 Nara-Zeit in **Japan.**

745—840 Uiguren-Reich in der **Mongolei.**

ca. 750 In **Indien** führen drei Reiche Krieg: **Radschputra** im Nordwesten, **Raschtrakutra** im Süden und **Bengalen** im Nordwesten. **Araber*** besetzen die Region am **Indus.**

751 Die **Abbasiden*** schlagen das Heer der **Tang*** am **Talas.** Ende von Chinas Einfluß in Zentralasien.

794—1185 Heian-Periode in **Japan.** Der Kaiser regiert in **Heian (Kyoto).** Die Macht geht an die Adligen.

Amerika

ca. 600 Teotihuacán*, jetzt eine große Stadt, schachbrettartig angelegt, 20 km Durchmesser. Höhepunkt der Kultur von Teotihuacán, die sich auf das umliegende Hochland ausdehnt. Der Wohlstand beruht auf Handel, Ackerbau und Handwerk.

600—1000 Periode der **mittleren Schicht** in **Südamerika.** Große Stadtzentren. Örtliche Kulturen verschmelzen zu zwei großen Reichen mit dem religiösen Zentrum **Tiahuanaco** am Titicaca-See und der militärischen Hauptstadt **Huari,** die die Religion von Tiahuanaco weit verbreitet.

650—900 Huaxteken-Kultur an der mexikanischen Golfküste.

ca.650—850 Teotihuacán-Kultur verfällt im Hochland.

700—1000 Nordamerika: Im Südwesten (**Arizona**) erreicht die bäuerliche **Hohokam***-Kultur ihren höchsten Entwicklungsstand mit Hügelplattformen und Spielfeldern, worin sich die enge Verbindung nach **Mexiko** zeigt.

ca. 700—1000 Bäuerliche **Anasazi**-Kultur in **Nordamerika.**

Mohammed und der Islam

Die **Große Moschee** bei **Kairuan**, Nordafrika.

Mohammed (ca. 570–632), der Stifter des **Islam**, wurde in **Mekka** geboren, einem Pilgerzentrum der **Araber**, die dort die **Kaaba**, einen schwarzen **Meteoriten**, verehren. Um **610** begann er zu predigen, es gebe nur einen Gott. Er bekehrte viele und zog sich den Unwillen der **Aristokratie*** zu.

Mohammeds Anhänger schrieben seine Lehren im *Koran*, dem heiligen Buch des **Islam**, auf.

622 wurde Mohammed zur Flucht nach **Medina** gezwungen, wo er aus seinen Anhängern eine Gemeinschaft formte. **624** schlug er die Mekkaner bei **al Badr** und eroberte **630** Mekka, das zum Zentrum der neuen Religion wurde. Bei seinem Tod herrschte der **Islam** über fast ganz **Arabien**.

Mohammeds Anhänger, die sich später **Moslems** nennen, trafen sich zum Gebet in **Moscheen**.

Ali, der vierte Kalif, wurde **611** ermordet. Ihm folgte die **Omaijaden-Dynastie**, die in **Damaskus** regierte (**661–750**). Zu jener Zeit spaltete sich die Sekte der **Schiiten** ab. Sie hielten **Ali** für den rechtmäßigen Nachfolger Mohammeds und waren gegen die offizielle Auslegung des *Koran*. In diesem war die Lehre Mohammeds von Kalif **Othman** um 650 zusammengestellt worden.

Arabische Krieger.

Arabische Astronomen aus der Zeit der **Abbasiden** (**islamische** Illustration).

Auf Mohammed folgte eine Reihe von **Kalifen** (gewählte Nachfolger), die die Stämme Südarabiens besiegten und dann ihr Reich ausdehnten. Sie schlugen **636** die **byzantinische*** Armee und überrannten **643** das **Persische Reich***. Um **711** hatten sie **Nordafrika** und **Spanien** erobert sowie **Transoxanien** und das **Indusgebiet**. **751** schlugen sie die **Chinesen** am **Talas**.

750 wurden die Omaijaden von der **Abbasiden-Dynastie** (**750–1258**) gestürzt, die die Hauptstadt nach **Bagdad** verlegte. Unter den Abbassiden erreichte die arabische Kultur eine Blütezeit, obwohl die islamische Welt schon bald politisch uneinig wurde. Mehrere Regionen bildeten lokale Dynastien. Es war eine Zeit des Wohlstandes, der kulturellen und intellektuellen Blüte, besonders in der Medizin, Mathematik und Astronomie.

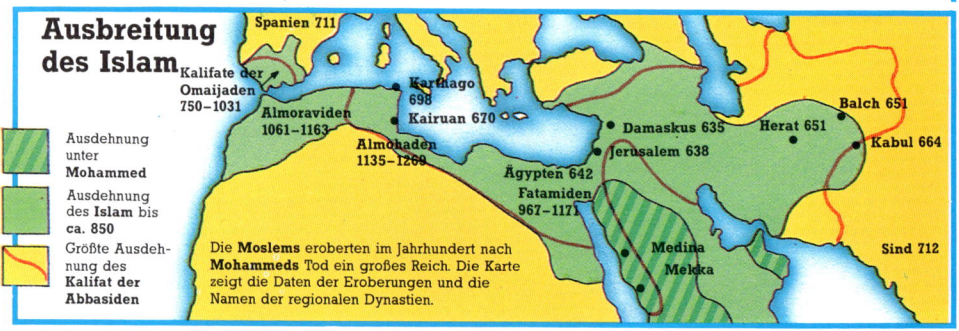

Ausbreitung des Islam

Kalifate der **Omaijaden** 750–1031

Spanien 711

Karthago 698

Almoraviden 1061–1163

Kairuan 670

Almohaden 1135–1269

Ägypten 642
Fatimiden 967–1171

Damaskus 635

Jerusalem 638

Herat 651

Balch 651

Kabul 664

Medina

Mekka

Sind 712

- Ausdehnung unter **Mohammed**
- Ausdehnung des **Islam** bis **ca. 850**
- Größte Ausdehnung des **Kalifat der Abbasiden**

Die **Moslems** eroberten im Jahrhundert nach **Mohammeds** Tod ein großes Reich. Die Karte zeigt die Daten der Eroberungen und die Namen der regionalen Dynastien.

Aristokratie, 113; Byzanz, 20–21; Persisches Reich, 21.

Die Wanderungen der Steppenvölker

Die **Steppen** sind Ebenen, die sich von **Osteuropa** nach **Asien** erstrecken. Sie waren von berittenen **Nomaden**völkern* asiatischen Ursprungs bewohnt, von denen viele nach Westen abwanderten. Sie lebten in Stämmen, die sich zu **Horden** zusammenschlossen. Jede Horde wurde von einem **Khan** geführt, der über ein **Khanat** regierte.

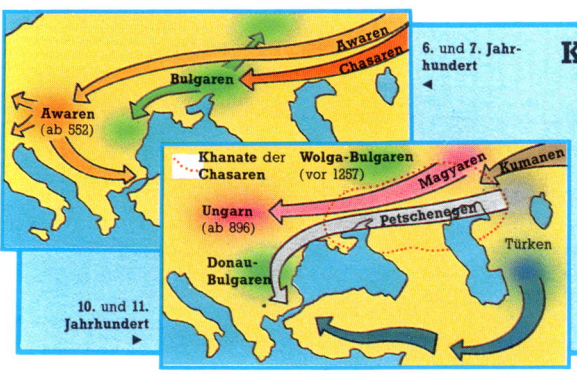

Karte der Wanderungen

Die **Awaren** wanderten 552 nach Westen, vertrieben die **Slawen*** aus ihrer Heimat und errichteten um **600** ein großes **Khanat**, das **803** von **Byzanz*** zerstört wurde.

Die **Petschenegen** errichteten im **10. Jh.** einen Staat auf dem **Balkan**, der **1091** von den **Byzantinern** vernichtet wurde.

Die Bulgaren

Die **Bulgaren** waren Abkömmlinge der **Hunnen***, die sich um **400** nach **Südrußland** zurückzogen. Sie wurden um **500** von den **Chasaren** vertrieben. Ein Stamm schuf einen Staat an der **Wolga** (bis **1257**).

Bulgarischer Reiter, Goldgravur.

Eine andere Gruppe siedelte an der **Donau**, vermischte sich mit den **Slawen*** und gründete ein **Bulgarenreich** (ca. 680), das **1018** von den **Byzantinern*** erobert wurde.

Die Polowzer (Kumanen)

Die **Polowzer** wurden aus **Zentralasien** vertrieben (**400–700**) und besetzten das Land der **Chasaren** (**ca. 900**). Sie wurden von den **Mongolen*** besiegt (**1237**). Die Überlebenden verschmolzen mit der **Goldenen Horde***.

Die Chasaren

Die **Chasaren** errichteten in der **Ukraine** um **500** ein **Khanat** und expandierten nach Westen. Das Chasaren-Reich zerfiel **um 1000** nach **russischen*** und **polowzischen** Angriffen.

Reiter eines Steppenvolkes.

Die Magyaren

Die **Magyaren** kamen in die **Ungarische Tiefebene**, nachdem **Karl der Große** um **800** das **Awarenreich** zerstört hatte. Sie plünderten auch in **deutschen** Landen (**862**) und kämpften gegen die **Bulgaren**. **896** schufen sie einen ungarischen Staat unter den **Arpaden** (**896–1301**).

Krone **Stephans I.**, „des Heiligen", (**997–1038**), vom **Papst** 1001 als König von **Ungarn** anerkannt.

Die Türken

Die **Türken** wandten sich etwa im **9. Jahrhundert** nach Westen. Viele traten zum **Islam*** über. **Mahmud von Ghazni** (997–1030) gründete im heutigen Afghanistan ein Reich.

Türkische Stammesangehörige mit **Jurten** (Zelten).

Während des **11. Jh.** breitete sich eine als **Seldschuken** bekannte Stammesgruppe schnell bis zur Beherrschung **Vorderasiens** aus. Sie nahmen **1055 Bagdad** ein und machten ihren Führer zum **Sultan***, der für die **Abbasiden*** regierte. Ihr Sieg bei **Manzikert*** (1071) brachte **Anatolien** unter die türkische Herrschaft, das von nun an **Türkei** hieß. Ihr Reich war nicht langlebig, aber es stärkte die islamische Welt.

Süd- und Westeuropa

832—847 Wikinger* siedeln in **Irland**.

835 Dänen* erobern **England**.

843 Vertrag von Verdun: Teilung des **Karolingerreiches***.

Die **Brosche von Tara**, **Irland, ca. 8. Jh.**

865—874 Die **Dänen*** erobern **Mercia, Northumbria** und **Ost-Anglia**.

871—899 Herrschaft **Alfreds des Großen**, König von **Wessex**. Er verhindert das weitere Vordringen der **Dänen***.

919 Ende der **Karolinger-Dynastie***. **Heinrich I.** von Sachsen wird **deutscher König**. Er drängt die **Slawen** zurück und siegt **933** in der Schlacht bei **Riade** über die **Ungarn**.

936—973 Herrschaft **Ottos I.** in **Deutschland**. Er unterwirft sich die deutschen **Herzöge**, erobert das Königreich **Italien** und beendet den Vormarsch der **Magyaren*** in der **Schlacht auf dem Lechfeld 955**. **962** wird er zum **Heiligen Römischen Kaiser Deutscher Nation** gekrönt und damit Begründer des **Heiligen Römischen Reiches**.

Krone **Ottos I.**

Ottos Reich wird zur beherrschenden Macht des Abendlandes und steht gleichrangig neben **Byzanz**.

987—1328 Kapetinger-Dynastie in **Frankreich**.

991 Die **Dänen*** schlagen die **Engländer** in der Schlacht von **Malden**. Engländer zahlen **Danegeld***.

1008—1028 Bürgerkriege zerstören das **Reich von Cordoba***. Dies führt zur **Reconquista***.

1016—1035 Knut, dän. Kg., erobert **England**.

1016 Die **Normannen*** fallen in **Süditalien** ein, geführt von **Robert** und **Roger Guiscard**.

1042—1066 Eduard der Bekenner, König von **England**.

1046—1075 Zwei **Synoden** fordern eine Kirchenreform: die Abschaffung der **Simonie** (Verkauf von geistlichen Ämtern) und der **Priesterehe**.

1054 Schisma (Bruch) zwischen der **Ost-** und der **Westkirche**, verursacht durch den päpstlichen Anspruch auf Führung der christlichen Kirche.

1054 Robert Guiscard wird vom Papst zum Herzog von **Apulien** und **Kalabrien** ernannt und gewinnt **Sizilien** von den **Arabern*** zurück.

1061—1091 Roger, Robert Guiscards Bruder, erobert **Sizilien** und wird Graf von Sizilien.

1066 Schlacht bei Hastings*. Der Normanne **Wilhelm der Eroberer** besetzt England und wird als **Wilhelm I.** König (**1066—1087**).

1071 Die **Normannen** erobern **Bari**, die letzte **byzantinische*** Besitzung in **Italien**.

1075—1122 Der **Investiturstreit**: ein Streit zwischen **Papst** und Heiligem Römischen **Kaiser** um das Recht der Einsetzung von Bischöfen und Äbten. Beigelegt im **Wormser Konkordat** (**1122**) zugunsten des Papstes. Teil eines umfassenden Machtkampfes zwischen **Kaisertum** und **Papsttum***.

Nord- und Osteuropa

812 Schlacht von **Adrianopel: Khan Krum** der **Bulgaren** schlägt **Byzanz*** und tötet den Kaiser.

Schlacht zwischen **Byzantinern** und **Bulgaren**.

830 Gründung des unabhängigen **Slawenreichs*** in **Mähren**, von den **Magyaren* 906** zerstört.

860 Waräger (Wikinger) belagern erfolglos **Konstantinopel**.

861—874 Wikinger* entdecken **Island**.

862 Die Apostel **Kyrill** (826—869) und **Method** (815—885) missionieren in **Mähren**. Kyrill entwickelt das **kyrillische** (russische) **Alphabet**.

ca. 862 Der Waräger **Rurik*** beherrscht von **Nowgorod** aus das **russische*** Herrschaftsgebiet.

866 Bekehrung **Rußlands** zum **Christentum***.

867—1056 Die **Makedonische Dynastie** herrscht im **Byzantinischen* Reich**.

Das Mosaik zeigt Kaiser **Konstantin IX.** und seine Frau **Zoë** aus der Makedonischen Dynastie.

882 Oleg der Weise erobert **Kiew** und verlegt die **russische* Hauptstadt** dorthin.

889 Magyaren* besetzen **Ungarn** und errichten einen Staat. **Arpaden-Dynastie** (896—1301).

ca. 890—930 Norwegen wird von **Harald Schönhaar** erstmals zum Königreich geeint.

929—967 Böhmen erreicht unter **Boleslaw I.** politische Einheit und Stabilität.

960 Mieszko (960—992) eint die Stämme im nördlichen **Polen** und gründet einen **polnischen Staat**. Er wird 966 **Christ***.

965 Harald Blauzahn, König von **Dänemark** (ca. 950—986) wird **Christ***.

965 Zerstörung des **Chasaren**-Reiches* durch **Swjatoslaw** von **Rußland**.

976-1025 Herrschaft von **Basileios II.**, einem kriegerischen Kaiser in **Byzanz***. Er gewinnt einige Schlachten gegen die **Araber*, Russen*, Bulgaren*, Armenier** und **Normannen*** und dehnt die Reichsgrenzen aus.

980—1015 Wladimir*, wird Alleinherrscher von **Kiew-Rußland***. Er heiratet eine **byzantinische*** Prinzessin (986) und führt das **Griechisch-Orthodoxe Christentum** in Rußland ein.

Wladimir von Kiew.

Vorderasien und Afrika

ca. 700 **Arabische** Händler und Reisende entwickeln blühenden Handel mit reichen Saharastädten und tauschen Pferde, Kupfer, Werkzeuge und Waffen gegen Gold, Elfenbein, Häute und Sklaven. Es entstehen mächtige **afrikanische Königreiche** und Handelsmächte, wie **Ghana** und **Kanem-Bornu**.

Arabische Händler in der Sahara.

ca. 700—1200 Königreich **Ghana**, erste westafrikanische Handelsmacht, reich an Gold.

750—1258 **Abbasiden*-Dynastie** herrscht in **Bagdad**. Blüte der **islamischen*** Kultur.

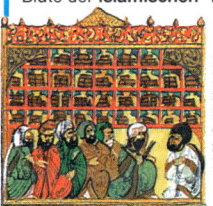

Eine Bibliothek in **Bagdad**, Szene aus einer **islamischen** Malerei.

786—809 Herrschaft von **Kalif Harun Al-Rashid**, bekannt aus *Geschichten aus 1001 Nacht.*

ca. 800 Drei kleine unabhängige **arabische** Königreiche entstehen in **Nordafrika.**

800—1800 Königreich **Kanem-Bornu**, eine große Handelsmacht in **Westafrika.**

Berittene Krieger aus **Kanem-Bornu.**

868—935 Die **Tuluniden-Dynastie** in **Ägypten** u. **Syrien.**

902—1004 **Samaniden-Dynastie** in **Persien.**

909—972 Die **Fatamiden-Dynastie** herrscht über das **arabische** Reich in **Nordafrika**, erobert und regiert **Ägypten** von 969—1171.

997—1030 Sultan **Mahmud** von **Ghazni** (**Turkestan**). Er erobert ein Reich in **Ostafghanistan** und **Nordindien. Ghazni** wird Zentrum der Kultur des **Islam*.**

Der Ferne Osten

802 Unter der Dynastie der **Khmer** wird in **Kambodscha** das Königreich von **Angkor** errichtet.

842 Das **tibetische** Reich zerfällt.

ca. 825—1160 Der **Fujiwara**-Klan beherrscht **Japan.**

868 Das früheste **gedruckte Buch** in China, das **buddhistische*** *Diamant-Sutra.*

10. Jh. Die **indischen** Königreiche zerfallen in Kleinstaaten.

907—960 Zeit der **Fünf Dynastien: China** wird von Bürgerkriegen zerrissen.

916 Gründung des **Kitan-Reiches** in der **Mongolei.**

947—1125 Die **Kitan** überrennen **Nordchina** und errichten die **Liao-Dynastie.**

960—1127 Die nördliche **Sung-Dynastie** eint Zentral- und Südchina und herrscht von **Kaifeng** aus.

Hindu-Statue (Gott Schiwa) aus der **Chola**-Dynastie.

985—1014 Herrschaft **Rajaras** I., im Königr. **Chola**, Südindien.

990 **Jangtu** (**Peking**) wird zur Hauptstadt **Nordchinas.**

997—1030 Herrschaft **Mahmuds**, Sultan von Ghazni (Turkestan), der ein Reich in **Nordindien** und Ostafghanistan erobert.

ca. 1000 **Chinesen** vervollkommnen das **Schießpulver.**

1002—1050 **Angkor-Reich** gewinnt unter König **Suryavarman** an Bedeutung.

1044 Um **Pagan** entsteht ein **burmesischer** Staat.

1051—1062 Neunjähriger Bürgerkrieg in Japan: Aufstieg der **Samurai*.**

Samurai-Krieger.

1086—1088 Dreijähr. **Bürgerkrieg** in Japan.

1126—1234 **Chin-Dynastie** herrscht über **Nordchina.**

1127—1279 In **Nanking**, Südchina, wird die **Südliche Sung-Dynastie** errichtet.

Amerika

ca. 750 Zerstörung **Teotihuacáns.**

ca. 750 Allmählicher Verfall der **Maya-Kultur*.**

900 Die **Anasazi*** bauen **Pueblos**, die wie Nester in Felsen gebaut und nur über Leitern zu erreichen sind. Die Anasazi fertigen Baumwollstoffe und bearbeiten Türkise und andere Steine.

Pueblo der Anasazi.

900—1200 **Nachklassische Periode** in **Mittelamerika.** Die **Tolteken** zerstören die Zentren um **Teotihuacán*** und besetzen die Küstenländer und **Maya*-**Land. Die Maya-Stadt **Chichen** wird in **Chichen Itzá** umbenannt.

Pyramide in **Chichen Itzá.**

ca. 900—1494 **Mixteken-Kultur** in **Mexiko.**

ca. 900 **Yucatán** wird Zentrum der **Maya**-Kultur.

947 Mexiko: Geburt von **Quetzalcoatl**, den die **Azteken*** als Gott verehren.

980 **Tolteken** verlegen ihre Hauptstadt nach **Tula.**

Statue eines **Tolteken**kriegers aus **Tula.**

982 **Erich der Rote**, ein **Wikinger***, kolonisiert Grönland.

999 **Quetzalcoatl** flieht an die mexikanische Golfküste.

1000 **Leif Erikson**, Sohn **Erichs des Roten**, segelt an der **amerikanischen** Küste entlang.

Wikingerschiff vor der Küste **Amerikas.**

ca. 1000 **Hopewellkultur*** kennt kaltgehämmertes Kupfer.

Die Wikinger

Die **Wikinger** (auch **Nordmänner**) waren Seefahrer aus **Skandinavien**, die vom **8.– 11. Jahrhundert** in viele Länder **Europas** Beute- und Eroberungsfahrten unternahmen. Während sie zunächst die überfallenen Gebiete nur plünderten, wurden sie später auch seßhaft und trieben Handel. In **Nordfrankreich** hießen sie **Normannen** und in **Rußland Waräger***. Die ersten Wikingerzüge gingen von **Norwegen** aus (**ca. 790– 840**), aber nach **830** kamen die meisten aus **Dänemark**.

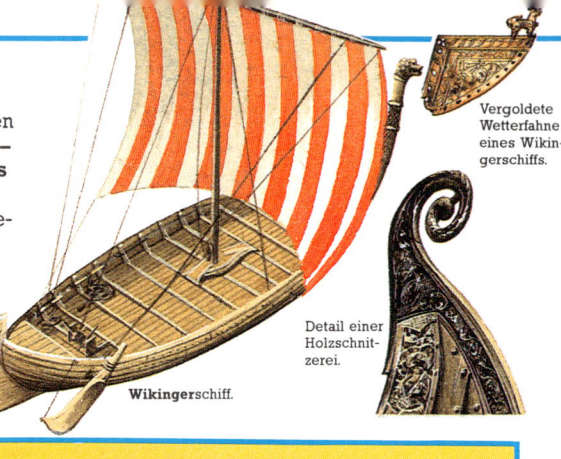

Vergoldete Wetterfahne eines Wikingerschiffs.

Detail einer Holzschnitzerei.

Wikingerschiff.

Karte der Wikingerzüge

Iona 795
793 795
Irland 832–847
England 838
Normandie 896
Provence und Toskana 859–862
Spanien und Portugal 844
Schweden · Dänen · Norweger
Wikingerzüge

Grönland 982–984
Die Route nach **Amerika**.
Island 860
Winland (Neufundland) ca. 1000

England unter dem Danelag (Dänenherrschaft)

Ein **Wikinger**überfall.

Von **866–874** eroberten die **Dänen** ganz **England** außer **Wessex. Alfred der Große**, König von Wessex (**871–899**), schlug sie **878** und errichtete das **Danelag**, ein Gebiet, in dem die Dänen siedeln konnten. Alfred und seine Nachfolger, **Eduard** (**899–924**), **Aethelstan** (**924–939**) und **Edgar** (**959–975**) eroberten die dänischen Gebiete wieder zurück.

Die englische Stellung wurde jedoch schwächer. **Aethelred** (978–1016) mußte **Danegeld** als Tribut zahlen, um neue Plünderungen zu vermeiden. **1016** wurde England von **Knut dem Großen** (**1016–1035**) erobert und bis **1042** von Dänen regiert. Aethelreds Sohn, **Eduard der Bekenner**, bestieg den Thron.

Die Normannen

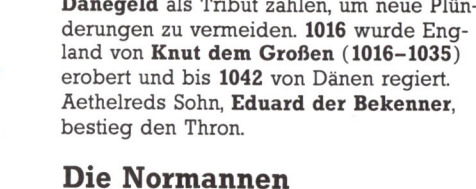

Normannische Soldaten in der Schlacht von Hastings, 1066 (Teppich von Bayeux).

895 griffen die **Dänen Paris** an und besiedelten die **Seine-Mündung** (**896**). Die **Franken*** ließen ihnen das Land, solange sie es gegen andere **Normannen** verteidigten. **912** wurde ihr Führer **Rollo** getauft und **Herzog der Normandie. 1066** schlug **Wilhelm der Eroberer**, ein Nachkomme Rollos, **Harald von Wessex** in der **Schlacht von Hastings** und bestieg den englischen Thron als **König Wilhelm I**.

Die Wikinger zogen plündernd durch ganz Europa bis nach **Konstantinopel** und **Vorderasien**.

Wikingerschatz.

Franken, 22–23; Waräger, 29.

Rußland

Seit dem **8. Jh.** siedelten schwedische Krieger und Händler, **Waräger** genannt, an der Ostseeküste, um hier Handel zu treiben. Sie folgten den **russischen** Flüssen, siedelten unter den **Slawen** und förderten den Handel zwischen dem Ostseeraum und der **islamischen Welt**. 862 begründete **Rurik**, Führer des Waräger-Stammes der **Rus,** das Reich um **Nowogorod**. Es wurde **Rus**-Land genannt und von der Dynastie der **Rurikiden** bis **1598** regiert.

Waräger, die ihr Boot von einem Fluß zum nächsten tragen.

Ruriks Nachfolger, **Oleg der Weise (879–912)**, vergrößerte seinen Einfluß bis nach **Kiew**, das er zur russ. Hauptstadt machte. **Igor (912–945)** nahm Kontakte mit **Konstantinopel*** auf, und ab 957 gewann das **Christentum*** Einfluß.

Die Heilige Jungfrau von Wladimir, eine **Ikone** (um 1125).

Wladimir I., der Heilige (978–1015), einigte die slawischen Stämme zu einem Einheitsstaat. Er heiratete eine **byzantinische*** Prinzessin und machte das Christentum zur Staatsreligion. Kiew wurde zu einer europäischen Metropole und Zentrum von Kultur, Religion und Kunst.

St. Sophia, Nowgorod ca. **1045–1062.**
Das **Reich von Kiew** erlangte seine Blütezeit unter Wladimirs Sohn **Jaroslaw** (1019–1054).

Nach **1054** begann der Niedergang des **Kiewer Reiches**. Eine neue Invasionswelle **asiatischer Nomaden*** drängte viele Völker nach Norden ab. Das Reich zerfiel in Fürstentümer, die bis zum Einfall der **Mongolen*** (1237–1240) bestanden.

Die Slawen

Die **Slawen** waren Stämme **indo-europäischer Abstammung***, die ursprünglich westlich des **Dnjepr** in den **Pripjet-Sümpfen** siedelten. Im **6. Jh.** wurden sie durch die **Awaren*** vertrieben und über **Osteuropa** verstreut.

Ausbreitung der Slawen

- Ostsee
- Nowgorod
- Grenze des Reichs von Kiew
- Pomoranen
- Abodriten
- Polen
- Russen
- Sorben
- Pripjet Sümpfe
- Böhmen
- Mährer
- Kiew
- Slowenen
- Ukrainer
- Kroaten
- Balkan-Slawen

Legende:
- Ausbreitung der **Slawen**
- Ausbreitung des **Christentums**
- Handelswege der **Wikinger**
- Angriffe **asiatischer** Stämme

Im **9. Jh.** siedelten die Slawen in ihren neuen Gebieten und begannen, sich politisch zu organisieren. **Um 1000** war der größte Teil der ursprünglichen, nichtslawischen Bevölkerung integriert. Unabhängige slawische Staaten entstanden in **Mähren (830)**, **Polen (960)**, **Rußland (862)**, **Kroatien (815)** und **Bulgarien (716)**.

Mährische Silberplakette

Die Slawen wurden durch **byzantinische*** Missionare zum **Christentum** bekehrt, die von den Mönchen **Kyrill (826–869)** und **Method (815–885)** angeführt wurden. Kyrill übernahm das **griechische Alphabet** für die slawische Sprache, aus dem sich das **kyrillische Alphabet** entwickelte. **990–992** wechselten Polen und andere westliche Slawenstämme zur **römisch-katholischen Kirche** über. Andere Slawen blieben der **Ostkirche** treu.

Darstellung der Taufe von **Bulgaren** in einer griechischen Handschrift.

Mönchstum

Das **Mönchswesen** begann in **Ägypten** im **3. Jh.** **Christen** zogen sich als **Eremiten** in die Wüste zurück. Unter **Basilius von Caesarea** (**330–379**) wurden diese in Gemeinschaften zusammengefaßt. Im Westen wurde das Mönchstum durch **Benedikt von Nursia** (**480–543**) begründet. Er gründete ein Kloster in **Monte Cassino** (**529**) und formulierte die **benediktinische Ordensregel**. Die Mönche lebten, arbeiteten und beteten

Katharinen-Kloster auf der Halbinsel **Sinai** (Mitte des 6. Jahrhunderts).

Die Mönche kopierten die Werke bedeutender **christlicher** Lehrer und **klassische** Texte.

zusammen, indem sie diese Regeln befolgten. Im **8. Jh.** waren im Bereich der ganzen **Christenheit*** Klöster entstanden. Bis zur Entwicklung der Universitäten im **13. Jh.** waren sie Mittelpunkt der Lehre und Wissenschaft. Ebenso versorgten sie Kranke und boten Reisenden Unterkunft.

Die Klöster gaben viele große Bauwerke und Skulpturen in Auftrag. Sie waren die Begründer des **romanischen Stils**, der sich in **Europa** zwischen dem **9. und 11. Jh.** entwickelte. Er ist gekennzeichnet durch Rundbögen, Kreuzgewölbe und massige Mauern.

Merkmale **romanischer** Architektur.

Süd- und Westeuropa

1086 Domesday Book (Grundbesitzbuch) wird in **England** erstellt: eine Erfassung sämtlichen Landbesitzes nach dem wirtschaftlichen Ertrag.

1094 Portugal wird unabhängig und **1179** Königreich.

1096—1099 Erster Kreuzzug*.

Domesday Book.

1105 Roger II. wird **Graf von Sizilien**. Er erwirbt **Kalabrien** (**1122**) und **Apulien** (**1127**) und wird zum **König von Sizilien** ernannt.

Unter **Roger II.** (rechts) wird **Sizilien** ein Zentrum für **christliche** und **arabische** Gelehrte.

Roger II. von Sizilien.

1128 Mathilde, Tochter **Heinrichs I. von England,** heiratet **Gottfried von Anjou Plantagenet.**

1135 Stephan von Blois besteigt nach dem Tod seines Onkels, **Heinrich I.,** den **englischen Thron.**

1137—1144 Bau von **St. Denis, Paris,** der ersten **gotischen Kathedrale*,** unter **Abt Suger.**

1139—1144 Bürgerkrieg in **England** zwischen **Stephan** und **Mathilde.** Mathilde unterliegt.

1147—1149 Zweiter Kreuzzug*.

ca. 1150 Gründung der **Pariser Universität.**

Nord- und Osteuropa

990—992 Polen wechselt von der **östlichen** (**griechisch-orthodoxen**) zur **westlichen** (**römisch-katholischen**) **Kirche** über.

993 Olaf Schoßkönig wird erster **christlicher König** von **Schweden.**

995—1000 Herrschaft **Olafs Tryggvesson**, König von **Norwegen**. Das **Christentum*** wird eingeführt.

998—1038 Regentschaft von **Stephan I.** (**Hl. Stephan**)* — erster christlicher König in **Ungarn.**

1014—1035 Knut der Große, König von **Dänemark**, beherrscht Dänemark, **England** und einen Teil **Schwedens. Norwegen** wird **1028—1035** besiegt.

Norwegische Stabkirche ca. 1150.

Ausdehnung des **Reiches von Knut d. Gr.**

1015—1028 Regentschaft **Olafs des Heiligen**, König von **Norwegen**. Er flieht **1028** nach **Rußland.**

1019—1054 Jaroslaw der Weise regiert das **Reich von Kiew*.**

Die Klöster vermehrten ihren Landbesitz, doch mit zunehmendem Reichtum ließ oft die strenge Einhaltung der Ordensregeln nach. Es gab mehrere Reformversuche und Ordensneugründungen. Die erste war die der **Cluniazenser**. Der Orden wurde **910** in **Cluny, Frankreich**, gegründet und dehnte sich um ca. **950–1100** rasch aus. Die **Zisterzienser**, deren Orden **1098** in **Citeaux** gegründet wurde, strebten eine strengere, einfachere Lebensweise an und gewannen im **12. Jh.** unter dem **Heiligen Bernhard von Clairvaux** (gest. **1153**) an Einfluß.

(von links nach rechts)

Zisterzienser
Dominikaner
Benediktiner
Franziskaner
Nonne des Karmeliterordens

Das **12. Jh.** war die große Zeit der Klöster, aber mit Ende des Jh. verloren sie an Bedeutung. Neue Orden wie die **Franziskaner** (**1210**) und **Dominikaner** (**1215**) wurden gegründet, die ihren Sitz in den Städten hatten. Sie wurden **Bettelbrüder** genannt, lebten von **Almosen** (Geschenken) und zogen predigend durch das Land.

Der Feudalismus

Der Zusammenbruch des **Römischen Reiches***, des Reiches **Karls des Großen*** und die Bedrohung durch die **Wikinger** brachten Unruhe nach **Westeuropa**. Die Menschen brauchten starke Führer, die sie schützen konnten. Im **8. und 9. Jh.** entwickelte sich ein System von Rechten und Pflichten zwischen den **Herren** und ihren **Vasallen** (Lehensmännern), das man **Feudalismus** nennt. Als Gegenleistung für Verteidigung und Gewährung eines **Lehens** (vom Herrn verliehenes Land) mußte der Vasall sich durch **Lehnseid*** zu Kriegsdienst und Treue verpflichten.

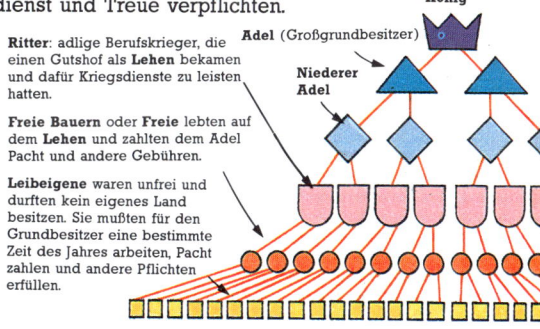

Ritter: adlige Berufskrieger, die einen Gutshof als **Lehen** bekamen und dafür Kriegsdienste zu leisten hatten.

Freie Bauern oder **Freie** lebten auf dem **Lehen** und zahlten dem Adel Pacht und andere Gebühren.

Leibeigene waren unfrei und durften kein eigenes Land besitzen. Sie mußten für den Grundbesitzer eine bestimmte Zeit des Jahres arbeiten, Pacht zahlen und andere Pflichten erfüllen.

König
Adel (Großgrundbesitzer)
Niederer Adel

Vorderasien und Afrika

1030 Seldschuken* dehnen ihren Einfluß auf Kleinasien aus.

1052 Die **Almoraviden*** greifen **Ghana** an, das **1076** zerstört wird.

1055 Seldschuken* erobern **Bagdad**.

1056–1147 Die **Almoraviden*** errichten ein Königreich in **Nordafrika** und **Spanien**.

1071 Schlacht bei Manzikert: Türkische **Seldschuken*** erobern **Jerusalem** und schlagen **Byzanz*** in Kleinasien.

1076 Die türkischen **Seldschuken*** erobern **Damaskus**.

ca. 1090 Der **Bund der Assassinen** wird in **Persien** gegründet, eine Gruppe von **Schiiten***, die ihre Gegner ermorden lassen.

1096–1099 Erster Kreuzzug*. **Kreuzritter** erobern **Jerusalem** und gründen Staaten in **Anatolien** und **Syrien**.

ca. 1100 Aufstieg des **Königreichs Ife** in **Nigeria**.

Tonkopf aus Ife.

Der Ferne Osten

Indien und Zentralasien

Talas
• Turfan
TIBET
NEPAL
PANDSCHAB
Ghasnawiden-Reich
BIRMA
Reich der Chola

SÜDOSTASIEN Kitan-Reich
Grenze **INNERE MONGOLEI**
zwischen
Süd-Sung Yangtu
und Chin-Reich (Peking)
von 1127. Korea
Kaifeng
Tang-Reich Nanking
Kaiser-Kanal Japan
NORD-VIETNAM
Kyoto
Angkor
Nara

Amerika

1000—1483 Späte Zwischenperiode in **Südamerika**. Untergang der Zentren der **Huari-Tiahuanaco-Kultur***. Örtliche Kulturen treten erneut auf. Das Volk der **Chimú** baut große Städte wie auch die Hauptstadt **Chanchan** an der nordperuanischen Küste. Vorfahren der **Inka*** siedeln um **Cuzco**.

1168 Mexiko: Die **Chichimeken** erobern **Tula**.

1190 Zweite Ära der **Maya-Kultur***.

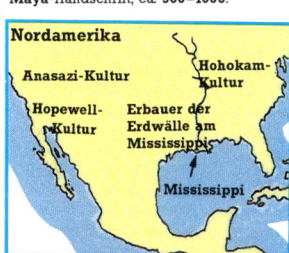

Seiten aus dem *Dresden-Codex*, einer **Maya**-Handschrift, ca. **900–1000**.

Nordamerika

Anasazi-Kultur
Hohokam-Kultur
Hopewell-Kultur
Erbauer der Erdwälle am Mississippi
Mississippi

Süd- und Westeuropa

1152 Heinrich von Anjou, Sohn der **Mathilde***, heiratet **Eleanore von Aquitanien.**

1153 Stephan* bestimmt **Heinrich v. Anjou** zum Thronfolger in England.

1154—1189 Heinrich v. Anjou wird **Heinrich II.** und regiert das **Angevinische** Reich in England und Frankreich. Die **Plantagenets*** herrschen in England bis **1399.**

1159 Heinrich II von Engl. führt die **Rittersteuer** als Ersatz für Heeresdienste ein.

1167—1168 Gründung der **Universität Oxford.**

Die Ermordung **Thomas Beckets.**

1170 Thomas Becket, Erzbischof von **Canterbury**, wird auf Befehl **Heinrichs II.** wegen eines Streits um Kirchenrechte ermordet. 1173 wird Becket heiliggesprochen.

1186 Konstanze, Tochter **Rogers II.*** von **Sizilien**, heiratet **Heinrich VI.**, röm.-deutscher Kaiser.

1189—1192 Dritter Kreuzzug.

1189—1199 Richard I. Löwenherz, König von England, erkennt die Unanhängigkeit **Schottlands** an.

1192 Sizilien wird mit dem **Hl. Röm. Reich*** vereint.

Nord- und Osteuropa

1033 Polen wird ein **Lehen*** des **Heiligen Römischen Reiches*.**

1035 Das **norwegische Königreich** wird durch **Magnus den Guten** (1035—47) wiederhergestellt, der nach dem Tod **Knuts*** aus Rußland zurückkommt.

1054 Anspruch des **Papstes** auf Vormachtstellung führt zum **Schisma*** zwischen **griech.-orthodoxer Ostkirche** und **röm.-katholischer Westkirche.**

1071 Schlacht bei **Manzikert.** Die **Seldschuken*** schlagen **Byzanz*** und besetzen **Kleinasien.**

1081—1085 Komnenen-Dynastie regiert das **Byzantinische Reich*.**

1081—1085 Unter **Robert Guiscard** fallen die **Normannen*** im **Balkan** ein.

Normannischer Ritter.

1086 Böhmen wird vom **römisch-deutschen Kaiser*** als Königreich anerkannt.

1093 Die **Polowzer*** plündern **Kiew.**

1095 Der **byzantinische*** Kaiser **Alexios Komnenos** (1081—1118) ruft **Papst Urban II.** gegen die **Türken*** zu Hilfe.

1096—1099 Erster Kreuzzug (siehe unten).

1105 Die **Deutschen** beginnen den **Osten** Europas zu kolonisieren.

1147—1149 Zweiter Kreuzzug (siehe unten).

1189—1192 Dritter Kreuzzug (siehe unten).

Die Kreuzzüge

Die **türkischen Seldschuken*** schlugen **Byzanz*** 1071 bei **Manzikert** vernichtend und nahmen **Jerusalem** ein. Das löste die Kreuzzüge aus, eine Reihe von Kriegszügen der **christlichen*** Ritterschaft Europas zur Wiedererlangung des **Heiligen Landes** (**Palästina**). Als militante **Moslems*** waren die Türken nicht so tolerant wie ihre Vorgänger, die **Fatimiden***, und verfolgten die Christen.

Die Kreuzfahrer trugen als „Soldaten Christi" auf Mänteln und Fahnen ein Kreuz.

1095 ersuchte der Kaiser von Byzanz, **Alexios Komnenos, Papst Urban II.** um Hilfe gegen die Türken. Der Papst rief zum Kreuzzug auf. Viele folgten, weil sich religiöser Eifer mit der Aussicht auf Landbesitz und Reichtum verbinden ließ.

Das Heer des **Ersten Kreuzzugs (1096–1099)** bestand aus **französischen, flämischen** und **normannischen Rittern.** Sie eroberten **Nicaea (1097), Antiochia (1098)** und **Jerusalem (1099)** und töteten viele Moslems. Das Heilige Land wurde in vier christliche Reiche, die **Kreuzfahrerstaaten**, aufgeteilt: **Jerusalem, Antiochia, Edessa, Tripolis.**

Naher Osten und Afrika

1135—1269 Die **Almohaden** begründen ein Reich in **Nordafrika**.

1147—1149 **Zweiter Kreuzzug**.

1171 **Saladin** (1171—1193) befreit **Ägypten** von den **Fatimiden** und begründet die Dynastie der **Ajjubiden**. Er wird Herrscher von **Syrien** (1174) und **Aleppo** (1183).

1187 **Saladin** besiegt die **Christen** in der Schlacht von **Hattin** und erobert **Jerusalem**.

1189—1192 **Dritter Kreuzzug**.

1191 Thronbesteigung König **Lalibelas** von **Äthiopien**.

1191 **Kreuzritter** erobern **Akkon**.

1192 **Friede von Ramlah**. Saladin behält **Jerusalem**, erkennt aber das **christl. Reich Akkon** an.

Der ferne Osten

ca. 1150 **Suryavarman II.** von **Kambodscha** (1112—1152) vollendet **Angkor Wat**.

Angkor Wat, ein **Hindu**-Tempel der **Khmer-Dynastie** in **Kambodscha**.

1156—1185 Bürgerkrieg in **Japan**: Kämpfe zwischen den Sippen der **Taira**, **Fujiwara** und **Minamoto**.

1159 Der **Taira**-Clan beherrscht **Japan**.

1170 Glanzzeit des Königreichs **Scriwidjaja** in **Java** unter der indischen **Shailendra**-Dynastie.

ca. 1180 Das Reich von **Angkor*** hat seine größte Ausdehnung.

1185 **Yoshitsume Minamoto** besiegt den **Tiara**-Clan. Beginn der **Kamakura**-Zeit (1185—1333) in **Japan** (benannt nach der neuen Hauptstadt).

1192 **Yoritomo Minamoto** erlangt Macht als **Shogun** (erblicher militärischer **Diktator***). Seine Familie beherrscht **Japan** bis **1219**.

Amerika

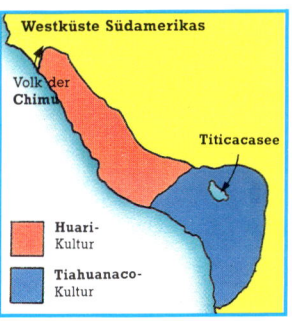

Ritterorden wurden in **Jerusalem** gegründet, um die Pilger zu schützen.

Die **Johanniter** (gegründet 1110).

Die **Templer** oder **Tempelritter** (gegründet **1118**).

Deutscher Orden (gegründet 1190).

Einige **Kreuzritter** blieben zur Verteidigung in den eroberten Gebieten, die meisten kehrten nach **Europa** zurück und brachten Luxusgüter wie Seide und Gewürze, aber auch neue, vom **Islam*** geprägte Ideen mit. Der Handel zwischen den Moslems und einigen **norditalienischen Städten** entwickelte sich. Währenddessen nahm die Stärke der Moslems zu.

Krak des Chevaliers, erbaut von den **Johannitern**.

Edessa wurde zurückerobert (**1144**), und der Versuch, es im **Zweiten Kreuzzug** (**1147–1149**) wieder einzunehmen, blieb erfolglos. Unter ihrem großen Führer **Saladin**, der **1171 Sultan** von **Ägypten** wurde, eroberten die **Moslems 1187 Jerusalem** zurück.

Saladin und seine Soldaten.

Den **Dritten Kreuzzug** (**1189–1192**) führten Kaiser **Friedrich I.**, **Richard I.** von England und **Philipp II.** von Frankreich an. **Jerusalem** wurde nicht wieder erobert, aber in einem Waffenstillstand erhielten christliche Pilger das Recht, Jerusalem zu besuchen. Der **Vierte Kreuzzug** (**1202–1204**) endete mit der Plünderung **Konstantinopels** durch die Kreuzritter. Trotz weiterer Unternehmungen war das Zeitalter der Kreuzzüge vorbei.

Angkor, 23; **Christentum**, 19; **Diktator**, 113; **Fatimiden**, 24; **Islam**, 24; **Sultan**, 114.

Die Päpste des Mittelalters

Im **4. und 5. Jahrhundert** nahmen Einfluß und Macht des **Bischofs von Rom**, des **Papstes**, als Oberhaupt der römisch-katholischen Kirche zu. Er konnte den politischen Leerraum füllen, der durch das Ende des **Römischen Reiches*** entstanden war. Die Krönung **Karls des Großen*** durch einen Papst zeigt dessen besondere Stellung als oberster Geistlicher der **Christenheit***.

Papst Innozenz III. (1198–1216). **1202** beanspruchte er den Vorrang des **Papsttums** vor dem **Heiligen Römischen Kaiser**.

Im **13. Jahrh.** beanspruchten die Päpste den Vorrang gegenüber allen **weltlichen*** Herrschern.
Dies führte zu Zusammenstößen mit den **europäischen** Herrschern, besonders dem **Kaiser***, in Fragen der Steuern, Kaiserwahlen und Besetzung von Kirchenämtern. Der Streit spitzte sich unter **Friedrich II.*** zu.

Der **Palast der Päpste** in **Avignon**, Baubeginn unter Papst Benedikt XII. (1334–42).

Am päpstlichen Hof herrschen Luxus und Pracht, aber auch Korruption und **Nepotismus***.

Die **päpstlichen Bullen*** Clericos Laicos (**1296**) und Unam Sanctam (**1302**) untersagten Geistlichen das Steuerzahlen an weltliche Herrscher und verkündeten den Vorrang der geistlichen vor der weltlichen Macht. Aus **England** und **Frankreich** gab es starken Widerstand. **Philipp IV.** von Frankreich setzte **1303** den Papst gefangen (der kurz danach starb) und ließ einen franz. Papst wählen: **Klemens V.** (**1305–16**). **1309–77** wurde der päpstliche Hof nach **Avignon** verlegt und franz. Päpste gewählt. Während der **Babylonischen Gefangenschaft*** kam das Papsttum unter den Einfluß der französischen Könige. Zunehmend wurden Reformen und die Rückkehr aus dem Exil in Avignon nach Rom gefordert.

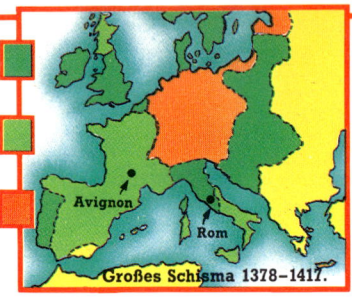

Gebiete, die dem **Papst in Rom** folgten.

Gebiete, die dem **Papst in Avignon** folgten.

Gebiete, die offiziell **Rom** folgten, aber mit regionalen Unterschieden.

Großes Schisma 1378–1417.

1378 wurde **Urban VI.** zum Papst gewählt und residierte in Rom. Ein franzöz. Gegenpapst, **Klemens VII.**, wurde in Avignon gewählt. Das **Große Schisma** spaltete das katholische Europa. Auf dem **Konzil von Pisa** (**1409**) wurden beide Päpste abgesetzt und ein neuer gewählt, doch weigerten sich die beiden ersten, abzudanken. Auf dem **Konzil von Konstanz** (**1414–18**) wurden alle drei abgesetzt und **Martin V.** gewählt, der von Rom aus regierte.

Das **Konzil von Konstanz**, eine Versammlung von Kirchenvertretern.

Die Kritik an der Korruption und dem Reichtum der Kirche rief zahlreiche Reformbewegungen hervor. Klagen über Mißstände führten zu Angriffen auf die Autorität der Kirche und sogar auf das offizielle Dogma. Ein Glaube, der der Kirchenlehre zuwiderläuft, wird **Häresie** oder **Ketzerei** genannt.

Carcassonne, eine Festung der **Albigenser**, die im **Albigenser-Kreuzzug** (**1209**) ausgerottet wurden.

1184 wurde die **Inquisition** vom Papst geschaffen, um **Häretiker** (Ketzer) zu verfolgen. Sie wurden oft grausam gefoltert oder verbrannt. Trotzdem breiteten sich häretische **Sekten** aus, wie die **Katharer** (seit dem 11. Jh.). Sie hatten besonders in **Südfrankreich** große Gefolgschaft, wo sie **Albigenser** hießen. Nach dem Fall ihrer Festung **Montsegur** (1244) wurden sie fast alle ausgerottet.

Friedrich II. und das Ende der Hohenstaufen

1220 wurde **Friedrich II. von Hohenstaufen (1194–1250)**, **König von Sizilien und Deutschland**, in **Rom** zum **Kaiser des „Heiligen Römischen Reiches Deutscher Nation"*** gekrönt. Er führte in Sizilien glanzvoll Hof. Mit der Neuordnung der sizilianischen Verwaltung (**Konstitutionen** von **Melfi, 1231**) schuf er einen der modernsten Staaten Europas. Friedrich galt schon zu Lebzeiten als überragende Persönlichkeit (*Stupor Mundi* – Weltwunder). An seinen Hof berief er viele arabische und jüdische Gelehrte.

Friedrich führte einen harten Kampf gegen das **Papsttum*** und seine politischen Forderungen. Er wurde **1227** und **1239 gebannt** und **1245** abgesetzt. In **Norditalien** entstanden zwei gegnerische Parteien: die kaisertreuen **Ghibellinen**, die Friedrich unterstützten, und die papsttreuen **Guelfen**.

Krone von **Friedrichs** Frau, **Konstanze von Aragon**.

Der Kampf zwischen Kaisertum und Papsttum ging nach Friedrichs Tod weiter und führte zum Untergang der **Hohenstaufen**. In Deutschland und Italien gab es ein politisches Chaos. Das Kaisertum wurde durch unabhängige Stadtstaaten ersetzt. Der Papst gab Sizilien an **Karl von Anjou**, der Friedrichs Sohn **Manfred** und Enkel **Konradin** in den Schlachten von **Benevent** (1266) und **Tagliacozzo** (1268) besiegte. Die Sizilianer haßten die französischen Herrscher und ermordeten sie **1282** in der **Sizilianischen Vesper**. Sizilien fiel an **Peter III. von Aragon**.

Falkner bei **Castel del Monte** in Süditalien, der Lieblingsburg **Friedrichs II.**

Sizilianisches Mosaik mit dem Wappen von **Friedrich II.**

Die Rosenkriege

Als **Rosenkriege** wurden die Kämpfe zwischen den Nachkommen **Eduards III.** um die **englische** Krone bezeichnet. Der Name steht für die Zeichen der Rivalen: die weiße Rose von **York** und die rote Rose von **Lancaster**.

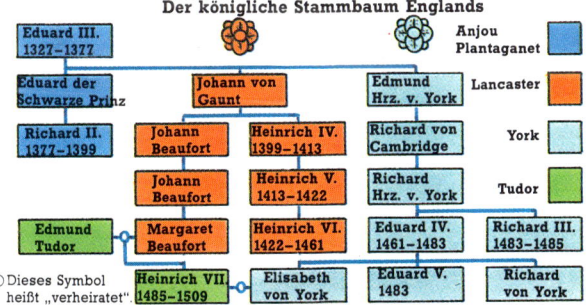

Der königliche Stammbaum Englands

Anjou Plantaganet

Lancaster

York

Tudor

○ Dieses Symbol heißt „verheiratet".

Bitterer Streit entstand während der langen **Minderjährigkeit*** von **Heinrich VI.** (1422–1461) aus dem Hause Lancaster. Erwachsen geworden, erwies er sich als unfähig und war geisteskrank. Dazu kam die demütigende Niederlage im **Hundertjährigen Krieg***. **1454** machte das Parlament **Richard von York** zum **Regenten***, der aber **1455** vom Königlichen Rat ausgeschlossen wurde. Die Rosenkriege brachen aus, die mit dem Sieg **Heinrich Tudors** endeten, der als **Heinrich VII.** die **Tudor-Dynastie** (**1485–1603**) begründete.

Bann, 113; **Heiliger Römischer Kaiser**, 26; **Hundertjähriger Krieg**, 39; **Minderjährigkeit**, 114; **Papst**, 34; **Regent**, 114.

Wichtige Daten:

1455 York siegt bei **Alban**.

1460 York siegt bei **Northampton**. Heinrich VI. wird gefangengenommen. Das Haus **Lancaster** siegt bei **Wakefield**. Richard von York wird hingerichtet.

1461 **Eduard von York**, unterstützt vom **Grafen von Warwick**, schlägt **Heinrich VI.** bei **Mortimer's Cross** und wird Eduard IV.

1469 Warwick wechselt die Front und schlägt **Eduard IV.** bei Edgecote. **Heinrich VI.** erhält die Krone zurück.

1471 Eduard IV. schlägt und tötet **Warwick** bei **Barnet**. Heinrich VI. wird ermordet, und Eduard kommt wieder auf den Thron.

1483 Eduard IV. stirbt. Ihm folgt sein Sohn **Eduard V.** Sein Onkel, **Richard von Gloucester**, setzt ihn ab und wird als **Richard III.** König. Eduard und sein Bruder, der Herzog von York, werden im **Tower von London** ermordet.

1485 **Heinrich Tudor**, der Erbe des Hauses **Lancaster**, besiegt Richard III. in der **Schlacht bei Bosworth** und besteigt als **Heinrich VII.** den Thron.

Süd- und Westeuropa

ca. 1200 **Gotische Bauweise** in Europa mit Spitzbögen, Kreuzrippengewölbe und Strebebögen.

Die **gotische** Kathedrale **Notre Dame**, Paris, erbaut **1163–1257**.

Fensterrosette.

ca. 1200 Erste **Universitäten** in **Bologna** (1119), **Paris** (1150) und **Oxford** (1170).

1202 **Arabische Zahlen** in **Europa** eingeführt.

1204 **England** verliert die **Normandie** an **Frankreich**.

1209–1229 **Albigenserkreuzug***, geführt von **Simon de Montfort** dem Älteren, gegen die **Katharer***.

1212 **Schlacht bei Las Navas de Tolosa**: Christliche Könige von **Kastilien, Aragon und Navarra** schlagen die **Araber***. Beginn des Zerfalls des **arabischen*** Reiches in Spanien.

1214–1294 Lebenszeit des englischen Mönches, Gelehrten und Wissenschaftlers **Roger Bacon.**

1215 **Magna Charta***.

1225–1274 Lebenszeit des italienischen Theologen und Philosophen **Thomas von Aquin.**

1258–1265 Erhebung der englischen **Barone** gegen **Heinrich III.**, geführt von **Simon de Montfort** dem Jüngeren, niedergeschlagen von Prinz **Eduard.**

1282 Der Tod des **Prinzen Llewellyn von Wales** in einer Schlacht bezeichnet das Ende der walisischen Unabhängigkeit von England.

Eduard I. (1272–1307) von **England** eroberte Wales und baute mehrere Burgen.

Harlech Castle, Wales.

1290 Die **Juden** werden aus **England** vertrieben. Ausländische Kaufleute (Hanse) erhalten Privilegien.

1290 **Margaret**, als Kind auf dem Thron Schottlands, stirbt. **Eduard I.**, der unter den Rivalen um den Thron entscheiden soll, beansprucht ihn für sich.

1295 **Mateo Visconti** ergreift in **Mailand** die Macht. Seine Dynastie regiert bis **1447.**

1297 Frankreich erobert **Flandern.**

1301 Der englische Thronerbe wird zum **Prinzen von Wales.**

1302 **Flandrische** Zünfte schlagen ein französisches Ritterheer in der **Schlacht bei Courtrai** und sichern die Unabhängigkeit Flanderns.

1306 Die **Juden** werden aus **Frankreich** vertrieben.

1307–14 **Häresie**prozeß gegen die **Tempelritter***, Vernichtung des Ordens, Verbrennung der Oberen.

1309–1378 Das Papsttum von **Avignon.**

1314 **Robert Bruce**, König von **Schottland**, schlägt die Engländer bei Bannockburn.

Nord- und Osteuropa

1204 **Vierter Kreuzzug***: Die Kreuzfahrer plündern **Konstantinopel** und gründen das **Lateinische Kaiserreich** in **Byzanz***.

1218 Die herrschende Familie der **Schweiz** stirbt aus. Kleinstaaten (**Kantone**) bilden sich. Krieg gegen den **österreichischen** Eroberungsversuch.

1220–1250 **Friedrich II.***, HI. Römischer Kaiser*, König von Deutschland und Sizilien.

1220 **Friedrich II.*** gibt den **geistlichen Fürsten*** **Deutschlands** Sonderrechte.

1222 **Andreas II. von Ungarn** erläßt die **Goldene Bulle**, die dem Hochadel Sonderrechte und Macht gibt und der Landesversammlung ein Beschwerderecht gegen den König zugesteht.

1226–1283 **Friedrich II.*** sendet den **Deutschen Ritterorden*** zur Eroberung und Bekehrung der Pruzzen in das Land östlich der Weichsel aus.

Ein **Deutscher Ordensritter.**

Die **Marienburg**, Polen, der Hauptsitz des **Deutschen Ordens.**

1227 **Norddeutsche** Fürsten und die Stadt **Lübeck** schlagen die **Dänen** bei **Bornhöved.** Deutscher Handel mit dem **Ostseeraum** wird ausgedehnt.

1231 Ein Gesetz gewährt den weltlichen* Fürsten **Deutschlands** die gleichen Rechte der **Gebietshoheit** wie den geistlichen Fürsten.

1237–1240 **Mongolen*** fallen in **Rußland** ein.

1241 **Mongolen*** besetzen **Ungarn** und **Polen.**

ca. 1242 Die **Mongolen*** errichten das **Khanat der Goldenen Horde** in **Sarai**, **Südrußland.**

1249 **Schweden** herrscht in **Finnland.**

1250–1266 **Birger Jarl**, Eroberer **Südfinnlands**, gewährt der deutschen **Hanse** Handelsvorrechte.

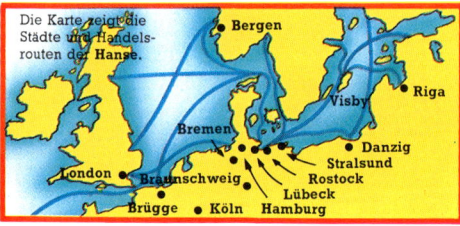

Die Karte zeigt die Städte und Handelsrouten der **Hanse.**

Bergen

Riga

Visby

Bremen

Danzig

Stralsund

London

Rostock

Braunschweig

Lübeck

Brügge · Köln · Hamburg

1250 Der Tod **Friedrichs II.** führt zum Ende des Kaisertums in **Deutschland** und **Italien.**

1253–1278 Herrschaft **Ottokars II. von Böhmen.** Auf dem Gipfel seiner Macht erwirbt Böhmen Österreich und Teile der Slowakei und Steiermark.

1254–1273 **Großes Interregnum** des HI. Römischen Reiches*. Keiner der gewählten Kaiser kann allgemeine Anerkennung erringen.

1258–1282 **Michael Palaiologus** erneuert das **byzantinische Reich***. Das **Lateinische Kreuzfahrerreich** wird **1261** aufgelöst.

Araber, 24; **Albigenser, Papsttum in Avignon, Häresie,** 34; **Byzanz** 20–21; **Deutscher Ritterorden,** 33; **Friedrich II.,** 35; **geistliche Fürsten,** 52; **Hanse,** 46; **Heiliger Römischer Kaiser,** 26; **Katharer,** 34; **Kreuzzüge,** 32–33; **Magna Charta,** 39; **Mongolen,** 42; **weltlich,** 114.

Afrika und der Nahe Osten

12. Jh. Handel durch die **Sahara** fortgeführt. Niedergang **Ghanas***.

12. Jh. **Ostafrika**: Handelsstädte wie **Kilwa** weiter bedeutend.

ca. 1200 **St.-Georgs-Kirche** in **Lalibela, Äthiopien**, erbaut.

Die **St.-Georgs-Kirche** gehört zu den berühmten elf kreuzförmigen Felsenkirchen, die **König Lalibela*** erbauen ließ.

1218 Das **Ajjubiden-Reich*** zerbricht, aber die Ajjubiden herrschen weiter in **Ägypten**.

1228 Bürgerkrieg zwischen den Erben **Saladins***.

1228—29 **Fünfter Kreuzzug***: **Friedrich II.** erreicht **Akkon**. Vertrag mit dem **Sultan** von **Ägypten** und Krönung **Friedrichs** zum König von **Jerusalem**.

ca. 1235 **Sun Diata Keita** errichtet das Königreich **Mali**, das bis ca. **1500** besteht.

1240 Zerstörung von **Kumbi**, der Hauptstadt von **Ghana***.

1244 **Ägypten** erobert **Jerusalem** zurück.

1248—54 Sechster **Kreuzzug*** unter **Ludwig IX.** von **Frankreich** gegen **Ägypten**.

ca. 1250 **Nordafrika**: **Berber** errichten eine Reihe von Staaten, die 200 Jahre lang bestehen. Streitigkeiten verhindern eine Einigung, aber ihre Macht ist so groß, daß die Europäer Nordafrika die **Berberküste** nennen.

1250 Letzter **Ajjubiden***herrscher in **Ägypten** ermordet. Die **Mamelucken** ergreifen die Macht und gründen einen Militärstaat.

Die **Mamelucken** waren türkische Sklavensoldaten aus Zentralasien unter den **Ajjubiden**.

1258 **Mongolen*** zerstören **Bagdad**.

1260—77 Herrschaft des Sultans **Baibar** von **Ägypten**.

1261 Schlacht von **Ain Dschalut**. **Ägypter** unter **Baibar** stoppen den Einfall der **Mongolen***.

Asien

1206—1526 **Moslemisches*** **Sultanat** von **Delhi**. Bekannt als **Sklavensultanat**, da Sklaven dem Sultan zur Macht verhalfen.

1206 **Dschingis Khan*** eint die **Mongolen*** und beginnt mit der Eroberung **Asiens**.

Pagan in **Birma** wurde von **Mongolen** geplündert und verfiel.

Ananda-Tempel in **Pagan***, erbaut 1084—1112.

1218—1224 **Mongolen*** vernichteten das **Chorasan**-Reich.

1211 **Mongolen*** **China**.

ca. 1220 Gründung des ersten **Thai-Reiches**.

1221 **Mongolen*** greifen das Sultanat von **Delhi** an.

1227 Tod **Dschingis Khans**. Sein Sohn, **Ogadai**, wird **Großkahn** (**1229—41**).

Die Tore von **Karakorum**, der mongolischen Hauptstadt, gegr. von **Ogadai**.

1234 Die **Mongolen*** stürzen die **Chin-Dynastie** in **China**.

1239 **Mongolen*** plündern **Ani**, die Hauptstadt von **Armenien**.

1251—65 **Hulagu**, Enkel **Dschingis Khans***, erobert **Persien** und schafft das **Il-Khan-Reich**.

1252—1255 Der Flame **Wilhelm von Rubruk** reist als Bote **Ludwigs IX.** von **Frankreich** nach **Zentralasien**.

1264 **Kublai Khan*** gründet in **China** die **Yuan-Dynastie**.

1271—1295 **Marco Polo** aus **Venedig** reist durch **Asien** nach **China**. Von **1275—92** arbeitet er für **Kublai Khan***.

Marco Polo auf Reisen.

1274 **Mongolen*** greifen erfolglos **Japan** an.

1279—1368 **Yuan-Dynastie** regiert in ganz **China**.

Amerika

ca. 1200 **Nordamerika**: Die **Mississippi-Kultur** dehnt sich über ein großes Gebiet aus. Unter starkem Einfluß von **Mexiko** werden große Städte mit Tempelhügeln gebaut.

Tempelhügelstadt der **Mississippi-Kultur**.

ca. 1200 **Nordamerika**: Blütezeit der **Pueblo-Kultur*** im Südwesten.

ca. 1200 **Azteken***, deren Kultur auf der der **Tolteken*** und **Zapoteken*** beruht, gründen kleine Staaten in **Mexiko**.

ca. 1200 Die **Maya*** verlassen **Chichen Itzá** und gründen die Hauptstadt **Mayapán**, die von einer starken Mauer umgeben ist.

ca- 1200—13.00 **Chimu***-Reich besteht weiterhin in **Peru**.

ca. 1200—1300 Frühe **Inka-Periode*** in **Peru** beginnt. **Manco Capac** gründet die Hauptstadt **Cuzco** und macht in der Umgebung kleine Eroberungen.

ca. 1300 **Nordamerika**: **Pueblo***-Kultur endet abrupt, vermutlich wegen einer Dürre und der Einwanderung athabaskischer **Indianer** aus dem Nordwesten. Bis **1500** haben sie den Südwesten völlig eingenommen.

ca. 1325 Aufstieg der **Azteken*** in **Mexiko**. Unter **Tenoch** wird **Tenochtitlán** auf Inseln im See **Texcoco** gebaut.

ca. 1335 **Tenochtitlán** wird vergrößert, indem man im See schwimmende Gärten baut.

ca. 1352 **Acamapich** als erster König der **Azteken*** gewählt.

Anfang 14. Jh. **Viracocha Inka*** (8. Herrscher) nimmt den Titel **Sapa Inka** (höchster Inka) an.

ca. 1427 Von **Tenochtitlán** zum Land wird ein Damm gebaut. **Kaiser Itzcoatl** führt eine Angriffspolitik gegen die Nachbarn, zwingt ihnen **Tribut*** ab und legt mit dem Dreistädte-Bündnis mit **Texcoco** und **Tlacopán** den Grundstein des aztekischen Reiches.

In einer **aztekischen** Stadt.

Die Einigung Frankreichs

Zu Beginn des **13. Jahrh.** bestand ein großer Teil **Frankreichs** aus halbunabhängigen Provinzen in den Händen mächtiger Adliger und des Königs von **England**. Die französischen Könige herrschten praktisch nur über ein kleines Gebiet, konnten Frankreich aber größtenteils bis Ende des **15. Jahrhunderts** einen.

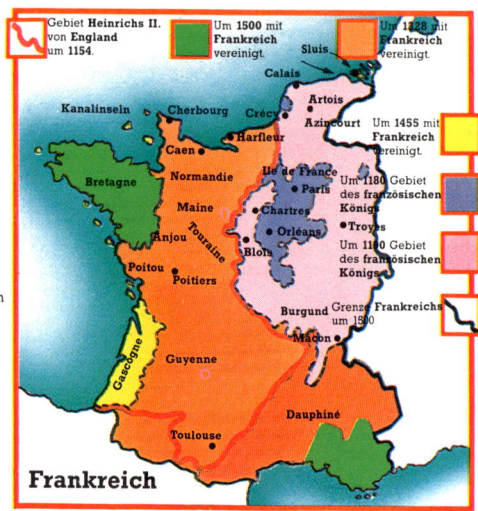

Eine Rekonstruktion des **Louvre**-Palastes, **Paris**, von **Philipp II.** als königliche Residenz erbaut.

1204 eroberte **Philipp II.** das englische Gebiet in Nordfrankreich (**Normandie, Maine, Anjou** und **Touraine**). In der **Schlacht von Bouvines (1214)** gewann er die übrigen englischen Besitzungen außer **Guyenne** und der **Gascogne** zurück. Obwohl der **Hundertjährige Krieg*** mit hohen Verlusten begann, gewannen die Franzosen fast ihr ganzes Territorium von den Engländern zurück.

Vom französischen Adel erwarb die Krone von **1234–1301 Chartres, Blois, Toulouse, Mâcon, Poitou** und **Bar. 1349** wurde die **Dauphiné** Provinz des Thronerben, der dann der **Dauphin** hieß. **Ludwig XI.** eroberte **Burgund** und **Artois (1477)** und **Lothringen (1480). Karl VIII.** heiratete **1491 Anne der Bretagne** und gewann damit die **Bretagne**.

Das Herzogtum Burgund

1363 machte **Johann II.** von Frankreich seinen jüngeren Sohn **Philipp** zum **Herzog von Burgund**. Im **14. u. 15. Jh.** dehnten die Herzöge von Burgund ihre Herrschaft in

Kleidung in Burgund.

Frankreich, Deutschland und den **Niederlanden** durch Kauf und Heirat aus. Sie gehörten zu den reichsten Fürsten **Europas** und beeinflußten ein Jahrhundert lang die ritterliche Kultur und die Politik, führten glanzvoll Hof und unterstützten die Künste.

Die **Burgunder** verursachten in Frankreich einen Bürgerkrieg **(1410–1411)** und nahmen im **Hundertjährigen Krieg*** die Seite Englands ein. **Ludwig XI.** von Frankreich wollte das Herzogtum zerstören. **Herzog Karl der Kühne** fiel **1477** in der Schlacht vor **Nancy**. Ludwig zieht Burgund und Picardie ein. Im **Frieden von Arras (1482)** ging der Rest des Erbes an **Maximilian von Österreich**. Das gab den **Habsburgern*** eine territoriale Basis, von der aus sie unter **Karl V.*** die Vormacht über ganz Europa gewannen.

Habsburg, 52; Hundertjähriger Krieg; 39; Karl V. 52.

Der Hundertjährige Krieg

Als **Hundertjähriger Krieg** werden die von **1337** bis **1453** andauernden Kämpfe zwischen **England** und **Frankreich** bezeichnet. Seit **1066** hatte es Auseinandersetzungen um das Land der englischen Krone in Frankreich gegeben. Dazu kam ein Streit um die Krone selbst. **1328** starb **Karl IV.** von Frankreich ohne männlichen Erben. Ihm folgte sein Vetter **Philipp VI.** **1377** beanspruchte jedoch Karls Neffe **Eduard III.** von England den französischen Thron.

Die **Schlacht** von **Azincourt**

Französische Königsfamilie

```
                 Philipp III.
        Philipp IV.              Karl von Valois
Ludwig X.  Philipp V.  Karl IV.        Philipp VI.
Isabella ○ Eduard II.                  Johann
        Eduard III.       Karl V.      Philipp
        Anjou             Valois       der Kühne
        Plantaganet                    Burgund
```

Dieses Symbol bedeutet „verheiratet": ○

Eduard III. schloß ein Bündnis mit **Flandern** (1338) und griff Frankreich **1339** an. Die Engländer siegten anfangs bei **Sluis 1340, Crécy 1346, Calais 1347** und bei **Poitiers 1356**, wo sie den franz. König gefangennahmen. Im **Frieden** von **Brétigny** (1360) erhielt England große Teile Frankreichs.

Rekonstruktion einer **franz.** Burg des **15. Jh.**

In **Kastilien** brach **1367** ein Bürgerkrieg aus. England und Frankreich stützten gegnerische Gruppen. **1369** hatte sich der Krieg nach Frankreich ausgebreitet. **1375** und **1389** wurde Waffenstillstand geschlossen, aber **1415** begannen erneute Kämpfe. Der engl. König **Heinrich V.** siegte bei **Azincourt** und **Harfleur** und **1417** bei **Caen**. Nach dem **Vertrag von Troyes 1420** heiratete er eine französ. Prinzessin und wurde rechtmäßiger Herrscher über Frankreich.

Der **Dauphin*** akzeptierte dies nicht, und es kam erneut zum Krieg. **1429** belagerten die Engländer **Orléans**, das von einer von dem Bauernmädchen **Jeanne d'Arc** (*Jungfrau von Orléans*) geführten Armee befreit wurde.

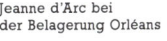

Jeanne d'Arc bei der Belagerung Orléans

Der **Dauphin*** wurde als **Karl VII.** gekrönt. **Jeanne** wurde **1431** von den Engländern als Ketzerin verbrannt, aber die Franzosen eroberten **1436 Paris, 1449** die **Normandie, 1450 Cherbourg, 1451 Guyenne.** Der Krieg endete **1453.** England behielt nur **Calais** und die **Kanalinseln.**

Das erste Parlament in England

1215 zwangen **englische** Barone **König Johann**, die **Magna Charta** zu unterzeichnen, ein Dokument, das ihn an das „alte Recht" des Adels band. Die Magna Charta wurde später zur Grundlage des **Parlaments.** Ähnliche Institutionen entstanden auch sonst in Europa: die **Generalstände** in Frankreich, die **Cortes** in Spanien und der **Reichstag** in Deutschland.

Magna Charta

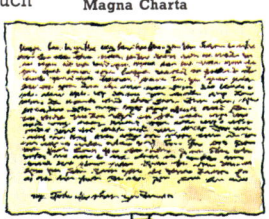

Wichtige Daten

1265 **Simon de Montfort*** bildet das erste Parlament aus Baronen, Rittern und gewählten Bürgern.

1295 Das **Model Parliament: Eduard I.** braucht Geld für den Krieg. Er benennt zwei **Ritter*** und zwei **Bürger** jeder Grafschaft, deren Zustimmung er braucht, um die Steuern einzutreiben. Das ist die Geburtsstunde des **Unterhauses** (Commons).

1297 Die Rechte des **Parlaments**, Steuern und Zölle zu bewilligen, werden bestätigt. Anträge des Parlaments, die der König bestätigt, werden **Gesetz.** Das Parlament bekommt das Recht, Gesetze einzubringen.

1332 Das **Parlament** versammelt sich erstmals in zwei „**Häusern**" — dem **Ober-** und dem **Unterhaus.**

Süd- und Westeuropa

1317 Das salische Gesetz in **Frankreich** schließt **Frauen** von der **Thronfolge** aus.

1323 Die **Fratizellen**, ein Zweig der **Franziska-ner***, werden als **Häretiker*** verdammt, weil sie an die **Armut Christi** glauben.

1328 Beginn der **Valois-Dynastie** in Frankreich.

1337—1453 Der **Hundertjährige Krieg***.

Der **Schwarze Tod** tötet ein Drittel der Bevölkerung Europas.

1347—51 Der **Schwarze Tod**, eine Beulenpest, von Rattenflöhen übertragen, gelangt von Osten her über die Krim nach **Genua.**

ca. 1350 Erste **Schußwaffen** in **Europa.**

1371 **Dynastie der Stuarts** in Schottland.

1373 **Englisch-Portugiesisches** Bündnis.

1378—1415 Das **Große Schisma***.

ca. 1380 **John Wyclif**, ein englischer Gelehrter, lehrt, die Bibel sei die einzige Autorität des **christlichen Glaubens**. Seine Lehre wird verdammt und seine Anhänger, die **Lollarden**, werden verfolgt.

1381 **Bauernaufstand*** in England.

1381 Nach hundert Jahren Krieg wird **Genua** von **Venedig** geschlagen.

Der **Doge** (Herrscher) von Venedig.

1387 Mit **Geoffrey Chaucer** (1340—1400) beginnt die englische Literatur. Er schreibt die *Canterbury Tales.*

1400—1415 Aufstand in **Wales** unter **Owen Glendower.**

1407 **Casi di San Georgio**, erste öffentliche Bank in Europa, wird in **Genua, Italien**, eröffnet.

1410—11 Bürgerkrieg in **Frankreich**. Machtkampf zwischen den **Armagnacs** und den **Burgundern*** um den Einfluß auf die Krone.

1410—35 **Burgund*** stellt sich im **Hundertjährigen Krieg*** auf die Seite **Englands.**

1415 **Heinrich V.** siegt bei **Azincourt***.

1431 **Jeanne d'Arc** wird als Hexe verbrannt.

1434 **Cosimo de Medici** ergreift in **Florenz** die Macht. Es folgt das Zeitalter der **Medici**-Familie.

Die Kuppel des **Doms** von **Florenz**, erbaut von **Brunelleschi**, ca. 1420—1436.

1442 **Alfons von Aragon** erobert **Neapel.**

1447 Das franz. Haus **Orléans** beansprucht die Erbfolge **Mailand.**

1450 **Francesco Sforza** wird Herzog von **Mailand.**

Lorenzo de Medici zu Pferde

1455—80 Die **Rosenkriege***.

1462—92 Herrschaft des **Lorenzo de Medici** (der Prächtige) in **Florenz**. An seinem Hof leben Künstler wie **Botticelli** und **Michelangelo.**

Nord- und Osteuropa

1261 **Norwegen** erobert **Grönland.**

1262—64 **Island** kommt zu **Norwegen**.

1263 **Norwegen** wird von **Schottland** besiegt und tritt die **Hebriden** an Schottland ab.

1266 **Norwegen** tritt **Schottland** die Insel **Man** ab.

1273—91 **Rudolf von Habsburg** wird **Heiliger Römischer Kaiser Deutscher Nation***, trotz der Bemühungen seines Gegners **Ottokar II.**

Bleiglasfenster mit **Rudolf von Habsburg.**

1278 **Ottokar II. von Böhmen** wird auf dem **Marchfeld** getötet. **Böhmen** und **Mähren** werden dem **Hl. Röm. Reich*** einverleibt.

1282 **Rudolf von Habsburg** macht seinen Sohn, **Albrecht**, zum **Herzog von Österreich.**

1291 Drei **Schweizer** Kantone schließen den **Bund von Rütli** gegen Habsburg.

1293 **Schweden** erobert **Karelien** (Südostfinnland).

1298—1308 Herrschaft von **Albrecht I. von Habsburg** als **Deutscher Kaiser***.

1301 Ende der **Arpaden***-Dynastie in **Ungarn.**

1308—1313 **Heinrich VII. von Luxemburg** wird Hl. Römischer Kaiser*. **1310** erbt **Johann von Luxemburg Böhmen.**

1320 Die Einheit **Polens** wird durch die Krönung **Wladislaws Lokietek** zum König erneuert.

1328—1340 Ausdehnung **Moskaus*** unter dem Großfürsten **Iwan I.**

1333—1370 **Kasimir III., der Große**, festigt das Königreich **Polen.**

1343 **Deutsche Ordensritter*** erobern **Estland** von **Dänemark.**

Die Karte zeigt das Gebiet des **Deutschen Ritterordens**.

1346 Der **Schwarze Tod** (siehe erste Spalte) erreicht die **Krim.**

1354 Die **Osmanischen Türken*** erobern **Gallipoli** als erste **europäische** Besitzung.

1355 **Karl IV.** von **Luxemburg** (1316—1378) wird **Heiliger Römischer Kaiser***. Während seiner Herrschaft erleben das Königreich **Böhmen** und die Stadt **Prag** eine Blütezeit.

1361 **Dänemark** wird von der **Hanse*** besiegt.

1370 Niederlage der **Litauer** bei **Rudau** gegen den **Deutschen Ritterorden***.

1370 **Friede von Stralsund** zwischen **Dänemark** und der **Hanse***. Höhepunkt der Macht der **Hanse.**

1386 Vereinigung von **Polen** und **Litauen.**

1389 **Schlacht auf dem Amselfeld** (Kosovo): die **Osmanen*** erlangen die Herrschaft über den **Balkan.**

1397 Die **Kalmarer Union** bringt **Skandinavien** unter eine Herrscherin: **Margarete, Königin von Dänemark und Norwegen** (1387—1412).

Afrika und der Nahe Osten

1262—1263 **Baibar*** erobert die ajjubidischen Gebiete in **Syrien.**

1265—1271 **Baibar*** erobert die meisten **Kreuzfahrerstaaten***.

1268 Baibar besetzt **Antiochia.**

1270 **Siebter Kreuzzug*** unter **Ludwig IX.** von Frankreich, der in Tunis stirbt.

1281—1326 Herrschaft **Osmans I.***, Emir eines kleinen türkischen Fürstentums. **1290** erklärt er sich zum **Sultan der Türken** und wird Begründer des **Osmanischen Reiches***.

1291 Die **Mamelucken** erobern **Akkon**, die letzte Festung der **Kreuzfahrer***.

ca. 1300 In **Nigeria** gewinnt das Reich **Benin** an Bedeutung.

Elfenbeinschnitzereien aus **Benin.**

1324 **Mansa Musa**, König von **Mali***, macht eine Pilgerfahrt nach **Mekka**. Er besucht Kairo und beeindruckt durch Reichtum.

Mansa Musa auf einer Karte aus dem **14. Jahrhundert.**

1350 Gründung des westsudanischen Königreiches **Songhai.**

1352 **Ibn Battuta**, ein Gelehrter der **Berber**, besucht **Mali*** und schreibt einen Bericht darüber. Er erreicht **Timbuktu** 1353. Aus den Schriften arabischer Gelehrter und aus archäologischen Funden sind auch andere Staaten bekannt: **Kanem-Bornu, Kongo, Benin.**

1375 **Mamelucken** erobern **Sis**: Ende der **armen**. Unabhängigkeit.

1397 Die **Portugiesen** erobern die **Kanarischen Inseln.**

14. Jh. **Chinesische Händler** handeln neben Arabern und Indern mit **Ostafrika.**

1401 **Tamerlan*** erobert **Damaskus** und **Bagdad.**

1415 **Portugiesen** erobern **Ceuta.**

Asien

1281 Zweiter Invasionsversuch der **Mongolen*** in **Japan**. Die Flotte wird durch **Kamikaze** (göttliche Winde) vernichtet.

Die **Mongolen**flotte wird durch einen Taifun zerstört.

1293 Erste christliche **Missionare** erreichen **China.**

ca. 1300 **Persien** geht zum **Islam*** über.

1307 Erster **Erzbischof** von **Peking** eingesetzt.

ca. 1325 Entwicklung des **No**-Spieles in **Japan**: klassisches Drama mit Musik und Tanz.

1325—1351 Herrschaft von **Mohammed Ibn Tughluk**, Sultan von **Delhi**. Er dehnt sein Reich aus und erobert kurzfristig Südindien (**Dekkan**).

Indien **PANDSCHAB**
Delhi ●
Sultanat von Delhi
BENGALEN
Tughluks Grabmal
DEKKAN
Vijayanagar-Reich
CEYLON

1333 **China** erleidet Dürre, Hunger und Hochwasser, gefolgt von einer Seuche. 5 Mio. sterben.

1333 Ende des **Shogunats Kamakura*** in Japan. Kaiser **Godaigo** herrscht ohne **Shogun*** (1333—1336).

1336 Das **Il-Khan-Reich*** wird aufgelöst und durch eine lokale **Turkomanen**-Dynastie ersetzt.

ca. 1340 Das **Hindu***-Reich **Vijayanagar** in Indien wird zum Zentrum des Widerstandes gegen den **Islam***. Es wird in **Südindien** vorherrschend (ca. 1370).

1349 Erste **chinesische** Ansiedlung in **Singapur.**

ca. 1350 Kultureller Höhepunkt des **Majapahit**-Reiches auf **Java.**

Majapahit-Tempel, **Java.**

Amerika

ca. 1436—1464 Herrschaft Kaisers **Montezuma I.** der **Azteken***.

1438 Peru: Späte **Inka***- oder Reichs-Periode unter Herrschaft von **Pachacutic Inka** (1438—1471), der ein Reich begründet.

ca. 1440 Ein Aquädukt wird gebaut, um **Tenochtitlán*** mit Wasser zu versorgen.

1460 **Mayapan*** wird bei einem Bauernaufstand zerstört. Die **Maya-Kultur*** endet.

ca. 1470 **Inkas*** erobern **Chimu**-Reich*.

Goldfigur der **Chimu.**

1471—1493 Herrschaft von Kaiser **Topa Inka**, der das Reich nach Süden ausdehnt.

1493—1525 Herrschaft von **Huayna Capac**, dem größten Eroberer der **Inka***. Er gründet in **Quito** eine zweite Hauptstadt.

Adlige und Krieger der **Inka**.

1492 **Christoph Kolumbus*** (1451—1506) erreicht die **Westindischen Inseln.**

1494 **Vertrag von Tordesillas**: Papst **Alexander VI.** setzt eine Trennungslinie zwischen spanischen und portugiesischen Besitzungen in der **Neuen Welt*** fest.

1497 **John Caboto**, ein italienischer Forscher im Dienste Königs **Heinrich VII.** von England, erreicht **Neufundland.**

1498 **Christoph Kolumbus*** erreicht das **südamerikanische** Festland.

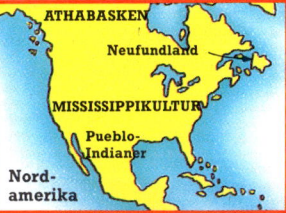

Kolumbus auf den **Westindischen Inseln.**

1499—1502 **Amerigo Vespucci** erforscht die **südamerikanische** Küste. Nach ihm wird später der Kontinent **Amerika** genannt.

ATHABASKEN
Neufundland
MISSISSIPPIKULTUR
Pueblo-Indianer
Nord-amerika

Das Mongolenreich

Die **Mongolen** waren **Nomaden**stämme verschiedener Herkunft aus den Steppen, die heute **Mongolei** heißen. **Temudschin** (ca. 1162–1227) einte sie **1206**, indem er die anderen Mongolenstämme unterwarf und zum **Dschingis Khan** (obersten Herrn) wurde. Er, seine Söhne und Enkel eroberten eines der größten Reiche der Weltgeschichte und bedrohten die europäische und asiatische Welt. Nach der Unterwerfung seiner Nachbarn griff Dschingis Khan das Reich der **Chin*** in **Nordchina** (1211–1215) an und fiel **1221** in China ein. Als er **1227** starb, wurde sein Sohn **Ogadai** Großkhan. Das Reich wurde zwischen ihm und drei Brüdern geteilt. **1237–1241** besetzten die Mongolen **Rußland***, **Ungarn** und **Polen**. Um **1242** errichteten sie die **Khanate** der **Goldenen Horde** in **Südrußland**.

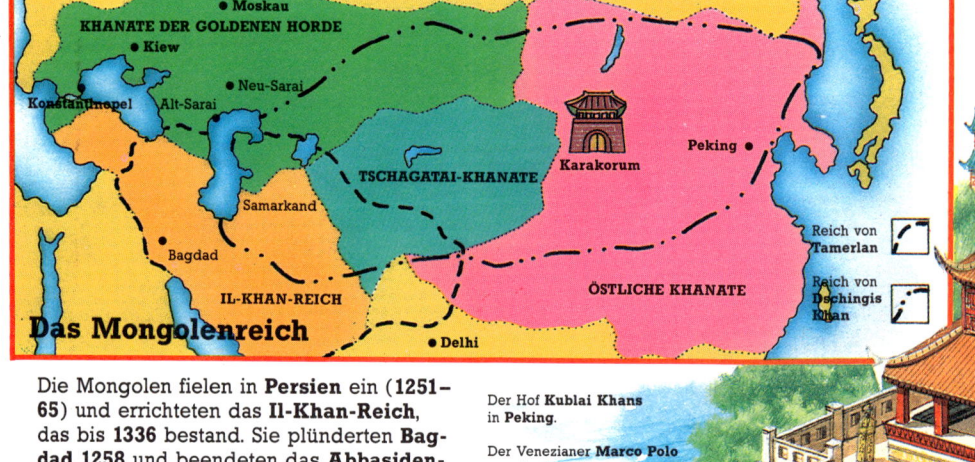

KHANATE DER GOLDENEN HORDE

Moskau

Kiew

Neu-Sarai

Konstantinopel   Alt-Sarai

Samarkand

TSCHAGATAI-KHANATE

Karakorum

Peking

Bagdad

IL-KHAN-REICH

ÖSTLICHE KHANATE

Delhi

Reich von **Tamerlan**

Reich von **Dschingis Khan**

Das Mongolenreich

Die Mongolen fielen in **Persien** ein (**1251–65**) und errichteten das **Il-Khan-Reich**, das bis **1336** bestand. Sie plünderten **Bagdad 1258** und beendeten das **Abbasiden-Kalifat***. Ihr Vordringen in Vorderasien wurde **1260** gebremst, als die **Mameluken*** sie bei **Ain Dschalut** besiegten.

Der Hof **Kublai Khans** in **Peking**.

Der Venezianer **Marco Polo** war der erste **Europäer**, der China erreichte. Er schrieb über seine Erlebnisse ein Buch.

Mongolen greifen eine **moslemische** Stadt an. Die Mongolen waren grausam und erbarmungslos, hatten aber gut organisierte und schlagkräftige Truppen.

Die Einheit des Reiches endete **1259** mit der Wahl des Enkels von Dschingis Khan, **Kublai Khan**, zum Großkhan. Seine Macht blieb auf die **östlichen Khanate** beschränkt. **1268–1279** eroberte Kublai das **Sung-Reich*** in **Südchina** und gründete die **Yuan**-Dynastie (**1280–1368**). Er war ein starker Herrscher, doch war nach seinem Tode das Reich durch innere Streitigkeiten geschwächt.

Timur der Lahme oder **Tamerlan**, (**1336–1405**) erneuerte das mongolische Großreich. Er überfiel die Nachbarländer von **Samarkand** aus. Tamerlans Reich zerbrach nach seinem Tod, und die Mongolen kamen unter Druck. Die Gebiete der **Goldenen Horde** wurden nach und nach von **Rußland** einbezogen. **1696** kam die **Mongolei** selbst unter chinesische Herrschaft.

Begräbnisstätte **Tamerlans** in **Samarkand**.

Rußland und der Aufstieg Moskaus

Rußland war von den **Mongolen***, auch **Tartaren** genannt, zwischen **1237** und **1240** erobert worden. **1240** nahmen sie **Kiew*** ein und zerstörten das kulturelle Zentrum des **mittelalterlichen*** Rußland. Um **1242** zogen sie sich nach Südrußland ins **Khanat der Goldenen Horde** zurück. Sie forderten vom übrigen Land **Tribute***. Während der folgenden 100 Jahre war Rußland fast völlig von Westeuropa isoliert.

Die **Schlacht an der Newa**.

Der russische Fürst **Alexander Newskij** schlug **1240** die **Schweden** an der **Newa** und **1242** die **Deutschen Ordensritter** auf dem zugefrorenen **Peipussee**. Alexander verhinderte die Katholisierung Rußlands und wurde der Führer des russischen Widerstandes und Heiliger der orthodoxen Kirche, obwohl er den Mongolen Tribut zahlen mußte.

Alexander Newskijs jüngster Sohn **Daniel** wurde **Fürst von Moskau** (1280–1303). Unter seiner Dynastie dehnte Moskau seinen Machtbereich aus und wurde zum **Großfürstentum Moskau**. Ab **1328** war Moskau Sitz des **Metropoliten**, des Obersten der orthodoxen Kirche in Rußland. Die mongolische Macht begann zu schwinden. **1380** wurden die Mongolen bei **Kulikowo** von Moskauern geschlagen und später durch Angriffe **Tamerlans* 1390–95** geschwächt.

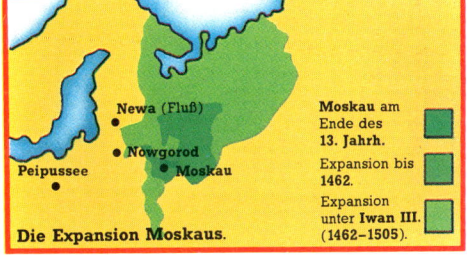

Moskau am Ende des 13. Jahrh.
Expansion bis 1462.
Expansion unter **Iwan III.** (1462–1505).

Newa (Fluß)
Nowgorod
Peipussee
Moskau

Die Expansion Moskaus.

Iwan III., der Große (**1462–1505**) heiratete **Zoë Palaiologa**, eine **byzantinische** Prinzessin, und übernahm viele Sitten aus Byzanz. **1478** nahm er **Nowgorod** ein und ernannte sich **1480** zum **Zaren** (Alleinherrscher) aller **Russen***. Er stellte die Tributzahlungen an die Mongolen ein und befreite **Moskau** von ihrer Herrschaft.

Der Aufstieg der Osmanen

Die **Osmanen** waren **türkische Moslems***, die von den **Mongolen*** aus **Turkestan** nach Westen vertrieben wurden. Um **1250** hatten sie sich in **Kleinasien** angesiedelt und standen in Diensten der **Seldschuken***. **1288** nahm ihr **Emir** (Fürst) **Osman I.** (1281–1326) den Titel

Istanbul während der Herrschaft von **Mohammed II.**, **dem Eroberer** (1432–1481)

Das Osmanische Reich
Die Karte zeigt die frühe Ausdehnung des **Osmanischen Reiches** mit den Eroberungsdaten.

Expansion unter **Osman I.**

Serbien 1459
Kosovo 1389
Bosnien 1463
Herzegowina 1467
Adrianopel 1361
Konstantinopel (Istanbul) 1453
Sofia 1382
Trapezunt 1461
Expansion bis etwa 1500.
Ankara Vasallenstaaten
Gallipoli 1354
Bursa 1326
Athen 1456–58
Erste Siedlungen der **Osmanen**.

Sultan aller Türken an und begründete das **Osmanische Reich**.

Osman baute eine große, gut organisierte Armee auf, zu der auch **Janitscharen** gehörten, Christenkinder, die als Sklaven zu Moslems erzogen wurden. **1453** eroberten die Osmanen **Konstantinopel** und stürzten das **Byzantinische Reich***. Die Stadt wurde in **Istanbul** umbenannt und Hauptstadt der Osmanen. Ende des **15. Jh.** hatten die Osmanen viele christliche Staaten in **Osteuropa** und im **Balkan** zerstört und waren die Herren der **islamischen*** Welt.

Süd- und Westeuropa

1469 **Ferdinand von Aragon** heiratet **Isabella von Kastilien**.

Eine **spanische** Münze zeigt **Ferdinand** und **Isabella**.

1477 **Karl der Kühne**, Herzog von **Burgund***, wird in der **Schlacht von Nancy** getötet. Seine Tochter **Maria** heiratet **Maximilian von Österreich**.

1477—1493 Krieg zwischen **Frankreich** und **Österreich** um das **burgundische*** Erbe. Im **Vertrag von Senlis** erhält Österreich Burgund und **Niederlande**.

1479 **Ferdinand von Aragon** folgt seinem Vater als König und vereint die Reiche **Aragon** und **Kastilien**.

1483 **Karl VIII.** von Frankreich beansprucht **Neapel** als einen Teil des Erbes des Hauses **Anjou***.

1485 **Schlacht bei Bosworth***: Heinrich Tudor wird erster **Tudor-König** in England.

1487 Rebellion in **England** durch **Lambert Simnel**, der sich zum Herzog von **York*** erklärt.

1492 Die Eroberung des arabischen Königreiches **Granada** durch **Ferdinand** und **Isabella** vollendet die **Reconquista*** in **Spanien**. Die **Juden** werden vertrieben, und viele gehen nach **Osteuropa**.

Trotz des Vordringens des Christentums war **Granada** das kulturelle Zentrum des 14. Jahrhunderts.

Die **Alhambra**, ein großartiger **maurischer** (spanisch-arabischer) Palast in **Granada**.

1494—95 **Frankreich** fällt in **Italien** ein und wird nach ersten Erfolgen zurückgeschlagen. Beginn des Machtkampfes zwischen **Frankreich** und **Habsburg**.

1497 Rebellion in **England** durch **Peter Warbeck**, der sich zum Herzog von **York*** erklärt.

1498 **Ludwig XII.** von Frankreich fällt in Italien ein und erobert **Mailand**.

Nord- und Osteuropa

1410 **Polen** schlägt den **Deutschen Ritterorden*** in der **Schlacht bei Tannenberg**.

Festnahme von **Jan Hus**.

1415 **Jan Hus**, ein religiöser Reformator in **Böhmen** unter dem Einfluß von **Wyclif***, wird als **Häretiker*** verbrannt. Sein Tod führt zu den **Hussiten-Kriegen** 1419—36 zwischen **Böhmen** und **Mähren** und dem **Hl. Römischen Reich***.

1415 **Friedrich VI.** von **Hohenzollern** wird zum **Kurfürsten*** **Brandenburgs** ernannt.

1422 Erste Belagerung **Konstantinopels** durch die **osmanischen Türken***.

1437 **Albrecht II.** von **Habsburg** wird König von **Ungarn** und **Böhmen** und **1438**—39 deutscher König.

1439 Formale Trennung der **russ.**- u. der **griech.-orthodoxen** Kirchen.

1445 Der Mainzer **Johannes Gutenberg** (1397—1468) erfindet den Buchdruck mit beweglichen Metallbuchstaben und druckt die **Gutenberg-Bibel**.

Eine Seite aus der **Gutenberg-Bibel**.

1453 Die **Osmanen*** erobern **Konstantinopel**. Ende des **Byzantinischen Reiches***.

1456—67 **Osmanen*** unterwerfen **Balkanstaaten**.

1462—1505 Herrschaft **Iwans III.*** von **Moskau**.

1468—69 **Dänemark** verpfändet die **Orkney-** und **Shetland**-Inseln an **Schottland**.

1471—80 **Türken** plündern die **Steiermark**.

1480 **Iwan III.*** befreit **Moskau** von der **Mongolen***-Herrschaft und erklärt sich zum **Zaren*** Rußlands.

1488 **Schwäbischer Bund** zur Bewahrung des Friedens.

1499 **Friede zu Basel** festigt die **Schweizer** Unabhängigkeit.

Moskau, unter **Iwan III.** wiederaufgebaut.

Italienische Stadtstaaten in 15. Jahrh.

(Karte: Mailand, Mantua, Genua, Ferrara, Venedig, Bologna, Pisa, Florenz, Siena, Kirchenstaat, Rom, Neapel)

Die britischen Inseln

(Karte: SCHOTTLAND, IRLAND, ENGLAND, Lancaster, York, Wakefield, WALES, Northampton, Tewkesbury, St. Albans, Gloucester, Barnet, London, Canterbury)

Das Heilige Römische Reich

(Karte: Machtbereich der Hohenstaufen, Bornhöved, BÖHMEN, MÄHREN, ÖSTERREICH, STEIERMARK, Venedig, MAILAND, Florenz, Bologna, Rom, NEAPEL, Kirchenstaat)

Der Balkan

(Karte: Byzanz im 15. Jahrh., BOSNIEN, HERZEGOWINA, Kosowo (Amselfeld), SERBIEN, Saloniki, Adrianopel, Gallipoli, Athen)

Afrika und der Nahe Osten

1416 Die **Venetianer** vertreiben die **Türken**[*] aus **Gallipoli**.

1419 Portugiesen auf **Madeira**.

1431 Portugiesen auf den **Azoren**.

Von **portugiesischen** Seefahrern errichtetes Kreuz auf den Azoren.

1445 Portugiesen an der **Kongo**-Mündung.

1451—81 Herrschaft Sultans **Mohammed II.**, **dem Eroberer**, über das **Osmanische Reich**[*].

1463—79 Osmanische **Türken**[*] im Krieg mit **Venedig**.

1464—92 Herrschaft von **Sunni Ali**, König von **Songhai**[*], der das Reich auf Kosten **Malis**[*] ausdehnt.

Timbuktu

1471 Portugal erobert **Tanger**.

1482 Portugiesen siedeln an der **Goldküste**.

1487 Bartolomeo Diaz[*] umsegelt das **Kap der Guten Hoffnung**.

Karavellen, portugiesische Segler.

1490 König **Nzinga Nkuwu** des **Kongo** wird **Christ**.

1493 Blütezeit des **Songhai**-Reiches[*].

Afrika

- Ceuta
- Tunis
- Ain Dschalut
- Berberküste
- Timbuktu
- ÄGYPTEN
- MALI
- KANEM BORNU
- SONGHAI
- Jenne
- BENIN
- Kongo
- KONGO
- Kilwa
- MWENEMUTAPA

- Antiochia
- Damaskus
- Mameluckenreich
- Bagdad
- Der Nahe Osten

Asien

1368 **Yuan-Dynastie**[*] in **China** wird von der chines. **Ming**[*]-Dynastie gestürzt und ersetzt.

1369 **Thais** besetzen **Kambodscha**.

1369—1405 **Tamerlan**[*] regiert die **Mongolen**[*]. Er erobert 1381 **Herat**, zerstört **Delhi** 1398—99 und **annektiert**[*] den **Pandschab**.

Chinesische Handelsschiffe.

1405—33 **China** öffnet neue Handelswege.

1421 **Peking** wird chinesische Hauptstadt.

1428 **Chinesen** werden aus **Vietnam** vertrieben.

1447 **Tamerlans**[*] Reich zerbricht. Die Provinzen **Indien**, **Persien** und **Afghanistan** werden unabhängig.

1451—89 **Bahlol Lodi**, erster **Pathan**-König in **Delhi**.

1467—77 **1. Onin-Krieg**[*] in Japan.

1477—1568 **Provinzkriege**[*] in Japan.

1494 **Babur**, ein Nachfahre **Dschingis-Khans**[*] und **Tamerlans**[*], wird Fürst von **Ferghana** in **Zentralasien**.

Babur, Fürst von Ferghana.

1498 Der Portugiese **Vasco da Gama**[*] fährt als erster Europäer um **Afrika** nach **Indien** und zurück.

Der Ferne Osten

- Pagan
- Thai-Königreich
- VIETNAM
- Ayutthaya
- JAVA
- Königreich der Khmer
- Majapahit

Amerika

- Texcoco
- Tenochtitlán
- Gebiet unter Aztekenherrschaft
- Tlacopán
- Mittelamerika
- Maya-Gebiet

Das Inka-Reich in Peru

- Quito
- BRASILIEN
- Cuzco
- Titicacasee

Unter **Pachacutic** 1438—63

Unter **Huyana Capac** 1493–1525

Grenze von **Tordesillas** (1494).

Spanien und Portugal: Die Reconquista

Die *Reconquista* oder Rückeroberung des **arabischen**[*] Gebietes durch die **christlichen** Reiche in **Spanien** und **Portugal** begann im **11. Jahrhundert**; doch wurde sie durch Bürgerkriege verzögert. Die Heirat **Ferdinands von Aragon** und **Isabellas von Kastilien** führte **1479** zur Vereinigung der beiden Hauptreiche. **1492** eroberten sie **Granada**, die letzte arabische Besitzung. Dadurch entstanden die **Königreiche Spanien** und **Portugal**.

Die Rückeroberung des arabischen Spanien

- Grenze des arab. Spanien um 800
- NAVARRA
- KASTILIEN
- PORTUGAL
- ARAGON
- Toledo 1085
- Las Navas de Tolosa 1212
- Valencia 1237–38
- Algarve 1251
- Cordoba 1236
- Arab. Spanien ca. 1200
- Cadiz 1262
- Tanger 1471
- GRANADA ca. 1400

Städte und Handel

Im **12. und 13. Jahrhundert** erfreute sich **Europa** allgemein eines wachsenden Wohlstandes. Die Bevölkerungszahl nahm zu, und Neuland wurde kultiviert. Einige Landbesitzer ließen die Bauern Pacht statt Arbeit leisten, so daß sie nicht mehr an den Grundherrn gebunden waren. Die Städte wuchsen, und der Handel blühte.

Eine **europäische** Stadt im Mittelalter.

Die **Zünfte**, Verbände von Handwerkern und Händlern, entstanden im **11. Jahrhundert**. Im **12. Jahrhundert** hatte jedes Gewerbe seine eigene Zunft. Die Zünfte waren für die Überwachung von Preisen und Löhnen zuständig, vertraten die Interessen ihrer Mitglieder, bestimmten die Ausbildung des Nachwuchses und kontrollierten die Qualität der Arbeit. Im **13. Jahrhundert** entstanden neben den einfachen Zünften besonders einflußreiche **Kaufmannsgilden** wie die **Hanse***, die häufig auch an der Stadtverwaltung Anteil gewannen.

Die **Zünfte** führten **Mysterienspiele** auf, die das Leben Christi darstellten.

Bedeutend für den Aufstieg der Städte war ihre gute Wirtschafts- und Verkehrslage. Der Handel im **Nord-** und **Ostsee**raum wird von der **Hanse** beherrscht – ein Bund meist niederdeutscher Städte, darunter **Hamburg**, **Lübeck** und **Köln**, die sich zusammenschlossen, um ihre gemeinsamen Interessen im Ausland zu vertreten.

Die erste **Hanse** wurde **1160** in **Wisby, Gotland**, geschaffen, doch bald verlagerte sich der Handel nach **Lübeck** (oben). Die Hanse als Städtebund entstand zwischen **1289** und **1388**.

Juden, 17; **Medici**, 40; **Pest**, 40.

Italienische Städte wie **Venedig** (oben) wurden zum Teil als Folge der Kreuzzüge sehr reich.

Norditalienische Städte kontrollierten den Handel mit **Luxusgütern**: Seide und Gewürze aus dem Osten. **1381** unterwarf **Venedig** die Rivalin **Genua** und wurde zur vorherrschenden See- und Handelsmacht. Der Geldverleih gegen Zinsen war von der katholischen Kirche verboten und wurde darum oft von **Juden*** besorgt. Im **13. Jahrhundert** war aber der Bedarf an Geld und Krediten gewachsen. Die **Lombarden**, norditalienische Händler, führten ein **Bankensystem** ein. Andere folgten. Die berühmtesten waren die **Medici*** in **Florenz**. Sie fingen als Tuchhändler an, kamen im **14. Jahrhundert** in öffentliche Ämter und wurden **1434** Stadtherren von Florenz.

Goldmünzen aus **Florenz**.

Im frühen **14. Jahrhundert** führte eine Verschlechterung des Klimas zu Mißernten und Hungersnöten (**1315–1317**). Zusammen mit der **Pest*** verursachten sie einen Bevölkerungsrückgang. Zunächst stiegen die Löhne, fielen dann aber und brachten Not. Es kam zu Kämpfen zwischen den armen Handwerkerzünften und den reichen Kaufmannsgilden und zu vielen Aufständen gegen Steuern und wirtschaftliche Mißstände.

Aufstände im 14. Jahrhundert

1302 **Handwerker** in **Gent** und **Brügge** nehmen den reichen, pro-französischen **Gilden** die Macht. Sie schlagen die **Franzosen** bei **Courtrai**, unterliegen aber bei **Cassel**.

1357 Die vom Tuchhändler **Etienne Marcel** geführten **Pariser** Kaufleute lehnen sich gegen Steuern auf.

1358 **Bauernaufstand** der „**Jacquerie**" in **Frankreich** gegen die harten Lebensbedingungen. Sie versuchen, sich mit den Pariser Rebellen zu verbünden, werden aber von Adligen und Händlern blutig unterdrückt.

1378 Aufstand der **Ciompi** (Tucharbeiter) in **Florenz** wird von den Zünften niedergeschlagen.

1381 **Bauernaufstand** in **England** unter **Jack Straw** und **Wat Tyler**, der nach einem Sturm auf London zusammenbricht.

1382 Aufstand gegen neue Steuern in **Paris**.

Die Renaissance

Renaissance bedeutet wörtlich „**Wiedergeburt**". Man bezeichnet damit das wiederauflebende Interesse an der **griechischen*** und **römischen*** Kultur, das in **Europa** durch große Veränderungen das Ende des **Mittelalters*** und den Beginn der **Neuzeit** anzeigte. Die Renaissance nahm ihren Ausgang in Italien und erreichte im **15. und 16. Jahrhundert** ihre Blütezeit.

Das Gemälde der **Renaissance** zeigt eine zeitgenössische Schlacht.

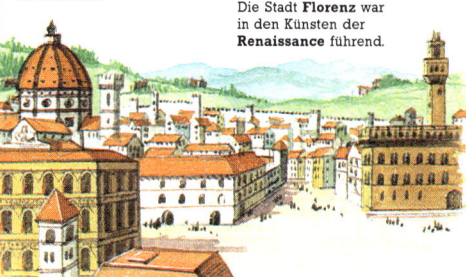

Die Stadt **Florenz** war in den Künsten der **Renaissance** führend.

Es war aber nicht nur die Wiederentdeckung der Kunst der Antike, sondern auch die Zeit der **Entdeckungsreisen*** und neuen Ideen, die von klassischen Vorbildern angeregt wurden: besonders die Betonung der Möglichkeiten des menschlichen Geistes statt der Beschränkungen, die ihm im Mittelalter auferlegt worden waren. Diese neue Gedankenwelt wurde als **Humanismus** bekannt. **Bildung** lag nicht mehr nur in kirchlichen Händen. Neue **Schulen** und **Universitäten** wurden gegründet sowie naturwissenschaftliche und medizinische Forschungen unternommen.

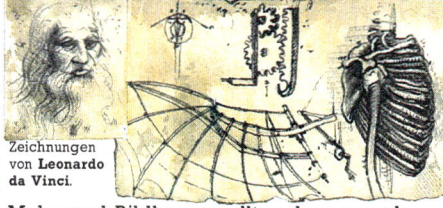

Zeichnungen von **Leonardo da Vinci**.

Maler und Bildhauer wollten den menschlichen Körper in seiner Umgebung zeigen, in natürlichem, realistischem Stil. Man studierte klassische Statuen wie auch die menschliche Anatomie. Die Gesetze der Perspektive wurden angewandt, um den Bildern Tiefe zu geben. Gemalt wurden jetzt Porträts, zeitgenössische und klassische Ereignisse wie auch religiöse Themen. Manche Künstler erreichten ein Ansehen und eine Unabhängigkeit, die weit größer waren als die der Künstler im Mittelalter.

Viele Herrscher der Renaissance glaubten an den „universellen Menschen" mit weitgespannten Gaben und Interessen. So war **Lorenzo de Medici**, der Stadtherr von **Florenz**, Soldat, Politiker, Bankier und Dichter zugleich. Solche Männer unterstützten große Künstler und lebten in Palästen, die von berühmten Architekten gebaut wurden.

Architekten der **Renaissance** kehrten zu klassischen Formen zurück, wie Rundbögen, Kuppeln und Strebegewölben.

Der **Palazzo Pitti, Florenz**.

Italien entwickelte die **kapitalistische*** Wirtschaftsform zur Finanzierung der Renaissance und schuf politische Beziehungen zwischen den Staaten, die zur **Diplomatie** wurden. Wissenschaftliche und technische Erfindungen, wie der **Buchdruck***, trugen zur Verbreitung der neuen Ideen bei. Schließlich war ganz Europa vom Geist der Renaissance erfaßt.

Renaissance-Künstler

Dante (1265—1321), Dichter.

Giotto (1266—1337), Maler.

Petrarca (1304—1374), Dichter und Gelehrter.

Boccaccio (1313—1375), Schriftsteller.

Brunelleschi (1377—1446), Architekt.

Donatello (1386—1466), Bildhauer.

Botticelli (1444—1510), Maler.

Leonardo da Vinci (1452—1519), Maler, Erfinder, Musiker, Architekt und Bildhauer.

Machiavelli (1469—1527), Autor des „Fürsten".

Michelangelo (1475—1564), Maler und Bildhauer.

Raphael (1483—1520), Maler und Architekt.

Cellini (1500—1571), Bildhauer, Goldschmied und Autobiograph.

Die Entdeckungsreisen

Portugiesische Karavellen
vor der afrikanischen Küste.

Im **15. und 16. Jahrhundert** begannen europäische Seefahrer die Welt zu erkunden. Bis dahin hatte man in Europa nur schwache Vorstellungen vom Rest der Welt. Bekannt waren nur die Nord- und Westküste **Afrikas** und die Landwege nach **Asien**.

Anfang des **15. Jahrhunderts** gründete der portugiesische **Prinz Heinrich der Seefahrer** (1394–1460) eine Seefahrtsschule. Portugiesische Seefahrer suchten einen **Seeweg nach Indien**, um direkten Zugang zum einträglichen Gewürzhandel mit dem Osten zu bekommen. **1488** umsegelte **Bartolomeo Diaz** das **Kap der Guten Hoffnung**, und **1497** segelte **Vasco da Gama** in den **Indischen Ozean** und erreichte 1498 **Indien**.

Christoph Kolumbus, ein **genuesischer** Seemann in spanischen Diensten, segelte **1492** nach Westen, um einen Seeweg nach Indien zu finden. Er landete auf den **Westindischen Inseln**. Weitere spanische Expeditionen erreichten die **südamerikanische** Festlandküste. Das neuentdeckte Land bezeichnete man als die „**Neue Welt**", obwohl man es zunächst für Asien hielt und nicht erkannte, daß ein neuer Kontinent entdeckt worden war.

Karte der Entdeckungen

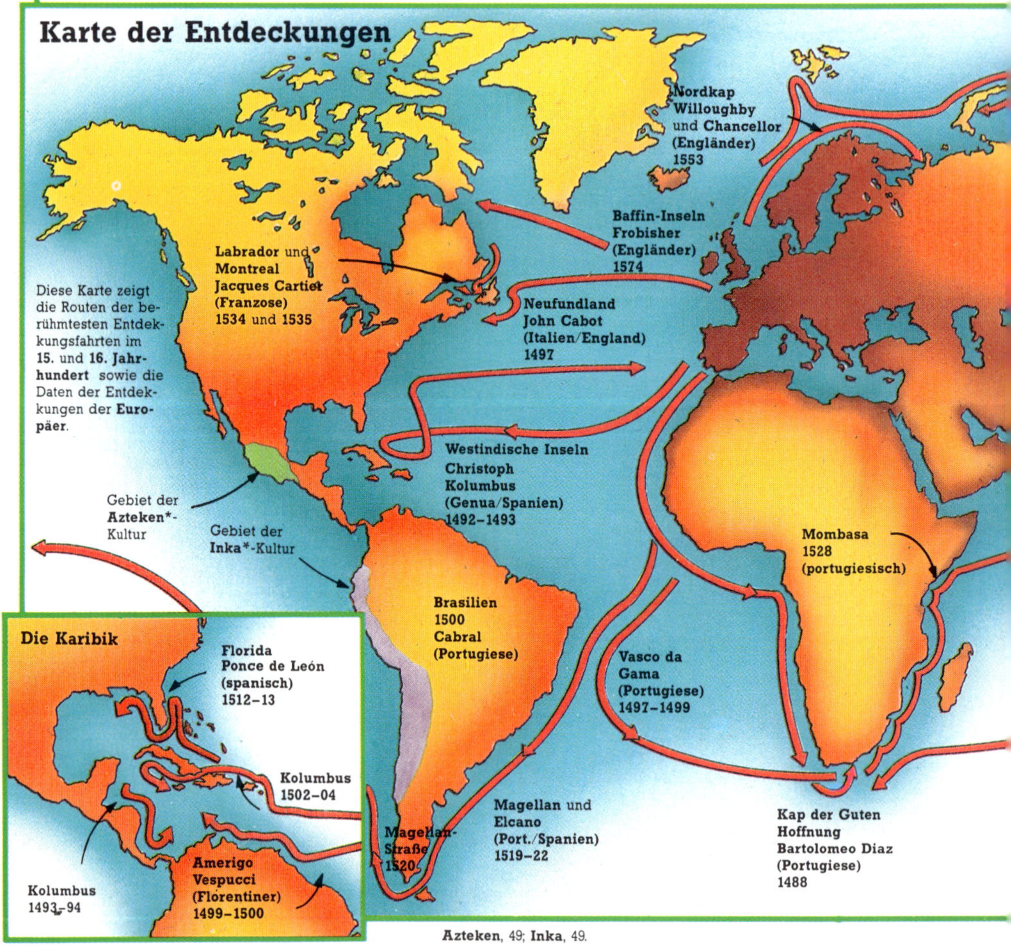

Diese Karte zeigt die Routen der berühmtesten Entdeckungsfahrten im 15. und 16. Jahrhundert sowie die Daten der Entdeckungen der **Europäer**.

Nordkap
Willoughby
und Chancellor
(Engländer)
1553

Baffin-Inseln
Frobisher
(Engländer)
1574

Labrador und
Montreal
Jacques Cartier
(Franzose)
1534 und 1535

Neufundland
John Cabot
(Italien/England)
1497

Westindische Inseln
Christoph
Kolumbus
(Genua/Spanien)
1492–1493

Mombasa
1528
(portugiesisch)

Gebiet der
Azteken*-
Kultur

Gebiet der
Inka*-Kultur

Brasilien
1500
Cabral
(Portugiese)

Vasco da
Gama
(Portugiese)
1497–1499

Die Karibik

Florida
Ponce de León
(spanisch)
1512–13

Kolumbus
1502–04

Magellan und
Elcano
(Port./Spanien)
1519–22

Kap der Guten
Hoffnung
Bartolomeo Diaz
(Portugiese)
1488

Magellan-
Straße
1520

Kolumbus
1493–94

Amerigo
Vespucci
(Florentiner)
1499–1500

Navigationsinstrumente aus dem **16. Jahrhundert**.

Die Eroberung Mexikos und Perus

Im **Vertrag von Tordesillas** (1494) teilten die Spanier und Portugiesen die Welt unter sich auf, **Engländer** und **Franzosen** waren damit nicht einverstanden. **Freibeuter***, wie **Hawkins*** und **Drake***, griffen spanische Schiffe in der Neuen Welt an. Andere suchten andere Wege nach Osten und segelten die Nordwestroute; sie entdeckten dabei **Nordamerika**.

Europäer treffen in Nordamerika auf **Eskimos**.

Die ersten Entdecker der **Neuen Welt*** kehrten mit Geschichten über die großen Reichtümer zurück, die dort zu finden seien. Ihnen folgten die spanischen *Konquistadoren*, Eroberer auf der Suche nach Land und Gold. Die berühmtesten waren **Hernándo Cortés**, der Eroberer **Mexikos** (1519–21) und **Francisco Pizarro**, der Eroberer **Perus** (1532–34).

Aztekische Stadt **Tenochtitlán**, in der Mitte des Sees von Mexiko erbaut.

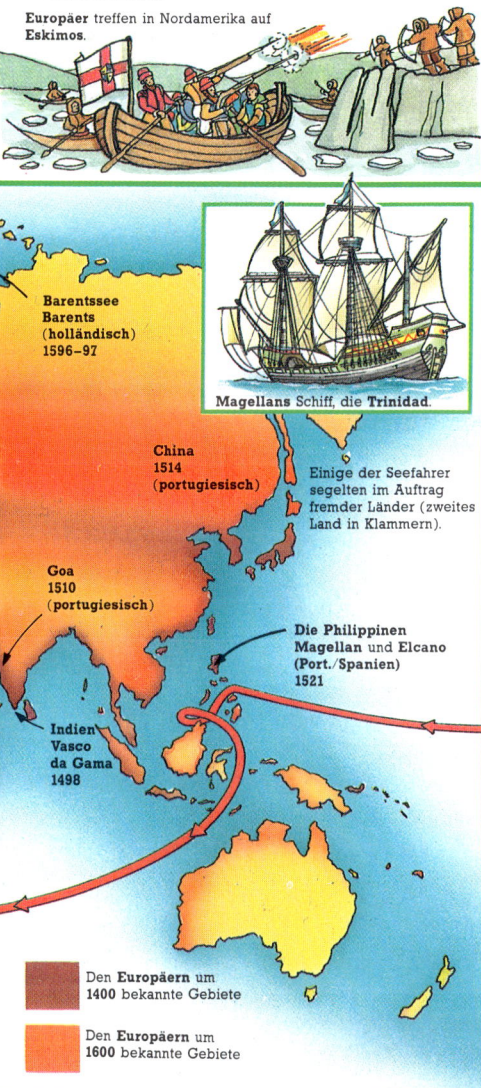

Barentssee
Barents
(holländisch)
1596–97

Magellans Schiff, die **Trinidad**.

China
1514
(portugiesisch)

Einige der Seefahrer segelten im Auftrag fremder Länder (zweites Land in Klammern).

Goa
1510
(portugiesisch)

Die **Philippinen**
Magellan und **Elcano**
(Port./Spanien)
1521

Indien
Vasco
da Gama
1498

Den **Europäern** um **1400** bekannte Gebiete

Den **Europäern** um **1600** bekannte Gebiete

Cortés und Pizarro fanden zwei große Krieger-Kulturen vor, die **Azteken** in **Mexiko** und die **Inka** in **Peru**. Beide hatten große, wohlorganisierte Reiche, schöne Städte, strenge Gesetze und Religionen.

Die **Azteken** verehrten viele Götter und brachten Menschenopfer dar.

Der Gott **Quetzalcoatl**, die gefiederte Schlange.

Der Gott **Huitzilopochtli**, der Kolibri des Südens.

Die Reiche waren schnell erobert und zerstört. Mit ihren **Feuerwaffen** und **Pferden** waren die Spanier überlegen. Viele Eingeborene (**Indianer** oder Indios genannt, weil die Spanier sich in **Indien** glaubten) bekamen europäische Krankheiten und starben. In Peru wurde **1545** und in Mexiko **1548 Silber** entdeckt und nach **Europa** verschifft, um Reichtum und Ansehen Spaniens zu mehren. Die Indios wurden zur Arbeit in den Silberminen und auf den Ländereien der Eroberer gezwungen, waren aber nicht an die schwere körperliche Anstrengung gewöhnt, so daß viele elend starben.

Inka-Schätze.

Goldenes Ritualmesser.

Silberstatuen von Lamas (den **Europäern** unbekannte Tiere).

Drake, 55; Freibeuter, 114; Hawkins, 55; Neue Welt, 48.

West- und Südeuropa

1501   Ludwig XII. von **Frankreich** erobert **Neapel.**

1509—47   Herrschaft **Heinrichs VIII.*** von England.

1510   **Ferdinand von Aragon** erobert das spanische **Navarra.**

1510   Die **Franzosen** greifen **Mailand** an, werden aber geschlagen und aus **Italien** vertrieben.

1513   Schlacht von **Flodden** zwischen **England** und **Schottland. James IV.** von Schottland fällt.

1513   **Machiavelli** (1469—1527), ein florentinischer Staatsmann, schreibt *„Der Fürst"*, worin er Rücksichtslosigkeit und List als Bedingungen politischen Erfolges darstellt.

1515—47   Herrschaft von **Franz I.** von **Frankreich.**

Das Schloß von **Chambord**, erbaut unter **Franz I.** von **Frankreich.**

1515   **Franz I.** schlägt die **Schweizer** in der Schlacht bei **Marignano** und erobert **Mailand.**

1516   **Karl von Habsburg** wird **Karl V.*** von **Spanien.**

1516   **Kaffee** wird erstmals nach **Europa** importiert.

1520   Treffen auf dem „Güldenen Feld" zwischen **Heinrich VIII.*** und **Franz I.**, um Frieden zwischen **England** und **Frankreich** zu schließen.

Das „Güldene Feld" in Flandern.

1520   **Kakao** kommt nach **Europa.**

1521   **Seidenmanufaktur** in **Frankreich** beginnt.

1521   **Frankr.** und **Spanien** führen Krieg um **Italien.**

1525   **Schlacht bei Pavia: Spanien** schlägt **Frankreich**, und **Franz I.** wird gefangengenommen.

1527   Die Truppen **Karls V.*** plündern **Rom.**

1527—30   Die **Medici*** aus **Florenz** vertrieben.

1529   **Friede von Cambrai: Frankreich** verzichtet auf **Italien** und **Karl V.*** auf die verlorenen Gebiete von **Burgund***.

1530   Die **Johanniter*** schaffen sich einen Stützpunkt auf **Malta.**

1531   Die **Inquisition*** wird in **Portugal** eingesetzt.

1532   **Calvin*** beginnt sein Werk in **Paris.**

1541   Beginn der **Reformation*** in **Schottland.**

Mittel- und Nordeuropa

1517   **Martin Luther*** veröffentlicht seine **95 Thesen.** Beginn der **Reformation***.

1519   **Zwingli*** predigt in **Zürich** die **Reformation***.

Landsknechte, deutsche Soldaten um 1520.

1519   **Karl V.*** wird zum deutschen Kaiser gewählt.

1521   **Reichstag zu Worms***.

1521   **Karl V.*** überläßt die **österreichisch-habsburgischen** Länder seinem Bruder **Ferdinand.**

1521   **Belgrad** fällt an die osmanischen **Türken***.

1522—23   Die **Reichsritter*** lehnen sich wegen des Verfalls ihrer ökonomischen und sozialen Stellung gegen ihren Herrn, den **Erzbischof von Trier,** auf.

1523   **Schweden** wird von **Dänemark** unabhängig. **Gustav Wasa** wird zum König ausgerufen.

1523   Die **Reichsritter*** werden bei katholischen Fürsten bei **Landstuhl** geschlagen.

1524—25   **Bauernaufstand** gegen die Landesherren in **Süd-** und **Mitteldeutschland.**

1525   **Albrecht von Hohenzollern**, Hochmeister der **Deutschen Ordensritter*** und Herrscher **Preußens,** wird **Lutheraner*** und **säkularisiert*** den Staat.

1526   Schlacht bei **Mohács: Ludwig II.** von **Ungarn** wird von den **Türken*** geschlagen und getötet. **Ferdinand**, Karls V. Bruder, und **Johann Zápolya** sind beide gewählte Könige Ungarns.

1529   Die **Türken*** belagern **Wien.**

1529   **Zweiter Reichstag von Speyer** (eine Versammlung des **Hl. Röm. Reiches**). Proteste der **lutheran.** Fürsten führen zu dem Namen **Protestanten.**

Dom zu Speyer.

1529   Krieg zwischen **Katholiken** und **Protestanten** in der **Schweiz.**

1530   **Karl V.*** wird vom **Papst** zum **Kaiser*** gekrönt: **Letzte Kaiserkrönung** durch einen Papst.

1531   **Protestantische** deutsche Fürsten bilden den **Schmalkaldischen Bund** gegen **Karl V.***.

1531   **Kopernikus** (1473—1543), ein polnischer Astronom, verbreitet seine revolutionäre Lehre, daß die Planeten sich um die Sonne bewegen, nicht um die Erde (wie die Kirche lehrt).

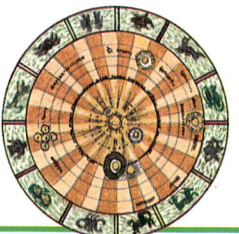

Dieser Stich aus einem Atlanten des **17. Jahrhunderts** zeigt **Kopernikus'** Darstellung des **Sonnensystems.**

Der Nahe Osten und Afrika

1500 Mohammed Turre (1494—1528) von **Songhai*** erobert Zaherma, Bagana und Dandi.

1502 Die **Seffewiden-Dynastie** wird durch **Ismail I.** in **Persien** gegründet.

1504 **Nubier** zerstören das christliche **Königreich Meroë***.

1504—1546 Herrschaft des christl.* **Königs Alfonso** im **Kongo**.

1505 Die **Songhai*** erobern das **Reich Mali***.

1505—1507 **Portugiesen** errichten Forts an der **afrikan. Küste.**

1508 **Portugiesen** bauen eine Fabrik in **Mosambik.**

1509 **Spanier** erobern **Oran** in **Nordafrika.**

1513 **Portugiesen** fahren den **Sambesi** hinauf und errichten Handelsposten bei **Sena** und **Tete.**

1514 **Sultan Selim I.** führt Krieg gegen **Persien** und läßt **Kurden** in **Armenien** siedeln. (Die kriegerischen Auseinandersetzungen dauern ca. 200 Jahre an.)

1516—1618 **Selim** erobert den **Nordiran, Syrien** und **Palästina.**

1517 **Türken** erobern **Ägypten**: Ende der **Mameluckenherrschaft*.**

1518 Die erste Schiffsladung mit **Negersklaven** gelangt von **Guinea** in die **Neue Welt*.**

1520—1566 Herrschaft **Suleimans des Großen**: Goldenes Zeitalter des **Osmanischen Reiches*.**

Suleiman-Moschee in Damaskus.

1521 **Türken*** erobern **Cyreneika** und **Belgrad.**

1522 **Türken*** erobern **Rhodos.**

1535 **Karl V.*** erobert **Tunis.**

1538 **Türken*** erobern **Aden.**

1543 **Äthiopische Christen** drängen mit Hilfe der **Portugiesen** den Einfluß der **Moslems*** in **Äthiopien** zurück.

1545 **Türken*** belagern **Massaua** und vollenden die Eroberung **Äthiopiens.**

Der Ferne Osten

1504 **Babur*** wird Herr von **Kabul** in **Afghanistan.**

1510 **Portugal** annektiert* **Goa.**

1511 **Portugiesen** nehmen **Malakka** ein.

1520 **Portugiesen** erreichen **China.** Ab **1516** treiben sie Handel von **Kanton** aus.

1521 **Portugiesen** erreichen die **Molukken.**

Chines. Dschunke aus dem 16. Jh.

1521 **Magellan** wird bei seiner **ersten Weltumseglung (1519—1522)** (siehe auch nächste Spalte) auf den **Philippinen** getötet.

1523 **Europäer** werden aus **China** vertrieben.

Chinesisches Porzellan aus der Zeit der **Ming-Dynastie.**

1525 **Babur*** erobert den **Pandschab.**

1526 **Babur*** siegt über den **Sultan von Delhi** bei **Panipat.** Herrschaft der **Moguln*** in Indien.

1527 **Babur*** besiegt die **Hindus*** bei **Khanua.**

1529 **Babur*** siegt bei **Gogra.**

1529 **Nordvietnam** wird in **Tonking** und **Annam** getrennt.

1539 Der birmesische König von **Tungu** erobert das **Königreich Mons** von **Pegu.**

1540 **Humayun, Barburs Sohn**, wird von dem **Afghanen Sher-Shah** aus Indien vertrieben.

Kathedrale in Goa, Baubeginn 1562.

1542 **Franz Xaver**, ein portugiesischer **Jesuit***, kommt als Missionar nach **Goa.**

1545 **Humayun** erobert **Kandahar.**

1547 **Humayun** erobert **Kabul.**

1549—1551 **Franz Xaver** und seine Missionare bringen das **Christentum*** nach **Japan.** Die **Jesuiten*** treiben Handel.

Amerika

1500 Das **Reich der Azteken*** hat unter **Ahuizotl** seine größte Ausdehnung.

Aztekenschild mit Federn geschmückt.

1501 **Englisch-portugiesische Expedition** nach **Neufundland.**

1504 **Amerigo Vespucci**, ein florentinischer Seefahrer, veröffentlicht stark beachtete Schriften über seine Reisen an Nach Südamerika. Die Neuentdeckungen werden **Neue Welt*** genannt.

1507 Die **Neue Welt*** wird nach Amerigo Vespucci **Amerika** genannt.

1510 Die ersten afrikanischen **Sklaven*** kommen nach **Amerika.**

1513 Der Spanier **Ponce de León** entdeckt **Florida.**

1513 **Nunez de Balboa** (Spanien) überquert den **Isthmus von Panama** und entdeckt den **Indischen Ozean.**

Aztekische Federkrone, ein Geschenk an Cortés von **Montezuma II.**, dem letzten Aztekenkönig.

1519—1521 **Hernando Cortes*** erobert **Mexiko**: Ende des **Aztekenreiches*.**

1520 Der Portugiese **Ferdinand Magellan** entdeckt die Magellanstraße.

1521—1549 Die **Spanier** kolonisieren **Venezuela.**

1528 **Deutsche** versuchen, **Venezuela** zu kolonisieren.

1530 **Portugiesen** beginnen **Brasilien** zu kolonisieren.

1531 **Rio de Janeiro** wird entdeckt.

1532—1534 **Francisco Pizarro*** erobert **Peru**: Zusammenbruch des **Inka-Reiches*.**

Die Ruinen der Inkastadt **Machu Picchu.**

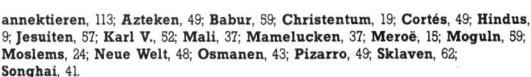

Das Reich Karls V.

In der ersten Hälfte des **16. Jh.** stand Europa unter der Herrschaft **Karls V.** (**1500–1558**) aus dem österreichischen Hause **Habsburg**. Als **König von Spanien** und **deutscher Kaiser*** wurde er der mächtigste Herrscher Europas. Er besiegte seine größten Rivalen, die **französischen Könige**, in **Italien** und brachte das Vordringen der Osmanen* in Europa zum Stillstand. Unter ihm gewann Spanien Wohlstand und Ansehen als Folge der Entdeckung der **Neuen Welt***.

Stammbaum Karls V.

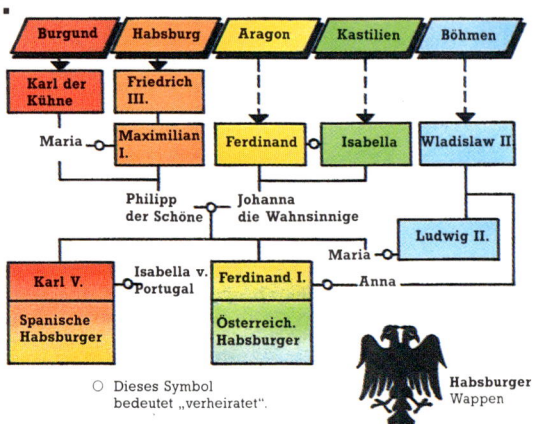

○ Dieses Symbol bedeutet „verheiratet".

Habsburger Wappen

Karte des Reiches Karls V. 1519–1556

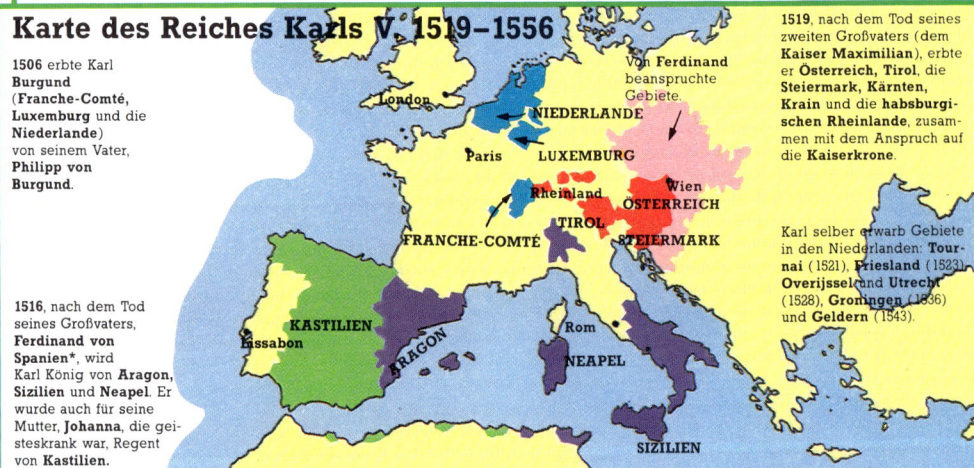

1506 erbte Karl **Burgund** (**Franche-Comté, Luxemburg** und die **Niederlande**) von seinem Vater, **Philipp von Burgund**.

1516, nach dem Tod seines Großvaters, **Ferdinand von Spanien***, wird Karl König von **Aragon**, **Sizilien** und **Neapel**. Er wurde auch für seine Mutter, **Johanna**, die geisteskrank war, Regent von **Kastilien**.

Von Ferdinand beanspruchte Gebiete

1519, nach dem Tod seines zweiten Großvaters (dem **Kaiser Maximilian**), erbte er **Österreich, Tirol**, die **Steiermark, Kärnten, Krain** und die **habsburgischen Rheinlande**, zusammen mit dem Anspruch auf die **Kaiserkrone**.

Karl selber erwarb Gebiete in den Niederlanden: **Tournai** (1521), **Friesland** (1523), **Overijssel** und Utrecht (1528), **Groningen** (1536) und **Geldern** (1543).

1521 übergab **Karl** die **österreichischen Erblande** an seinen Bruder **Ferdinand**. **1526** erwarb Ferdinand **Böhmen** und **Ungarn** über seine Frau **Anna** nach dem Tod ihres Bruders, König **Ludwig von Ungarn**. Ferdinand wurde vom böhmischen Adel und einigen Ungarn zum König gewählt,

doch andere wählten **Johann Zapolya**, Herzog von **Siebenbürgen**. (Dieser Teil Ungarns wurde **1541 türkische** Provinz.) Karl V. dankte **1556** ab, und sein Reich wurde geteilt. Den Kaisertitel erbte Ferdinand, die **spanischen** Besitzungen sein Sohn **Philipp II.**

Deutsches Reich

Im frühen **16. Jh.** war der **Kaiser** des **Heiligen Römischen Reiches Deutscher Nation** noch das **weltliche* Oberhaupt** der **Christenheit***. Das Kaiserreich selbst bestand aus Hunderten eigenständiger Staaten mit unterschiedlichem Verhältnis zum Kaiser.

Fürstentümer wie **Brandenburg** und **Sachsen** wurden durch Fürsten regiert, die **Vasallen*** des Kaisers waren. Sieben dieser Fürsten, sogenannte **Kurfürsten**, wählten den Kaiser.

Reichsunmittelbare Städte, wie **Augsburg**.

Österreichische Erblande, regiert durch die **Habsburger**. (Der österreichische König war in dieser Periode immer der Kaiser.)

Bistümer wie **Trier**, regiert durch Bischöfe und Erzbischöfe (**kirchliche Fürsten**).

Länder, regiert durch **Reichsritter** (**weltliche* Fürsten**), direkt dem Kaiser unterstellt.

Andere Länder wie **Böhmen** oder **Schlesien** waren zwar kein Teil des Reiches, aber trotzdem den Habsburgern unterworfen.

Provinzkriege in Japan

Seit Ende des **14. Jh.** war **Japan** durch Bürgerkriege zerrissen. Die Kaiser, die als Götter verehrt wurden, waren ehrenamtliche Herrscher geworden, die ihre Autorität an **Shogune** (erbliche **militärische Diktatoren***) vergaben. Wirkliche Macht lag in den Händen der **Daimyo**, lokaler Fürsten, die ständig Krieg gegeneinander führten und gegen die Shogune rebellierten.

Japanische Burgstadt im 16. Jahrhundert.

Die Daimyo lebten in befestigten Burgstädten und unterhielten große Armeen. Ihre **Vasallen*** waren die **Samurai**, eine Kaste von Berufskämpfern. Militärspezialisten, **Gunpaisha** genannt, beschäftigten sich mit der Kriegsführung und Verbesserung der Waffen.

Japanische Rüstungen bestanden aus Leder, Metallplatten und Schnüren. Sie waren leichter und beweglicher als **europäische** Rüstungen.

Samurai

Der **Onin-Krieg** (1467–1477) ging über in das **Zeitalter der „Kämpfenden Länder"** (1477–1568). Dieses endete mit dem Sieg **Oda Nobunagas** (1532–1582), der mit der Einigung des Landes begann. Um **1573** herrschte er über das halbe Land. In einer Revolte wurde er **1582** getötet. Ihm folgte **Tojotomi Hidejoschi** (1535–1598), der die nationale Einigung vorantrieb.

Die Ming-Dynastie

Die **Ming-Dynastie** begann **1368** und dauerte bis **1644**. Es war eine Zeit der Stabilität und Ordnung. Die Landwirtschaft wurde verbessert, und die Bevölkerungszahl wuchs. Industrie, Handel und die Künste entwickelten sich mit der Herstelllung von Porzellan, Jade, Seide und Lackwaren.

Peking während der **Ming-Dynastie**.

Im **15. Jahrhundert** dehnten die Ming ihr Herrschafts-Gebiet aus. Sie eroberten die **Mongolei** und **Vietnam**, sandten diplomatische Missionen in fremde Länder und unternahmen **Seereisen** bis nach **Afrika.**

Prachtstraße, die zu den Grabmälern der **Ming**-Kaiser führt.

Im **16. Jahrhundert** wurden die Ming von **Mongolen*** und **japanischen Piraten** angegriffen. Sie reagierten mit einer defensiven Politik und stellten große Armeen entlang der **Chinesischen Mauer*** auf. Unter einer schwachen Regierung und Korruption kam es im **frühen 17. Jahrhundert** zu mehreren Rebellionen, die zum Sturz der Dynastie führten.

Südostasien

Chinesische Mauer — KOREA — JAPAN — Peking — Kyoto — Grenze Chinas zur Zeit der Ming — Nagasaki — CHINA — BIRMA — Kanton — Ava — Taiwan — Hanoi — Macao — Tungu — Pegu — ANNAM — PHILIPPINEN — SIAM — Manila — SUMATRA — BORNEO — Molukken — JAVA

Chinesische Mauer, 11; Diktator, 113; Mongolen, 42; Vasallen, 31.

West- und Südeuropa

1542 **Maria Stuart** (1542—1587) wird im Alter von einer Woche **Königin von Schottland.**

1543 Allianz **Heinrichs VIII.** und **Karls V.** gegen **Frankreich** und **Schottland.**

1545 **Konzil von Trient***: Beginn der **Gegenreformation***.

1547 **England** gewinnt die **Schlacht von Pinkie** gegen **Schottland.** Maria, Königin von Schottland, reist nach Frankreich, um den **Dauphin*** zu heiraten.

1547—1559 Herrschaft **Heinrichs II.** von **Frankreich.**

1547—1553 Herrschaft **Eduards VI.** von **England.**

1552—1556 Krieg zwischen **Heinrich II.** und **Karl V.***

1553 Der **Tabak** wird in **Europa** eingeführt (von Amerika nach Spanien). Tabakpflanze

1553—1558 Regierung **Marias I. von England,** die **Philipp II. von Spanien** heiratet (s. u.). England wird wieder **katholisch.**

1555 **Englisch-Moskauer Handelsgesellschaft** erhält einen **Freibrief*** für den Handel mit Rußland.

1556 Abdankung **Karls V.*.** Sein Sohn, **Philipp II.,** erbt die **Habsburger Länder*** in **Italien, Burgund,** den **Niederlanden** und der **Neuen Welt*.**

1558 **England** verliert **Calais** an **Frankreich.**

1558—1603 Regierung **Elisabeths I. von England.** Sie erneuert die **Protestantische Kirche von Engl.***

Schloß Hatfield, wo Elisabeth I. ihre Kindheit verbrachte.

1559 **Maria, Königin von Schottland,** verwitwet und kehrt aus Frankreich nach Schottland zurück.

1559 Der **Friede von Cateau-Cambrésis** beendet den Krieg zwischen Frankreich und Spanien.

1560—1574 Herrschaft **Karls IX.** von **Frankreich.**

1562 Beginn der **Hugenottenkriege in Frankreich.**

1563 **Englisches Armengesetz**: Friedensrichter erhalten die Vollmacht, eine Armensteuer zur Versorgung der Armen jeder Gemeinde zu erheben.

1564—1616 **William Shakespeare, englischer** Dramatiker und Dichter.

Das *Globe Theater,* **London,** wo **Shakespeares** Stücke uraufgeführt wurden.

1571 **Seeschlacht bei Lepanto**: Die **Türken** werden durch die **Spanier** und **Venetianer** geschlagen. Ende der türkischen Vorherrschaft im Mittelmeer.

1572 **Bartholomäusnacht:** 2000 Hugenotten (französische Protestanten) werden ermordet.

Mittel- und Nordeuropa und Rußland

1532 **Friede von Nürnberg**: Protestanten im **Deutschen Reich*** dürfen ihre Religion ausüben.

1532—1533 Krieg zwischen **Türkei** und **Österreich** um **Ungarn.**

1533—1584 Regierung **Iwans IV. (des Schrecklichen)** in Rußland.

Iwan IV.

1534—1535 **Münster** wird von den **Wiedertäufern** beherrscht, einer Gruppe, die jede Art von Regierung ablehnt.

1536 **Calvin*** geht nach **Genf.**

1541—1688 **Ungarn** wird **türkische** Provinz.

1547 **Karl V.*** besiegt in der Schlacht bei **Mühlberg** den protestantischen **Schmalkaldischen Bund.**

1547 **Iwan IV.** nimmt als Erster den **Zarentitel** an.

Basiliuskathedrale, begonnen 1555 unter **Iwan IV.**

1548—1572 Regierung **Sigismunds II. von Polen.**

1553—1555 Der englische Seefahrer **Chancellor** knüpft in Rußland Handelsbeziehungen.

1555 **Augsburger Religionsfriede: Karl V.*** gewährt den protestantischen Fürsten Religionsfreiheit.

1556 **Karl V.*** dankt ab. Sein Bruder, **Ferdinand*,** wird **Deutscher Kaiser*.**

1557—1582 **Rußland, Schweden** und **Dänemark** kämpfen um die Gebiete des **Ostseeraums.**

1564 **Maximilian II.** wird **röm.-deutscher Kaiser*** bis 1576.

Darstellung des röm.-dt. Kaisers, auf einem Trinkbecher aus dem 16. Jh.

1566 Aufstände gegen die **span.** Herrschaft in den **Niederlanden.**

1572 In **Polen** wird das **Wahlkönigtum** eingeführt.

1572 Beginn des **niederländ. Freiheitskampfes*.**

Die **Wassergeusen** (holländische Rebellen) erobern die Hafenstadt **Brielle.**

Der Nahe Osten und Afrika

Der König von **Mali**

1546 Zerstörung des Reiches **Mali*** durch **Songhai***.

1549—82 Herrschaft von **Askia David**, König von **Songhai***.

ca. 1550 **England** beginnt Handel mit **Westafrika**.

1551 Die **Türken** erobern **Tripolis**. Krieg zw. **Ungarn** und **Türkei**.

1562 **England** nimmt am **Sklavenhandel*** teil und verschifft Sklaven aus **Westafrika** in die **Karibik**. John Hawkins schließt ein Bündnis mit zwei Königen aus **Sierra Leone**, um deren Nachbarvölker als Sklaven gefangen zu nehmen.

Gefangene Sklaven

1566 Größte Ausdehnung des **Osmanischen Reiches***.

1566—74 Herrschaft von Sultan **Suleiman II.** in der **Türkei**.

1571 **Schlacht bei Lepanto**: Die türkische Seemacht wird von **Juan d'Austria** gebrochen.

1573 **Juan d'Austria** erobert **Tunis**. Krieg der **Türkei** gegen **Österreich**.

1574 **Angola** wird portug. Kolonie.

1574—75 Die **Türken** erobern **Tunis** zurück und besetzen auch das übrige Tunesien.

1578 König **Sebastian** von **Portugal** greift **Marokko** an, wird aber bei **al-Ksar al-Kabir** geschlagen. Ahmed al Mansur von **Fez** errichtet die Dynastie der **Sharif**. **Marokko** dehnt seine Macht aus.

Marokkanische Krieger zu Pferd

1580—1617 Herrschaft von **Idris Alooma**, dem größten der Könige von **Kanem-Bornu***.

Der Ferne Osten

1550 Der **Mongolenführer*** **Altan-Khan** greift **Nordchina** an. Japan. Piraten plündern in **China**.

1555 **Humajun*** regiert das indische Reich von **Sher-Shah***.

1555 Der König von **Tungu** erobert das nordburmesische Reich **Ava**. Dies führt zur Einigung des **burmesischen** Staates, der sich auf Kosten **Thailands** ausdehnt.

1556—1605 Herrschaft von **Akbar dem Großen***, dem größten der **Mogulherrscher***. Eine neue Eroberungsphase beginnt.

Akbars Grabstätte bei **Agra**, in **Indien**.

1556 **Rußland annektiert*** **Astrachan**.

1557 **Portugal** errichtet einen Handelsposten in **Macao**. Der Chinahandel wird auf Macao beschränkt.

1560 **Oda Nobunaga*** wird herrschender **Daimyo*** in Japan.

1564 **Spanier** erobern die **Philippinen** und erbauen **Manila**.

1565 **Akbar*** dehnt das **Mogulreich*** bis zum **Dekhan** aus.

1567 **Oda Nobunaga*** wird militärischer Diktator **Japans**.

1570 **Japan** öffnet **Nagasaki** für ausländische Händler. Der Handel mit Seide läuft über **Macao**.

Portugiesische Siedlung in **Nagasaki**.

1573 **Oda Nobunaga*** regiert über halb **Japan**.

1573—77 **Akbar*** erobert **Gujarat** und **Bengalen** und eint **Nordindien**.

1579 In **Bengalen** wird eine **portugiesische** Handelsstation eingerichtet.

1581 **Akbar*** unterwirft **Afghanistan** und **annektiert*** es.

1581 **Russen** besetzen **Sibirien**.

1582 **Hidejoschi*** setzt sich als Herrscher **Japans** durch.

1584 **Phra Narai** errichtet ein unabhängiges Königreich **Siam**.

Amerika

1534 Eine französische, von **Jacques Cartier** geführte Expedition erreicht **Labrador**.

1535 **Buenos Aires** und **Lima** werden gegründet.

1535 **Jacques Cartier** entdeckt den **St. Lorenz-Strom** und segelt nach **Montreal**.

1535—38 **Quesada**, ein spanischer Konquistador*, erobert **Kolumbien**.

1536 **Jesuiten*** gründen **Asunción** in **Paraguay**.

1536 **Inka***- Aufstand in **Peru** unter **Manco Inka**. Er herrscht bis **1545** in **Villcabamba** aus.

Manco Inka

1540—44 **Valdivia**, ein spanischer Konquistador*, erobert **Chile**.

1541 Aufstand der **Indios*** in **Mexiko**.

1542 **Karl V.*** schafft die Sklaverei der **Indios*** mit den **Neuen Gesetzen** ab und begrenzt die Macht der span. **Kolonisten***.

1545 In **Peru** und **Mexiko** (1548) werden **Silberminen** entdeckt.

1560 **Titi Cusi Inka*** regiert in **Villcabamba**, **Peru**.

1562—65 **Französische** Kolonie in **Florida** von **Spaniern** zerstört.

1562 **John Hawkins** (s. **Spalte Afrika**) verschifft die erste **Sklavenfracht*** nach **Hispaniola** (Haiti). Zweite und dritte Reise folgen; 1564—65 und 1567—68.

1572 **Topá Amaru**, letzter **Inka***-Herrscher, wird gefangengenommen und hingerichtet.

1572 **Francis Drake**, englischer Seeheld und **Freibeuter***, greift spanische Häfen in **Amerika** an.

Francis Drake wird von **Elisabeth I.** zum Ritter geschlagen.

1576—77 **Martin Frobisher** (**Engländer**) entdeckt die **Baffin-Insel**.

Frobishers Schiff vor der **Baffin-Insel**.

Die Reformation

Wormser Kathedrale

Die **Reformation** begann als ein Versuch, die **katholische Kirche** zu reformieren, d. h. zu erneuern, führte aber schließlich zur Bildung der **protestantischen Kirchen** und einer bleibenden Spaltung der **Christenheit***. Sie verband sich mit sozialen und politischen Protesten und führte zu Bewegungen wie dem **Niederländischen Freiheitskampf***. Begründer und Führer der Reformation war **Martin Luther (1483–1546)**, ein Mönch und Theologieprofessor in **Wittenberg. 1517** nagelte er seine **95 Thesen** an die Tür der Schloßkirche.

Luther nagelte seine **95 Thesen** an die Kirchentür, die übliche Art, eine Diskussion zu beginnen. Die Thesen enthielten Kritik am **Ablaßhandel** (Sündenvergebung für Geld) und anderen Praktiken.

Lange war die Kirche wegen verschiedener Mißbräuche kritisiert worden, wie **Absenteismus** (Abwesenheit des Priesters von der Gemeinde), **Nepotismus** (Vergabe von geistlichen Ämtern an Verwandte) und **Simonie** (Verkauf von Ämtern, Reliquien und Ablässen). Die Geistlichen wurden wegen ihrer Unwissenheit und die Kirchenführer wegen ihres Reichtums und politischer Verstrickungen angegriffen.

Druckpresse aus dem **16. Jahrhundert** und ein Flugblatt der **Reformation**.

Die Erfindung des **Buchdrucks** im **15. Jahrh.** machte die Verbreitung von Flugschriften über Luthers Kritik am Ablaßhandel möglich.

Luthers Thesen wurden gedruckt und stießen auf großes Interesse. Er wurde der **Häresie*** angeklagt und **1520 exkommuniziert***. **1521** wurde er zu seiner Verteidigung zum kaiserlichen **Reichstag nach Worms** geladen. Dort leugnete er die **Unfehlbarkeit*** des Papstes und bekräftigte die Notwendigkeit, den Glauben allein auf die Bibel und nicht auf die Lehre der Kirche zu stützen.

Luther wurde wegen Ketzerei gebannt. Er versteckte sich auf der **Wartburg.** Dort entwickelte er die theoretischen Grundlagen für eine **lutheranische Kirche. 1525** wurde Luthers Glaube zur Landesreligion in **Sachsen.** Er breitete sich schnell über andere deutsche Staaten aus und führte zu Streit und Kriegen mit dem Kaiser. Im **Augsburger Religionsfrieden (1555)** gab der Kaiser den Fürsten das Recht, die Landesreligion zu bestimmen.

Zwingli

Zwingli (1484–1531), ein Priester der **Zürcher** Kathedrale, schrieb **1523** von Luther inspirierte **67 Thesen**, die Gottesdienst und Kirchenorganisation reformierten. Sie wurden vom Stadtrat unterstützt und gewannen in der **Schweiz** und in **Süddeutschland** Einfluß.

Calvin

Ein weiterer Reformationsführer war **Johann Calvin (1509–64)**, ein in Genf lebender Franzose. **1536** veröffentlichte er seine grundlegende Reformationsschrift *Institutio*. Der **Calvinismus** war strenger als das **Luthertum** und besser organisiert. Er gewann schnell Anhänger.

In einer **calvinistischen** Kirche.

Viele **protestantische** Kirchen waren schlicht, im Gegensatz zu den prächtig ausgeschmückten **katholischen** Kirchen.

1541 begann Calvin die **Genfer Kirche** zu organisieren. Sie verwaltete sich selbst, wählte Prediger, Lehrer, Älteste (zur Überwachung der Gemeinde) und Diakone (zur Armenfürsorge). Eine Synode (Rat) überwachte die Gemeinde, die nach strengen Glaubensregeln lebte.

Bischof

Narr

Antikatholisches Medaillon.

Die Gegenreformation

Der **Petersdom** in Rom, erbaut im 16. und 17. Jahrhundert

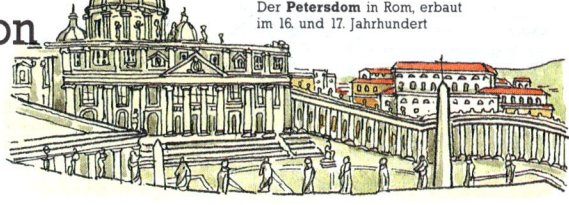

Der Erfolg der **Reformation*** zwang die katholische Kirche, mit schnellen Reformen und Gegenangriffen die **Gegenreformation** einzuleiten. Im frühen **17. Jahrhundert** waren die protestantischen Erfolge in **Polen, Frankreich, Bayern, Österreich** und den **Südniederlanden** rückgängig gemacht und wichtige katholische Positionen wiedergewonnen worden.

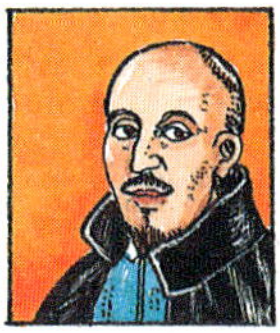

Ignatius von Loyola, der Gründer des **Jesuiten**-Ordens.

Es wurden Kollegien zur Erziehung der Geistlichkeit nicht-katholischer Gebiete gegründet und neue Orden ins Leben gerufen: **Kapuziner** 1525, **Paulaner** 1530, **Jesuiten** 1534, **Ursulinen** 1535. Die wichtigsten waren die Jesuiten, die als Lehrer und Missionare wirkten.

Das katholische **Konzil von Trient** trat von **1545 bis 1563** viermal zusammen und leitete eine Kampagne zur Rückbekehrung von Protestanten ein. Die **Inquisition*** wurde wieder eingesetzt, Protestanten wurden der **Häresie*** überführt und verbrannt. Der **Barock** brachte durch seine prächtigen religiösen Gemälde, Kirchenmusik und Baukunst viele Menschen zum Katholizismus zurück.

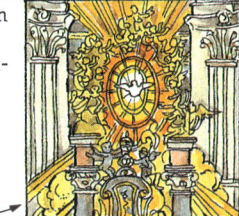

In einer **Barock**kirche.

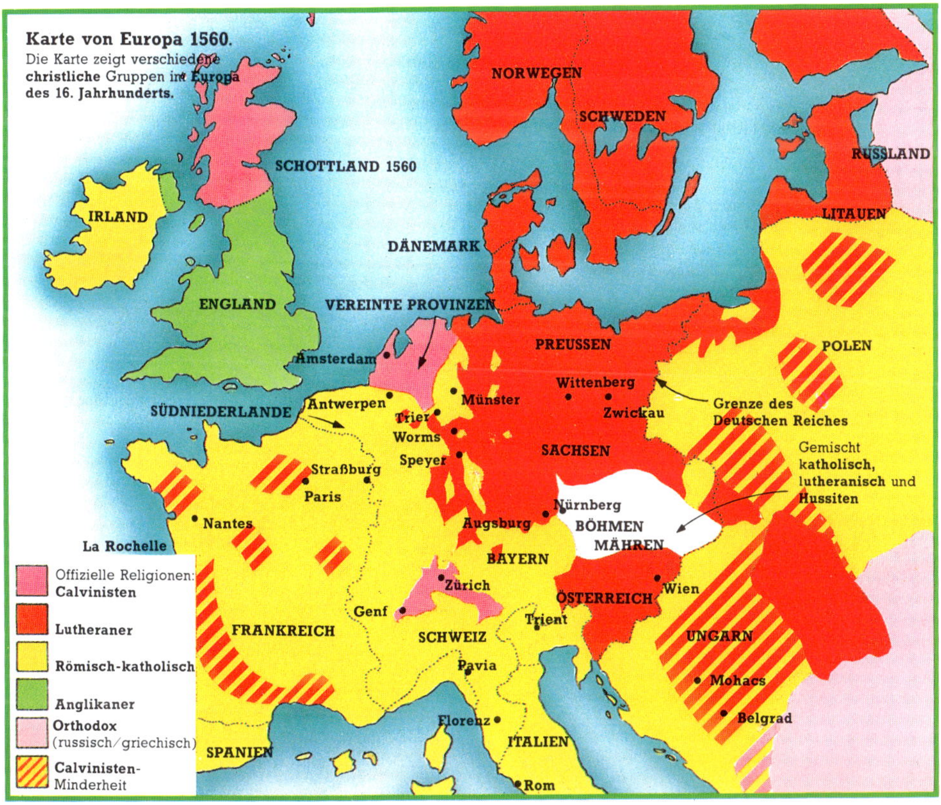

NORWEGEN
SCHWEDEN
RUSSLAND
SCHOTTLAND 1560
IRLAND
LITAUEN
DÄNEMARK
ENGLAND
VEREINTE PROVINZEN
PREUSSEN
POLEN
Amsterdam
Wittenberg
Münster
Zwickau
Grenze des Deutschen Reiches
SÜDNIEDERLANDE
Antwerpen
Trier
Worms
Speyer
SACHSEN
Gemischt katholisch, lutheranisch und Hussiten
Straßburg
Paris
Nürnberg
Nantes
Augsburg
BÖHMEN
MÄHREN
La Rochelle
BAYERN
Zürich
Wien
ÖSTERREICH
Genf
FRANKREICH
SCHWEIZ
Trient
UNGARN
Pavia
Mohacs
Florenz
Belgrad
ITALIEN
SPANIEN
Rom
Offizielle Religionen:
Calvinisten
Lutheraner
Römisch-katholisch
Anglikaner
Orthodox (russisch/griechisch)
Calvinisten-Minderheit

Karte von Europa 1560.
Die Karte zeigt verschiedene **christliche** Gruppen im **Europa des 16. Jahrhunderts.**

Inquisition, 34; **Ketzerei**, 34; **Reformation**, 56.

Die Reformation in England

Die **englische Reformation** wurde eher durch politische als religiöse Motive herbeigeführt. **Heinrich VIII. (1509–47)** brauchte dringend einen Sohn, um seine Nachfolge zu sichern, aber alle Kinder seiner Frau **Katharina von Aragon** waren gestorben, außer **Mary**. Der Papst gab keine Einwilligung zur Scheidung, weil er unter dem Einfluß von Katharinas Neffen **Karl V.*** stand. Heinrich brach mit der Kirche in **Rom**. Dies führte zur Entstehung der **Anglikanischen** (engl.-protest.) **Kirche**.

Wichtige Daten

1531   Die englische Geistlichkeit muß **Heinrich VIII.** als Oberhaupt der englischen Kirche anerkennen.

1533   Heinrichs Ehe wird für nichtig erklärt. Er heiratet **Anne Boleyn** und wird **exkommuniziert***.

1534   **Suprematsakte** wird im Parlament verabschiedet, sie löst die engl. Kirche von Rom.

1534—39   Alle Klöster werden geschlossen und unter dem Vorwand angeblicher Unmoral und anderer Mißstände verkauft.

Verfallendes Kloster nach der Auflösung.

1536—37   Ein katholischer Aufstand im Norden Englands gegen die Reformation.

1539   **Sechs Artikel** werden erlassen, nach denen der katholischen Lehre weiterhin zu folgen ist.

1547—53   Herrschaft **Eduards VI.**

1549   Die **Uniformitätsakte** und ein neues **Gebetsbuch** zur Festigung des neuen Glaubens.

1552   Eine zweite **Uniformitätsakte** und ein Gebetsbuch bringen die Anglikanische Kirche den **Schweizer Protestanten*** näher.

1553—58   Herrschaft von **Mary Tudor**, Tochter Heinrichs VIII. Wiedereinsetzung der **katholischen** Kirche.

1558—1603   Herrschaft von **Elisabeth I.**, Tochter Heinrichs VIII., die die **Anglikanische** Kirche wieder einführt.

Elisabeth I.

1559   Neue **Suprematsakte** und Gebetsbuch kommen der gemäßigten Version von 1549 näher. Dies akzeptieren die radikalen **Protestanten** nicht, die dem **Calvinismus*** nahestehen.

1563   **39 Artikeln**: Grundlage des neuen Bekenntnisses der **Anglikanischen Kirche**.

1570   **Elisabeth I.** wird **exkommuniziert***. **Katholiken** geraten als Verräter in Verdacht.

1593 Akte gegen die Sektierer (Protestanten, denen die Anglikanische Kirche zu gemäßigt ist, auch Non-Konformisten oder **Puritaner** genannt.)

Afrika

Timbuktu im 16. Jahrhundert.

Im **16. Jahrhundert** hatten sich in **Afrika**, besonders **Westafrika**, bereits größere politische Einheiten gebildet, deren Ausdehnung, Bevölkerung und Handel zunahmen. Die Reiche **Kanem-Bornu***, **Kongo*** und **Songhai*** (mit den Handelsstädten **Timbuktu, Jenne** und **Gao** als Zentren) erreichten ihren Höhepunkt.

Bronzestatue aus **Benin**.

In **Nigeria** blühten das Königreich **Benin** und das **Yoruba**-Reich der **Oyo**. Sie stellten kunstvolle Bronzearbeiten her.

In **Ostafrika** wanderten die nomadischen* Rinderhirten der **Luo** aus dem **Sudan** nach **Uganda** ein. Einige **Bantu*** blieben und wurden assimiliert. In **Südafrika** erlebte das **Mwenemutapa**-Reich* von **Zimbabwe** unter den **Rozwi**-Königen eine Blütezeit.

Ruinen des **Palastes** von **Zimbabwe**. Mit seinem Bau wurde vermutlich um 1350 begonnen; im **16. Jahrhundert** wurde er durch die **Rozwi** vergrößert.

An der afrikanischen Küste gediehen jahrhundertelang Handelsstädte wie **Kilwa, Mombasa, Sansibar** und **Malindi**. Sie handelten mit Gold, Elfenbein und tropischen Produkten.

Das Mogulreich

Das **moslemische* Mogulreich** wurde **1526** von **Babur**, einem Nachfahren des **Mongolen* Tamerlan***, gegründet, als er von **Afghanistan** aus in **Indien** einfiel und den **Sultan von Delhi** besiegte. Unter seinen Nachfolgern **Akbar** (1556–1605), **Jahan** (1627–56) und **Aurangzeb** (1656–1707) eroberten die Mogulkaiser ganz Indien. Akbar wollte Indien national einen, indem er den **Hindus*** die Ausübung ihrer Religion – der vorherrschenden in Indien – gewährte.

Der **Tadsch Mahal**, unter **Jahan 1632–53** als Grabmal seiner Lieblingsfrau **Mumtaz Mahal** erbaut.

Die **Mogul**-Herrschaft war das goldene Zeitalter der Künste, und besonders der Architektur.

Das Mogul-Reich

Afghanistan
Kaschmir
Kabul
Lahore
Kandahar
Panipat
Delhi
Fatepur Sikri
Agra
Sind
Bengalen
Gujarat
Dekhan
Goa
Marathen-Staaten
Ceylon

Hindukusch

Ausdehnung des Mogul-Reiches

unter **Babur**

unter **Akbar** 1556–1605

unter **Jahan** 1627–56

unter **Aurangzeb** 1656–1707

Aurangzeb zu Pferde

Das Reich war in der Mitte des **17. Jahrhunderts** am größten, geriet aber bald in Verfall. Verfolgung der Hindus und hohe Besteuerung führten zu Widerstand. Das Verhältnis zu den mächtiger werdenden Hindu-Fürsten der **Marathen** verschlechterte sich. Obwohl die Mogulkaiser im **18. Jahrhundert** noch an der Macht waren, bestand **Indien** aus einer Reihe mehr oder weniger unabhängiger Staaten.

Im **16. Jahrhundert** begannen die **Portugiesen** an der **Ostküste Afrikas** Festungen zu bauen, um den Seeweg nach **Indien** zu schützen. Sie übernahmen den Handel, so daß die Küstengebiete ärmer wurden.

In dieser Zeit begann der Handel mit **Sklaven*** aus **Westafrika**. Die Jagd auf Sklaven führte zu einem Bevölkerungsrückgang. Ende des Jahrhunderts verfielen die meisten afrikanischen Königreiche.

Portugiesische Festung

In **Nordafrika** hatten die **Araber** jahrhundertelang Menschen zum **Islam*** bekehrt. Im **16. Jh.** herrschten die **Osmanen*** über **Ägypten, Tripolis, Tunesien** und indirekt über **Algerien**. Das moslemische **Marokko** blieb unabhängig, dehnte sich nach Süden aus und eroberte **Songhai**.

Afrika im 16. Jahrhundert

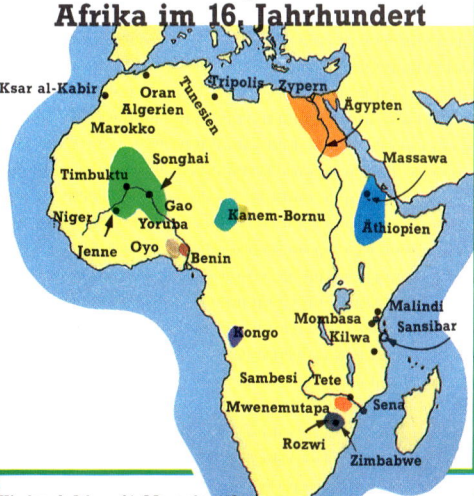

al-Ksar al-Kabir
Oran
Algerien
Marokko
Tripolis
Tunesien
Zypern
Ägypten
Massawa
Songhai
Timbuktu
Niger
Gao
Yoruba
Kanem-Bornu
Äthiopien
Jenne
Oyo
Benin
Kongo
Mombasa
Kilwa
Malindi
Sansibar
Sambesi
Tete
Mwenemutapa
Sena
Rozwi
Zimbabwe

Die **Moschee** in **Jenne**.

West- und Südeuropa

1580—1640 Union von **Spanien** und **Portugal.**

1582 Der **Gregorianische Kalender** (der heute gültige) wird in **katholischen** Ländern eingeführt.

1584 **Kartoffeln** werden aus **Amerika** eingeführt.

1587 **Elisabeth I.** * läßt die schottische Königin **Maria Stuart*** wegen Verschwörung hinrichten.

1588 Die **spanische Armada,** von **Philipp II.** * zur Eroberung **Englands** ausgeschickt, wird vernichtet.

Die **Spanische Armada,** 1588.

1589 **Heinrich von Navarra** wird **Heinrich IV.** * von **Frankreich.** Beginn der **Bourbonen**-Dynastie.

1592 **Schottland** geht zum **Presbyterianismus** über, einer Form des **Calvinismus.**

1596 **England** greift **Cadiz** in **Spanien** an, um den Aufbau einer zweiten Armada zu verhindern.

1597 **Irland** erhebt sich unter **Hugh O'Neill,** Graf von **Tyrone,** gegen **England.**

1598 **Heinrich IV.** * von **Frankreich** erläßt das **Edikt von Nantes,** das den **Hugenotten** (französischen Protestanten) Religionsfreiheit gewährt. Ende der **Hugenottenkriege*.**

Mittel- und Nordeuropa

1575 **Befriedung von Gent** (s. unten).

1576 **Rußland** dehnt sich über das **Ural**gebirge hinaus aus.

1578 **Friede von Arras** (s. unten).

1579 **Union von Utrecht** (s. unten).

1581 **Rußland** beginnt mit der Eroberung **Sibiriens.**

1581 Die 7 Nordprovinzen der **Niederlande** erklären ihre Unabhängigkeit als **Vereinte Provinzen** und wählen **Wilhelm von Oranien** als Führer.

1582 **Friede** zwischen **Rußland** und **Polen.** Rußland wird von der Ostsee abgeschnitten.

1584 Ermordung **Wilhelms von Oranien,** dem Führer der Vereinten Provinzen.

1596 **Frankreich, England** und die **Vereinten Provinzen** verbünden sich gegen **Spanien.**

1596 **Galileo Galilei** (1564—1642), ein italienischer Astronom, Mathematiker und Physiker, erfindet das **Thermometer.**

1598 Tod von **Zar Theodor,** dem letzten der **Rurik**-Dynastie*. Beginn der „Zeit der Wirren" in Rußland.

Russische Aristokraten, *Bojaren,* um **1570.**

Der niederländische Freiheitskampf 1568—1648

Im frühen **16. Jahrhundert** traten in den **niederländischen** Provinzen viele zum **Calvinismus** über. **Philipp II.** * von **Spanien** erbte das Land **1555.** Als Fremder, der Statthalter einsetzte, war er unbeliebt. Als er die religiöse Einheit im **Katholizismus** erzwingen wollte, leisteten viele Widerstand, darunter die adligen Statthalter **Egmont, Hoorn** und **Wilhelm von Oranien** (1533—84).

1566 übten die Protestanten ihre Religion offen aus, und es kam zu Übergriffen auf katholische Kirchen. Der Statthalter, **Herzog Alba,** leitete Verfolgungen ein, und 1568 wurden **Egmont** und **Hoorn** hingerichtet. Viele Widerständische, als **Wassergeusen** (Bettler) bekannt, flohen in Schiffen und griffen spanische Schiffe an. Damit begann der **Niederländische Freiheitskampf** (**1568–1648**).

Die Niederlande

Nördliche Provinzen

Haag

Utrecht

Brielle
Vlissingen

Schiff der **Wassergeusen**

Gent

Südliche Provinzen

Arras

Wichtige Daten

1572 **Wassergeusen** erobern **Brielle.**

1576 Spanier plündern Antwerpen. Das führt zur **Befriedung von Gent:** Alle 17 Provinzen verbünden sich gegen **Spanien.**

1578 **Union von Arras:** die 10 katholischen Süd-Provinzen verbünden sich mit Spanien.

1579 **Union von Utrecht:** Die 7 nördlichen, calvin. Provinzen vereinen sich gegen Spanien.

1581 Die Nordprovinzen verkünden als **Vereinte Provinzen** ihre Unabhängigkeit. Sie wählen **Wilhelm v. Oranien** zum erbl. Statthalter.

1648 **Haager Friede:** Spanien erkennt die Vereinten Provinzen (jetzt: **Generalstaaten**) an. Die Südprovinzen bleiben als **Spanische Niederlande** (später. **Belgien**) unter span. Herrschaft.

Der Nahe Osten und Afrika

1581 **Marokkaner** dringen in die **Sahara** vor.

1581 Friede zwischen **Türkei** und **Spanien**.

1585 Beginn des Niedergangs des **Osmanischen Reiches***.

1586—1622 Herrschaft von **Schah Abbas** in **Persien**.

Persische Krieger zur Zeit **Abbas des Großen**.

1590 **Marokkaner** erreichen den **Niger** u. erobern **Timbuktu**.

1590 **Schah Abbas** v. **Persien** schließt mit der **Türkei** Frieden.

1591 Schlacht von **Tondibi: Marokko** schlägt **Songhai*** und vernichtet das Königreich.

1592 Die **Portugiesen** erobern **Mombasa**.

1598 **Holland** erobert **Mauritius**.

1598 **Schah Abbas** macht **Isfahan** zur **persischen** Hauptstadt.

Ferner Osten

1587 **Akbar*** erobert **Kaschmir**.

1591 Erste Reise von Engländern nach **Ostindien**.

Hindu-Statue aus Java.

1592 **Japaner** greifen **Korea** an.

1592 **Annamesen** erobern **Hanoi** und einen **Nordvietnam**.

1592 **Akbar*** erobert **Sind**.

1593 Die **Japaner** verlassen **Korea** unter chinesischem Druck.

1594 **England** beginnt den **Indienhandel**.

1594 **Akbar*** erobert **Kandahar**. Höhepunkt des **Mogul**-Reiches*.

1595 Erste **holländische Kolonien** in Ostindien.

1597 **Japaner** greifen erneut **Korea** an, werden aber mit chinesischer Hilfe vertrieben.

1598 Tod von **Tojotomi Hidejoschi***, Herrscher Japans. Ihm folgt ein Kind, und fünf **Regenten*** streiten um die Macht.

1599 **Akbar*** beginnt mit der Unterwerfung des **Dekhans**.

Amerika

1577 **Humphrey Gilbert** (engl.) erhält ein **Patent*** zur Gründung von Kolonien in **Nordamerika**.

1579 **Francis Drake*** beansprucht während seiner Weltreise **1577—80** New Albion (**Kalifornien**) für die englische Krone.

1583 **Humphrey Gilbert** (s. oben) gründet die erste englische Kolonie in **Neufundland**.

1584 **Walter Raleigh** (engl.) gründet **Virginia**. Hier entsteht 1585 die erste englische Kolonie, die aber 1586 von den Siedlern verlassen wird. Eine zweite Kolonie wird 1587—91 gegründet.

Wappen der **Virginia Company**, die eine Kolonie gründete.

1585—87 **John Davis** (engl.) sucht nach einer Nordwest-Passage nach Asien und entdeckt die **Davis-Straße**.

Religionskriege in Frankreich 1562—1598

Am **französischen Hof** entstanden gegnerische katholische und protestantische Gruppen, als Adlige zum **Calvinismus*** übertraten. **1560** wurde **Karl IX.** als Kind König. **Regentin*** war seine Mutter, **Katharina von Medici**. Streit zwischen den Gruppen führte zu den **Hugenottenkriegen**, die von **1562—98** dauerten.

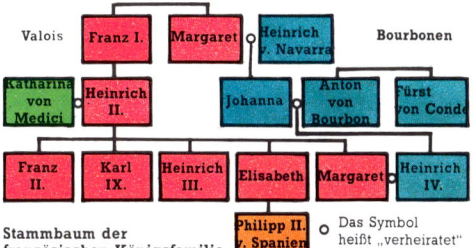

Stammbaum der französischen Königsfamilie

Die Katholiken wurden von der Familie **Guise** angeführt, unterstützt von **Katharina von Medici**, die Protestanten (**Hugenotten**) von den Brüdern **Coligny** und dem **Bourbonen-Fürsten von Condé** und **König von Navarra**.

Ein Ball am französischen Hof.

Wichtige Daten

1562 Der **Herzog von Guise** läßt die **Hugenotten** niedermetzeln. Dies Blutbad von Vassy löst die Hugenottenkriege aus.

1563 Ermordung des **Herzogs von Guise**.

1567—70 Zweiter Bürgerkrieg endet mit Generalamnestie* im **Frieden von Saint Germain**.

1572 Hugenotten-Massaker der **Bartholomäusnacht** führt zu einem weiteren Bürgerkrieg.

1584 Die Familie **Guise** und **Philipp II.*** bilden die **Liga von Joinville** gegen die Hugenotten.

1586 **Krieg der drei Heinriche**: Heinrich III. von Frankr., Heinrich v. Navarra u. Heinrich v. Guise.

1589 **Heinrich III.** wird ermordet. Heinrich von Navarra beansprucht die Krone als **Heinrich IV.**, erster König der **Bourbonen**-Dynastie.

1590 **Heinrich IV.** schlägt die Katholiken bei **Ivry**.

1593 **Heinrich IV.** wird Katholik.

1594 **Heinrich IV.** geht nach **Paris**.

1598 Das **Edikt von Nantes** gewährt den **Hugenotten** Religionsfreiheit.

Kolonialismus im 17. Jahrhundert

Im **17. Jahrhundert** wurden die meisten Kolonien von Kaufleuten und Siedlern, nicht von Staaten gegründet. Große **Handelsgesellschaften** wie die **Ostindischen Kompanien** erhielten von ihren Regierungen **Handelsmonopole***, die ihnen das alleinige Handelsrecht in einem Gebiet gaben. Manchmal gründeten die Gesellschaften eigenständig Kolonien.

Die **Pilgerväter** (englische Puritaner) kamen **1620** in Massachusetts an Land.

Am stärksten schritt die Kolonisierung in der **Karibik** und **Nordamerika** fort. Viele Siedler kamen in die nordamerikanischen Kolonien auf der Suche nach Land oder Freiheit vor religiösen Verfolgungen.

Hugly (gegr. 1640) Hauptquartier der Holländischen Ostindien-Gesellschaft in Bengalen, Indien.

Afrikanische Sklaven auf einer Zuckerplantage.

Mit dem Niedergang der **spanischen*** und **portugiesischen*** Vorherrschaft wurden **England, Frankreich** und **Holland** Kolonialmächte. Sie gründeten in **Indien** und dem **Fernen Osten** Kolonien und Stützpunkte. Holland besaß das Monopol mit den „**Gewürzinseln**" Ostindiens.

Andere Kolonien wurden zum Anbau bestimmter Produkte wie **Zucker** oder **Tabak** gegründet. Von **1660** bis ins **19. Jahrhundert** wurden zahllose **Sklaven** (entrechtete Menschen) in **Westafrika** gefangen und zur Arbeit auf den Pflanzungen verschifft.

Indien und Südostasien

KOREA

JAPAN • Edo

Peking

Ming-Reich

Chinesische Mauer

Mogul-Reich

CHINA

TIBET

Englischer Handelsstützpunkt 1696

Delhi

Englischer Handelsstützpunkt 1637

Kanton

Surat

Englischer Handels-Stützpunkt 1611

AUSTRALIEN

Formosa

Kalkutta

BIRMA

Bombay

Tasmanien

Englischer Handelsstützpunkt 1661

SIAM

VIETNAM

Die englische **Ostindische Handelsgesellschaft** übernimmt die Herrschaft 1668

Madras

Englische Fabrik 1610 Engländer erwerben **Madras 1642**

KAMBODSCHA

Pondicherry

Holland erobert von **Portugal** 1609

Französischer Handelsstützpunkt 1674.

Ceylon

Holland bildet Handelsstützpunkte auf **Java** und **Sumatra** 1596 und 1619.

Holländischer Handelsstützpunkt in **Batavia, Indonesien.**

Sumatra

Batavia

• Java

OSTINDIEN

Monopol, 114; **Portugal, Spanien** (siehe Entdeckungsreisen, 48–49).

Nordamerika

Die englischen Kolonien in **Nordamerika**, die im **17.** und frühen **18. Jahrhundert** gegründet wurden, sind als die **13 Kolonien** bekannt. Die Karte zeigt die Daten ihrer Gründung.

1664
New York

Große Seen

Neu-Amsterdam

1681
Pennsylvania

1632
Maryland

1607
Virginia

1670
Nord-Carolina

1732
Georgia

1670
Süd-Carolina

Florida

1680
New Hampshire

1629
Massachusetts

1635
Rhode Island

1636
Connecticut

1664
New Jersey

1702
Delaware

Westindische Kolonien

Die Karte zeigt die Besiedlungsdaten der **Westindischen Inseln.**

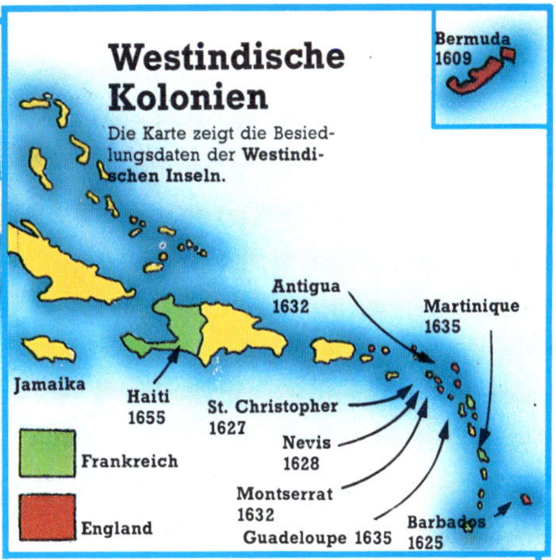

Bermuda 1609

Jamaika

Haiti 1655

Antigua 1632

Martinique 1635

St. Christopher 1627

Nevis 1628

Montserrat 1632

Barbados 1625

Guadeloupe 1635

Frankreich

England

Südamerika

GUYANA
Brit.
Holländ.
Französ.

BRASILIEN

Recife

Bahia

Paraguay

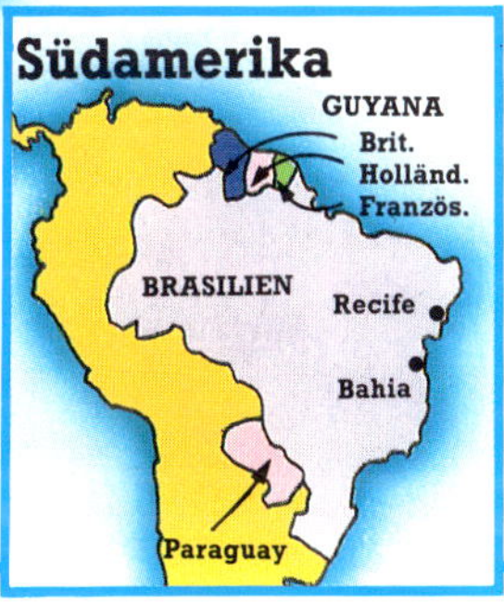

Der Südwesten von Nordamerika

Spanien kolonisierte den **Südwesten Nordamerikas**, und **Frankreich besetzte Louisiana.**

Kalifornien

LOUISIANA

Neumexiko

Golf von Mexiko

Indianerkriege in Nordamerika

Die schnelle Ausbreitung der **britischen** Kolonien in **Nordamerika** bedrohte Land und Lebensgrundlage der dort lebenden **Indianerstämme**. Sie versuchten zeitweise, die europäischen Kolonialmächte gegeneinander auszuspielen, wurden aber letztlich geschlagen und ihres Landes beraubt.

Irokesen   Sioux   Indianer aus Florida

Verschiedene, von frühen Siedlern beschriebene **Indianer**.

Pequot-Dorf in **Connecticut**.

Ende des **17.** und Anfang des **18. Jh.** fanden große Kriege statt – der **Pequot-Krieg (1636–37)**, der **König-Philipps-Krieg (1675–76)** und indianische Aufstände in **Carolina (1712–16)**. Die englischen Siedler siegten meist und zerstörten viele wichtige Städte und Siedlungen der Indianer.

Trotz der vielen Kriege und Massaker dehnte sich das weiße Siedlungsgebiet weiter aus und verdrängte die Indianer nach Westen. Im **18. Jahrhundert** führte das Vordringen **französischer** und englischer Siedler auch dort zu Konflikten. Um **1810** befand sich das meiste indianische Land in den Nordstaaten (südlich der **Großen Seen** und östlich des **Mississippi**) in **amerikanischer** Hand. Zwischen **1820** und **1840** wurden die Indianer auch in den Südstaaten aus ihrem Land vertrieben.

Süd- und Westeuropa

1603 Tod von Königin **Elisabeth I.*** von England. **Jakob VI. von Schottland** wird **Jakob I. von England** und **Schottland**.

1604 Friede zwischen **England** und **Spanien** nach Kämpfen seit **1587.**

1605 **Pulverfaßverschwörung** unter **Guy Fawkes**: Eine Gruppe Katholiken versucht erfolglos, das englische Parlamentsgebäude zu sprengen. Der Anschlag veranlaßt **anti-katholische Gesetze.**

1608 **Hans Lippershey**, ein holländischer Linsenmacher, erfindet das erste **Teleskop** (Fernrohr).

1624—42 **Kardinal Richelieu** bestimmt die französische Politik als Berater **Ludwigs XIII.**

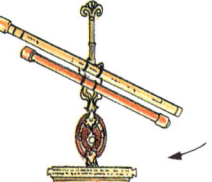

Der italienische Wissenschaftler **Galileo** baut **1609** sein erstes Fernrohr. Hier zwei seiner späteren.

1628 Der englische Arzt **William Harvey** veröffentlicht seine Entdeckung des **Blutkreislaufs.**

1628 **Richelieu** erobert die **Hugenotten***-Festung **La Rochelle** und beendet damit die Bedrohung der französischen Einheit.

1629—40 **Elfjährige Tyrannei Karls I**: Er löst das Parlament auf und regiert allein.

Die **Hugenotten**festung **La Rochelle.**

Nord- und Osteuropa

1598—1613 Die als „**Zeit der Wirren**" bekannte Periode in **Rußland** mit Machtkämpfen um die Nachfolge. **Boris Godunow** wird **Zar** von **1598—1605. Polnische** Truppen besetzen **1605 Moskau.**

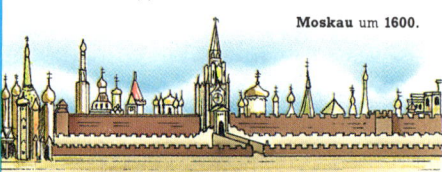

Moskau um 1600.

1607 Krieg zwischen **Schweden** und **Polen**. **Schweden** gewinnt **Estland** zurück.

1608 **Protestantische Deutsche Union.**

1609 **Maximilian von Bayern** bildet die **katholische Liga.**

1609 Der deutsche Astronom **Johannes Kepler** (1571—1630) veröffentlicht seine Gesetze der **Planetenbewegung.**

Keplers Darstellung des Aufbaus des Planetensystems.

1611 **Polen** erobert **Smolensk** und **Moskau**. **Schweden** erobert **Nowgorod.**

1611—32 Herrschaft **Gustav Adolfs II.** von **Schweden**, gr. Feldherr und Staatsmann.

Stockholmer Schloß zur Zeit Gustav Adolfs.

Der Untergang des Osmanischen Reiches

Das **Osmanische Reich*** dehnte sich im **16. Jahrh.** erheblich aus. Die Türken regierten **Ägypten** und Teile **Nordafrikas** und eroberten das Gebiet, das heute als **Syrien, Libanon, Israel, Irak** und **Jemen** bekannt ist, wie auch große Teile des **Kaukasus**. Zu ihrem Reich gehörten auch Gebiete in Europa: **Griechenland, Bulgarien, Serbien, Rumänien, Ungarn** und die **Krim**. Seit dem Ende des **16. Jahrh.** begann jedoch der Niedergang ihrer Macht.

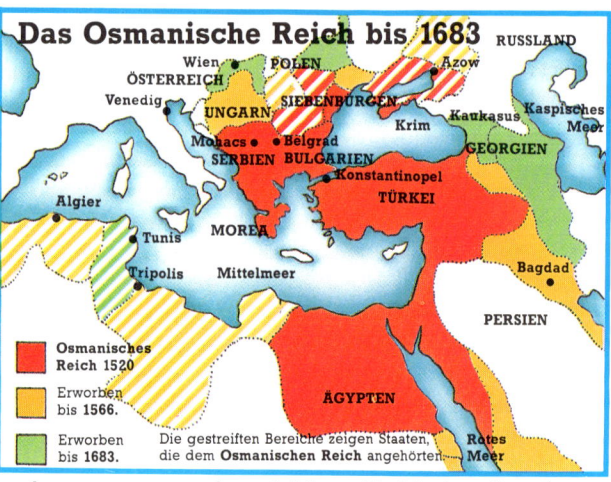

Das Osmanische Reich bis 1683

RUSSLAND
Wien · ÖSTERREICH POLEN Azow
Venedig UNGARN SIEBENBÜRGEN Krim Kaukasus Kaspisches Meer
Mohacs · Belgrad GEORGIEN
SERBIEN BULGARIEN
Algier Konstantinopel
TÜRKEI
Tunis MOREA
Tripolis Mittelmeer Bagdad
PERSIEN
ÄGYPTEN Rotes Meer

Osmanisches Reich 1520
Erworben bis 1566.
Erworben bis 1683.

Die gestreiften Bereiche zeigen Staaten, die dem **Osmanischen Reich** angehörten.

Für diesen Niedergang gab es mehrere Gründe. Das Reich war zu groß geworden, um wirksam regiert zu werden, und es gab eine Reihe schwacher Herrscher. Feindliche Nachbarn, wie **Rußland** und **Österreich**, wurden mächtiger. Als **Moslems*** gerieten die Osmanen in Konflikt mit dem **christlichen Europa**; und es gab Zusammenstöße mit ihren moslemischen Nachbarn, den persischen **Seffewiden*.**

Amerika

1602 **Spanier** erforschen die **kalifornische** Küste.

1603 Beginn der **französischen** Kolonisation hauptsächlich im Bereich des heutigen **Kanada**.

1605 **Spanier** begründen **Santa Fe** in **Neumexiko**.

1607 Erste dauernde **englische Siedlung** in **Nordamerika**, in Jamestown, **Virginia**.

1608 **Jesuiten*** gründen den Staat **Paraguay**.

1608 **Franz.** gründen **Quebec**.

Das Haus von **De Champlain**, des Gründers von **Quebec**.

1609 Erste **englische Siedlung** auf den **Bermudas**.

1609 **Holländer** gründen **Manhattan**.

1610—11 **Henry Hudson** (engl.) erforscht die **Hudson-Bay**.

1610 **Etienne Brulé** (franz.) entdeckt den **Huron-See**.

Ferner Osten und Ozeanien

1596—1615 Holländer gründen Handelsposten auf **Java** und **Sumatra**.

1600 Bürgerkrieg in **Birma**. Das birmesische Reich zerbricht.

1600 Die englische **Ostindische Handelsgesellschaft*** wird gegründet.

1600 **Ieyasu Tokugawa*** schlägt seine Rivalen bei **Sekigahara** und festigt seine Vorherrschaft über **Japan**.

Handelsschiff aus dem 17. Jahrhundert.

1602 Gründung der **Holländischen Ostindischen Handelsgesellschaft***. Erste holländische Händler in **Kambodscha** u. **Siam**.

1604 **Rußland** dehnt sich nach **Sibirien** aus. **Tomsk** gegründet.

1604 **Ieyasu Tokugawa*** nimmt den Titel **Shogun*** an und gründet die **Tokugawa**-Dynastie.

1604 **Franz. Ostindische Handelsgesellschaft*** gegründet.

Afrika, Indien, Naher Osten

1600 Höhepunkt des Königreichs von **Oyo***.

1602—27 Kriege zwischen **persischen Seffewiden*** u. **Osmanen** (s. unten).

Schnitzereien aus **Oyo**.

1605 Tod des **Mogul**kaisers* **Akbar der Große***.

1609 **Holland** erobert **Ceylon** von **Portugal**.

1610 Die englische **Ostindische Handelsgesellschaft*** baut in **Madras** eine Fabrik.

Tuch aus einer **englischen** Fabrik in **Indien**.

1611 Die engl. **Ostindische Handelsges.** gründet den ersten Handelsposten **Surat** in **Indien**.

1612 **Persien** erobert **Bagdad** von den **Türken** (s. unten).

Als die **Türken 1683** das letzte Mal erfolglos **Wien** belagert hatten, war ihr Reich bereits im Niedergang begriffen. **Persien, Polen** und **Rußland** hatten ihnen Konzessionen aufgezwungen. Sie verloren **1699 Ungarn** und **1784** die **Krim**.

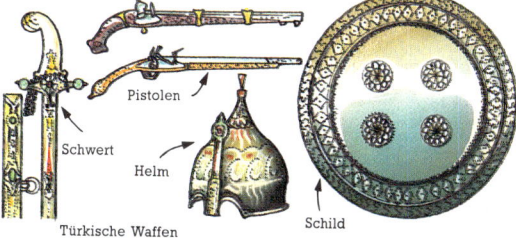

Pistolen

Schwert

Helm

Schild

Türkische Waffen

Wichtige Daten

1603 Die **Osmanen** verlieren **Bagdad** an **Persien**.

1618 Die **Osmanen** verlieren **Georgien** an **Persien**.

1638 Die **Osmanen** erobern **Bagdad** zurück.

1669 Die **Osmanen** erwerben **Kreta** von **Venedig**.

1672—76 Krieg gegen **Polen**. Die **Osmanen** erwerben die **polnische Ukraine**.

1677—81 Krieg gegen **Rußland**. Die **Osmanen** verlieren den größten Teil der **Ukraine**.

1683 Erfolglose Belagerung von **Wien**.

1686 **Österreich** erobert **Budapest, Ungarn**.

1687 Schlacht von **Mohacs**: Die **Osmanen** werden geschlagen, und **Ungarn** wird Erbland der **Habsburger*** **Krone**.

1689 **Österreich** erobert **Belgrad**.

1690 Die **Osmanen** vertreiben **Österreich** aus **Bulgarien, Serbien** und **Siebenbürgen** und rückerobern **Belgrad**.

1696 **Rußland** erobert **Azow** von den **Osmanen**.

1699 Vertrag von **Karlowitz**: Die **Türkei** verliert **Ungarn, Kroatien, Siebenbürgen** und **Slawenien** an **Österreich**. **Venedig** gewinnt **Morea** und einen großen Teil **Dalmatiens**, und **Podolien** geht an **Polen**.

1717 Vertrag von **Belgrad**: **Österreich** gibt das nördliche **Serbien** und **Belgrad** an die **Türkei**.

1743—46 Der Krieg zwischen der **Türkei** und **Persien** endet mit der Festlegung der Grenzen zwischen den Staaten.

1768—74 Krieg zwischen **Türkei** und **Rußland**.

1783 **Rußland** annektiert* die **Krim**.

Süd- und Westeuropa

1635 Frankreich erklärt **Spanien** den Krieg.

1640 **Karl I.***muß das Parlament einberufen, weil er zur Finanzierung eines Krieges gegen die aufständischen **Schotten** Geld braucht. Dem **Kurzen Parlament** folgt das **Lange Parlament**, welches die Macht der Krone einzuschränken versucht.

1642—48 **Bürgerkrieg*** in **England**.

1643—61 **Kardinal Mazarin** bestimmt die französische Politik, solange **Ludwig XIV.*** noch ein Kind ist.

1643 Die **Franzosen** schlagen **Spanien** bei **Rocroi**. Beginn der französischen Vormacht in **Europa**.

1648 **Westfälischer Friede** in Münster beendet den **Niederländischen Freiheitskampf***. Spanien erkennt die Unabhängigkeit der **Generalstaaten** an. Der Krieg zw. **Frankreich** u. **Spanien** geht weiter.

1648 Aufruhr in **Paris**. Beginn von Bürgerunruhen, die als „**Fronde**" bekannt werden.

1649 Hinrichtung von **Karl I.***, **Oliver Cromwell*** schlägt **irische** und **schottische** Aufstände nieder.

1649—60 **England** wird vom **Commonwealth** regiert (**1649—53**), dem das **Protektorat** (Militärdiktatur der Puritaner) (**1653—60**) unter **Oliver Cromwell*** folgt.

1652—54 1. Englisch-Holländischer Handelskrieg.

1659 Der **Pyrenäen-Friede** zwischen **Frankreich** und **Spanien**. Beginn des französischen Aufstiegs und des spanischen Niedergangs.

1660 Restauration der Monarchie der **Stuarts*** in England unter **Karl II.** (**1660—85**).

1661 **Ludwig XIV.***, seit **1643** König **Frankreichs**, übernimmt mit 22 Jahren die Regierung.

1661 Der irische Wissenschaftler **Robert Boyle** (**1627—91**) definiert die **chemischen Elemente.**

Ludwig XIV. zieht in Paris ein, von wo aus er regieren wird.

1665 2. Englisch-Holländischer Handelskrieg. England erhält **New York** und **Karibische Inseln**.

1665 **England** und **Portugal** schlagen **Spanien** und sichern Portugals Unabhängigkeit.

1665 Die Pest in **London**.

1665 Der englische Wissenschaftler **Isaac Newton** (**1643—1727**) entdeckt die **Schwerkraft**. Ein fallender Apfel bringt ihn auf das Prinzip der **Gravitationsgesetze.**

Ein fallender Apfel als Beweis der Schwerkraft

1666 **Großer Brand** in **London**.

Der große Brand in London.

Nord- und Osteuropa

1613 Begründung der **Romanow**-Dynastie (**1613—1917**) in **Rußland** durch **Zar Michael.**

Zar Michael Romanow

1617 Vertrag von **Stolbowa**: **Rußland** gibt **Ingrien** und **Karelien** an **Schweden** ab.

1618—48 30jähriger Krieg.

1621 **Gustav Adolf*** erobert **Livland** von **Polen.**

1632 **Gustav Adolf*** wird in der Schlacht bei **Lützen** getötet.

1632 **Galileo Galilei** (**1564—1642**), ein italienischer Astronom und Mathematiker, veröffentlicht seinen *Dialogo* (Gespräch), der das wissenschaftliche Denken revolutioniert.

Titelseite von **Galileos** *Dialogo*.

1632—54 Herrschaft von Königin **Christina von Schweden**, beraten vom Staatsmann **Oxenstierna**.

1640—88 Unter **Friedrich Wilhelm I.**, dem **Großen Kurfürsten**, gewinnt das Land **Brandenburg-Preußen** an Bedeutung.

1643 **Torricelli** (**1608—47**), ein Mathematiker und Physiker aus Florenz, erfindet das **Barometer**.

1643—45 Krieg zwischen **Schweden** und **Dänemark**. Die Dänen treten **Gotland** ab und geben **Halland** als Lehen, womit die Schweden die vorherrschende Macht in der **Ostsee** werden.

1646 **Schweden** besetzt **Prag** u. greift **Bayern** an.

1648 Der **Westfälische Friede** zu **Münster** beendet den **Dreißigjährigen Krieg***.

1649 Durch Gesetz wird die **Leibeigenschaft*** in **Rußland** endgültig eingeführt.

1654—57 Krieg zwischen **Rußland** und **Polen**. Rußland erwirbt **Smolensk** und die östliche **Ukraine** mit **Kiew**.

1654—60 Krieg zwischen **Schweden** und **Polen**.

Von **Friedrich Wilhelm I.** erobertes Land

PREUSSEN

BRANDENBURG

Berlin

Die Karte zeigt Brandenburg-Preußen unter dem Kurfürsten Friedrich Wilhelm I.

1657 Der **Kurfürst von Brandenburg** erlangt die Souveränität* **Preußens**, das sich zunächst unter polnischer Vorherrschaft befunden hatte.

1658 **Friede von Roskilde**: Die **Dänen** geben alle Ansprüche auf **Südschweden** auf.

Amerika

1612 Beginn des **Tabakanbaus** in **Virginia**.

1613 **Samuel de Champlain** erkundet den Fluß **Ottawa**.

1613 Engländer zerstören die französischen Siedlungen in **Port Royal, Jamaika**.

1619 Einfuhr von **Negersklaven**[*] von **Westafrika** nach **Virginia** beginnt.

1620 Die **Mayflower** segelt mit den **Pilgervätern** (englischen Puritanern[*]) von **Plymouth** nach **Massachusetts**.

Siedler beim Hausbau

1621 Gründung der **Holländ. Westindischen Handelsges.**

Hauptquartier der **Holländischen Westindischen Handelsgesellschaft**.

1625 **Frankreich** richtet einen Hafen in **Cayenne, Guayana**, ein.

1626 **Holländer** gründen **Neu-Amsterdam** (heute **New York**).

1627 **Kardinal Richelieu**[*] von **Frankreich** organisiert die **Gesellschaft der Hundert Verbündeten** zur Kolonisierung Nordamerikas von Florida bis zum Polarkreis.

1629 **England** erobert **Quebec** von **Frankreich** und besiedelt die **Bahamas**.

1630–42 Große Auswanderung zur **Massachusetts-Bay-Kolonie**.

1631 Der Engländer **Luke Foxe** umsegelt die **Hudson-Bay**.

1631 Erste Siedler in **Maryland**.

1632 **England** gibt **Quebec** an **Frankreich** zurück.

1634 **Holland** richtet einen Stützpunkt in **Curaçao** auf den **Westindischen Inseln** ein.

1634 Der Franzose **Jean Nicolet** erforscht den **Michigan-See** und erreicht den **St. Lorenz-Strom** und **Mississippi**.

1636 Gründung von **Holländisch-Guyana**, das **1814** zu **Britisch-Guyana** wird.

Ferner Osten und Ozeanien

1605 **Hidetada Tokugawa**[*] wird Herrscher in **Japan**.

1613–46 Herrschaft von **Sultan Agung von Mataram**, der ganz **Java** zu einen versucht.

1614–36 **Europäer** beginnen **Australien** zu entdecken.

1619 **Holländer** gründen auf **Batavia** einen Stützpunkt.

Holländischer Stützpunkt auf **Batavia, Ostindien**.

1623 Massaker von **Amboyna**. **Holländer** zerstören die englische Basis in **Ostindien**.

1623–51 Herrschaft des mächtigen **Shogun**[*] **Iemitsu Tokugawa**[*] in **Japan**.

1626–62 **Holländischer** Handel mit **China** über **Taiwan**.

1627 **Mandschus**[*] erobern **Korea**, das **1637 Vasall**[*] wird.

1627 Aufstand gegen die **Ming-Dynastie**[*] in **China**.

Krone einer **Ming-Kaiserin**

1637 **England** errichtet einen Handelsposten in **Kanton**, China.

1637 **Japan** beginnt eine Politik der Isolierung. Japaner dürfen nicht aus-, Fremde nicht einreisen.

1641 **Holland** erobert **Malakka** von **Portugal** und beherrscht damit den **Ostindien**-Handel.

1642 **Abel Tasman** (holl.) entdeckt **Van Diemens Land** (**Tasmanien**) und **Neuseeland**.

Eingeborene **Tasmaniens**, das von Tasman entdeckt wurde.

Afrika, Naher Osten und Indien

Holland und **Frankreich** erforschen **Westafrika** und errichten Handelsposten in **Senegal** und an der **Goldküste**.

1627 Herrschaft des **Mogulkaisers**[*] **Schah Jahan**[*], der dem Reich weitere Gebiete hinzufügt.

Schah Jahan

Helm des Schah Abbas.

1629 Tod von **Schah Abbas**[*], des Großen von **Persien**.

1631 Erste englische Siedlung in **Westafrika** wird in **Kormatin** errichtet.

1631–42 **Holl. Westind. Handelsges.** vertreibt die **Portugiesen** von der Goldküste.

1632–53 **Schah Jahan**[*] läßt den **Tadsch Mahal**[*] als Grabmal für seine Frau bauen.

1637 **Holland** erobert **El Mina, Westafrika**, von **Portugal**.

Die **Blaue Moschee** in **Isfahan**, deren Bau **1638** beendet wurde.

1637 **Franzosen** errichten einen Handelsposten in **Senegal**.

1638 **Osmanen**[*] erobern **Bagdad** von **Persien** zurück.

1639 **Osmanen**[*] erobern **Irak** von **Persien** zurück.

1642 **England** erwirbt **Madras, Indien**.

1643 **Franzosen** errichten **Fort Dauphin** in **Madagaskar**.

1644 **Holländer** in **Mauritius**.

1648 **Araber** erobern **Muscat** von **Portugal** zurück.

1651 **Engl.** erobert **St. Helena**.

Der 30jährige Krieg

Der **Dreißigjährige Krieg** begann **1618** als ein Aufstand der **Protestanten** in den **böhmischen** Provinzen des **Deutschen Reiches***. Er weitete sich zu einer Reihe einzelner Konflikte der meisten europäischen Mächte aus, die auf deutschem und böhmischem Boden ausgetragen wurden.

Viele **deutsche** Städte wurden im 30jährigen Krieg zerstört. Zwei Drittel der Bevölkerung kamen ums Leben.

Mit dem **Prager Fenstersturz (1618)** begann der 30jährige Krieg. Wütende böhmische Adlige warfen aus Protest gegen die Herrschaft das katholischen Kaisers zwei kaiserliche Räte aus dem Fenster.

1630 trat jedoch das protestantische **Schweden** unter **König Gustav Adolf*** (**1594–1632**) in den Krieg ein. Sein Ziel war es, die Protestanten zu unterstützen, aber auch seinen Machtbereich im **Ostseeraum** zu erweitern. **Frankreich** befand sich bereits mit **Spanien** im Krieg und half damit Schweden indirekt. **1635** trat auch **Frankreich** in den Krieg ein.

Zunächst handelte es sich um eine religiöse Spaltung: **norddeutsche** und **dänische Protestanten** verbündeten sich gegen die **katholischen Habsburger***, **Bayern** und andere katholische deutsche Länder. Zuerst besiegten die kaiserlichen Heere unter dem **Feldherrn Wallenstein** (1583–1634) die protestantischen Fürsten.

Schwert — Kanone — Muskete — Arkebuse

Waffen aus dem **Dreißigjährigen Krieg**.

Europa 1648

NORWEGEN SCHWEDEN
Ostsee
LIVLAND
RUSSLAND
SCHOTTLAND
Lund
IRLAND
DÄNEMARK
LITAUEN
Lübeck
Dünkirchen
BRANDENBURG-PREUSSEN
Limerick
ENGLAND
London
POLEN
Beachy Head
Courtrai
Pfalz
Grenze des
La Hogue
Namur
Deutschen Reiches
Rocroi
BÖHMEN
MOLDAU
Paris
Straßburg
Orléans
ÖSTERREICH
Lothringen
SIEBENBÜRGEN
La Rochelle
Savoyen
UNGARN
Grenze des türkischen
KROATIEN
Einflußbereichs
FRANKREICH
WALACHEI
SERBIEN
Schwarzes Meer
Turin
Venedig
DALMATIEN
BULGARIEN
PORTUGAL
ITALIEN
SPANIEN
TÜRKEI
Kreta
Zypern
Mittelmeer

1648 fand der Krieg mit dem **Westfälischen Frieden** ein Ende. Die **Niederlande** und die **Schweiz** wurden unabhängig, das Überleben der protestantischen deutschen Staaten war gesichert. In Europa war die Gefahr einer **Hegemonie*** der Habsburger beseitigt. **Spanien** hatte an Macht verloren, **Frankreich** errang die Vormachtstellung in Zentraleuropa, **Schweden** in Nordeuropa. **Brandenburg-Preußen** gewann an Bedeutung. **Österreich** ging als die führende katholische Macht hervor.

Wichtige Daten des Dreißigjährigen Krieges

1620   Schlacht am **Weißen Berg**: Sieg der kaiserlichen Truppen.

1625   **Dänemark** tritt in den Krieg ein.

1629   Friede von **Lübeck.**

1630   **Schweden** tritt in den Krieg ein.

1631   Kaiserliche Niederlage bei **Breitenfeld.**

1632   **Schlacht bei Lützen: Schweden** siegt, aber **Gustav Adolf** wird getötet.

1634   **Schlacht bei Nördlingen: Schweden** verliert **Süddeutschland.**

1635   **Frankreich** tritt in den Krieg ein.
1648   **Westfälischer Friede.**

Deutschland

Vereinigte Niederlande

Der Aufstieg der Niederlande

Für die **Niederländische Republik** (auch **Generalstaaten**) war das **17. Jahrhundert** eine goldene Zeit. Nach seiner Befreiung von **Spanien** wurde Holland eine große Handelsnation. **Amsterdam** entwickelte sich zu einer der größten und reichsten Städte Europas. Holländische Ingenieure wurden Experten in **Entwässerung** und **Deichbau**. Auch die Landwirtschaft war die ertragreichste Europas.

Der Hafen von Amsterdam im 17. Jarhundert

Die Holländer gründeten ein bedeutendes Kolonialreich in **Asien, Südafrika** und der **Neuen Welt***. **England** war ihr größter Rivale. Nach **1650** kam es zu **englisch-holländischen Handelskriegen**. Die wachsende Macht **Frankreichs** um **1680** machte die Länder jedoch wieder zu Verbündeten. Der holländische Herrscher **Wilhelm III. von Oranien** heiratete die englische Prinzessin **Maria**. Nach dem Sturz **Jakobs II.*** wurde er **1688** König von England.

Holländisches Porzellan aus dem **17. Jahrhundert** zeigt **fernöstlichen** Einfluß

Unter der Führung reicher Kaufleute trugen die Holländer zur Entwicklung von Kunst, Wissenschaft und Technik bei. Holländische Maler dieser Epoche sind: **Rembrandt** (1606–1669), **Rubens** (1577–1640), **Van Dyck** (1599–1641), **Vermeer** (1632–1675), **Frans Hals** (1580–1666), **Jan Steen** (1626–1679) und **Jakob von Ruysdael** (1628–1682). Wissenschaftler und Philosophen waren **Grotius** (1583–1645), **Spinoza** (1632–1682) und **Leeuwenhoek** (1632–1723).

Ein frühes Mikroskop von **Anton van Leeuwenhoek.**

Jakob II., 72; **Neue Welt**, 48.

Süd- und Westeuropa

1666   Isaac Newton* entwik-kelt seine Farbenlehre.

In einem Experiment zerlegt **Newton** das Sonnenlicht mit einem Prisma in die Spektral-farben.

1666—67   Englisch-holländischer Krieg* geht wei-ter und endet mit dem **Frieden von Breda. Frankreich** erklärt **England** den Krieg und unter-stützt Holland.

1668   Vertrag von **Lissabon: Spanien** erkennt **Portugals** Un-abhängigkeit an.

1668   Der **Friede von Aachen** beendet den Krieg zwischen **Spanien** und **Frankreich**.

Newtons Spiegelfernrohr

1668   Isaac Newton* erfindet das **Spiegelfernrohr**.

1670   Vertrag von Dover: Geheimer Vertrag zwi-schen **Karl II.** von England und **Ludwig XIV.***, der Karl finanziell gegen Holland unterstützt und den Katholizismus in England wieder einführt.

1672—74   3. englisch-holländ. Handelskrieg.

1672—78   Krieg zwischen **Frankreich** und **Hol-land**, der mit dem **Frieden von Nimwegen** endet.

1672   Wilhelm III. von Oranien wird erblicher **Statthalter** (Herrscher) der **Niederlande**.

Nord- und Osteuropa

1661   Erste **europäische Banknote** wird von der Bank von **Stockholm**, Schweden, herausgegeben.

1663—99   Die **Türken*** greifen **Mitteleuropa** an.

1664   Die **Türken*** erobern und besetzen **Ungarn**.

1667   Ende des 13jährigen Waffenstillstands zwi-schen **Rußland** und **Polen**.

1669   Venedig tritt **Kreta** ans **Osmanische Reich*** ab. Ende der venezianischen Kolonialmacht.

Kosaken.

1670   Aufstand der **Kosaken** und Bauern in der **polnischen Ukraine** wird vom polnischen Herrscher **Johann Sobieski** niedergeschlagen.

1671   Die **Osmanen*** erklären **Polen** den Krieg, um die **Kosa-ken** zu unterstützen.

1672   Türken und **Kosaken** greifen **Polen** an. Polen gibt **Podolien** und die **Ukraine** ab.

1673   Polen schlägt die **Türkei** in der Schlacht von **Khorzim**.

1674   Johann Sobieski wird zum König **Polens** gewählt.

1675   Der **Kurfürst von Brandenburg** schlägt die **Schweden** in der **Schlacht bei Fehrbellin**.

1676   Der **Friede von Zurawno** beendet den Krieg zwischen **Polen** und der **Türkei**. Die Türkei behält die **polnische Ukraine**.

Der englische Bürgerkrieg und das Commonwealth

Königstreue Kavaliere.

Kurzgeschorene (Roundheads), Anhänger des Parlaments.

Der **Englische Bürgerkrieg** brach **1642** als Folge wachsender Spannungen zwischen **Parlament** und **Stuart**-Königen aus. Beide Seiten wollten größere Macht, aber die Ein-flußgrenzen waren nicht genau festgelegt. Es gab auch religiöse Differenzen. Viele Parlamentsmitglieder wurden **Puritaner***, während man den **Stuarts** Sympathien zum **Katholizismus** unterstellte.
Jakob I. und **Karl I.** neigten immer mehr dazu, ohne Parlament zu regieren. Das gip-felte in der **elfjährigen Tyrannei 1629– 1640. 1646** hatte das Parlament den Bürger-

krieg mit Hilfe des neuen **Parlaments-heers** unter **Oliver Cromwell** gewonnen. Der Kampf brach **1648–49** erneut aus und endete mit der Niederlage und Hinrichtung des Königs. Das neue **Commonwealth** (1649—53) wurde danach vom **Unterhaus** (**Rumpfparlament**) regiert.

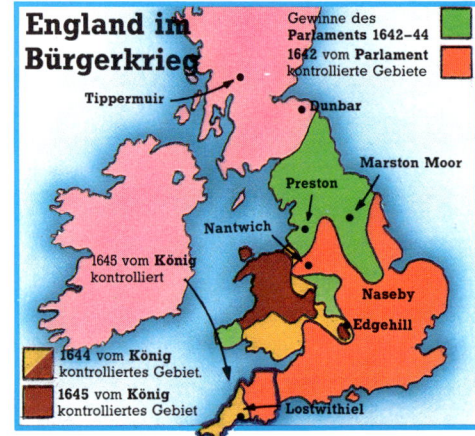

England im Bürgerkrieg

Gewinne des **Parlaments 1642–44**

1642 vom **Parlament** kontrollierte Gebiete

Tippermuir
Dunbar
Marston Moor
Preston
Nantwich
Naseby
Edgehill
Lostwithiel

1645 vom **König** kontrolliert

1644 vom **König** kontrolliertes Gebiet

1645 vom **König** kontrolliertes Gebiet

Englisch-holländischer Krieg, 66; Hegemonie, 113; Ludwig XIV., 72–73; Newton, 66; Osmanen, 64–65; Puritaner, 58.

Amerika

1637 **Holland** erobert **Recife, Brasilien**, von **Portugal**.

1642 **Franz.** gründen **Montreal**.

1648 **Franzosen** gründen Siedlungen auf **St. Martin, St. Bartholomäus, St. Croix, The Saints, Maria Galante, St. Lucia** und **Grenada**.

1654 Erste **Zucker**rohrplantage auf den **Westindischen Inseln**.

1655 **Spanien** verliert **Jamaika** an **England**.

1664 **England** nimmt **Holland Neu-Amsterdam** (**New York** und **New Jersey**) ab.

Neu-Amsterdam im 17. Jahrhundert.

1670 In **England** wird die *Hudsonbay-Handelskompanie* gegründet, um die Gebiete an der **Hudson Bay, Kanada**, zu erforschen und zu erwerben.

1673 Die Franzosen **Marquette** und **Joliet** erreichen die Quellen des **Mississippi**.

1674 Die Plantagen in **Quebec** werden zu **franz.** Kronkolonien.

Ferner Osten und Ozeanien

1643 **Abel Tasman*** entdeckt die **Fidschi**-Inseln.

Tasman landet auf den Fidschis.

1644 Rebellen stürzen die **Ming**-Dynastie*. In **Nordchina** wird die **Mandschu**-Dynastie* gegründet.

1644 **Tasman*** erforscht die Nord- und Westküste **Australiens**.

1647 Die **Mandschus*** erobern **Kanton, China**.

1648 Der kosakische Forschungsreisende **Deschnew** findet die Ostspitze Asiens an der **Beringstraße**.

1649 Die **Russen** erreichen den **Pazifik** und gründen in **Irkutsk**.

1652 Unter der **Mandschu***-Herrschaft wird der größte Teil **Chinas** vereinigt.

Afrika, Indien und der Nahe Osten

1652 **Holland** gründet die **Kapkolonie** in **Südafrika**.

Holländisches Bauernhaus am Kap.

1556 **Holland** verdrängt **Portugal** in **Ceylon**.

1658—1707 Herrschaft von **Aurangzeb***, dem letzten großen **Mogul***-Herrscher, der seinen Vater **Akbar** stürzt und ablöst. Er erobert **Kandahar, Kabul** und den **Dekhan**. Größte Ausdehnung des Reiches, aber Verfall beginnt.

Für einen Festumzug eines Mongulkaisers geschmückte Elefanten.

ca. 1660—70 Aufstieg der **Bambara-Reiche** am oberen **Niger** in **Westafrika**.

Wichtige Daten

1640 **Karl I.** wird zur Einberufung des **Parlaments** gezwungen, um den Krieg gegen die aufständischen **Presbyterianer** (schott. **Puritaner***) zu finanzieren.

1641 Ein Aufstand **irischer Katholiken** führt zu einem Streit zwischen König und Parlament, wer das Heer zur Unterdrückung der **Iren** führen soll.

1642 Schlacht von **Edgehill**: Erste Schlacht zwischen **König** und **Parlament**.

1643 **Allianz** zwischen Parlament und schottischem **Protestantenbund** (**Covenant**) gegen den König.

1644 **Schlacht von Marston Moor**: Das **Parlament** schlägt **Karl I.** und erobert **Nordengland**.

1644 **Schlacht von Lostwithiel**: Das **Parlament** verliert **Südwestengland** an den **König**.

1644 **Schlacht von Tippermuir**: Schottische **Royalisten** schlagen den **Covenant**.

1645 **Schlacht von Naseby**: Das **Parlament** schlägt **Karl I.** und gewinnt den **Bürgerkrieg**.

Während des **Commonwealth** nahm die Zahl der religiösen Sekten und radikalen politischen Gruppen zu. **1653** übernahm **Cromwell** als **Lordprotektor** die Macht. Sein Tod, **1658**, hinterließ ein politisches Vakuum. **1660** wurde die Monarchie wiederhergestellt; **Karl II. Stuart** wurde König.

Afrika und der Nahe Osten

Ludwig XIV.

Unter **Ludwig XIV. (1643–1715)** wurde **Frankreich** zur vorherrschenden Macht in **Europa**. Er gewann eine Reihe großer Schlachten, mit denen er die Grenzen Frankreichs im Norden und Osten ausdehnte. Viele Staaten fürchteten seinen Ehrgeiz, und verbündeten sich gegen ihn. Trotz schwerer Niederlagen am Ende seiner Herrschaft wurde Frankreichs Macht und Ansehen für über ein Jahrhundert gefestigt.

Ludwig XIV. erhielt den Beinamen „Sonnenkönig". Hier ein Torschmuck aus **Versailles**.

Unter **Colbert (1619–1683)**, Ludwigs Finanzminister, wurde die Wirtschaft modernisiert. Frankreich machte Gewinne in Übersee und dehnte das Kolonialreich in **Nordamerika** aus.

Ludwig gelang es, die Macht des Adels einzuschränken und die Staatsgewalt allein auszuüben. Berühmt ist sein Ausspruch „L'état, c'est moi" (Der Staat bin ich). Seine **autokratische*** Herrschaftsweise nahmen sich andere Herrscher Europas zum Vorbild. Ludwig galt als **absoluter Monarch**. Der **Absolutismus** ist eine Regierungsform, in der der König uneingeschränkt – ohne Kontrolle durch Parlament oder Stände – herrscht. Theoretiker wie **Hobbes** (1588–1679) und **Bodin** (1530–1596) begründeten den Absolutismus.

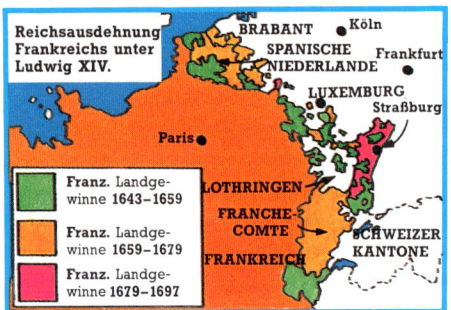

Reichsausdehnung Frankreichs unter Ludwig XIV.

BRABANT · Köln
SPANISCHE NIEDERLANDE · Frankfurt
LUXEMBURG
Straßburg
Paris ·
LOTHRINGEN
FRANCHE-COMTE
SCHWEIZER KANTONE
FRANKREICH

Franz. Landgewinne 1643–1659

Franz. Landgewinne 1659–1679

Franz. Landgewinne 1679–1697

Süd- und Westeuropa

1679 Habeas-Corpus-Akte in **England**: Schutz vor willkürlicher Verhaftung und Sicherung der persönlichen Freiheit. Erste **Parteibildung** im Parlament (**Tories** und **Whigs**).

1685 Die Aufhebung des **Edikts von Nantes*** zwingt viele **Hugenotten*** zur Flucht aus Frankreich.

1685 Tod **Karls II.** von **England**. Aufstände folgen, als der katholische **Jakob II.** König wird.

Krönung **Jakobs II.**

1686 Augsburger Allianz zwischen dem **Deutschen Reich***, Spanien, Schweden, Sachsen, Bayern und der **Pfalz** gegen **Frankreich** gegründet.

1688 Glorreiche Revolution: Das Oberhaus ruft **Wilhelm III. von Oranien*** zum Schutz **Englands** vor dem Katholizismus. zur Regierungsübernahme ins Land. Herrschaft von **Wilhelm III.** und **Maria II. Stuart** (1688—1702). Ende der Dynastie der **Stuarts***.

Teller mit **Wilhelm** und **Maria**.

Nord- und Osteuropa

1676 Schweden schlägt **Dänemark** bei **Lund**.

1677 Schweden schlägt **Dänemark** bei **Rostock** und Landström.

1677 Krieg zwischen **Rußland** und der **Türkei**.

1678 Krieg zwischen **Rußland** und **Schweden**.

1679 Friede zw. **Schweden** und **Brandenburg**.

1679 Rußland gewinnt durch den Vertrag von **Radzin** die **Ukraine** vom **Osmanischen Reich***.

1683 Die **Türken*** belagern vergeblich **Wien**. Die türkische Gefahr für **Europa** nimmt ab. Die Macht **Österreichs** nimmt zu.

Belagerung Wiens durch die **Türken 1683**.

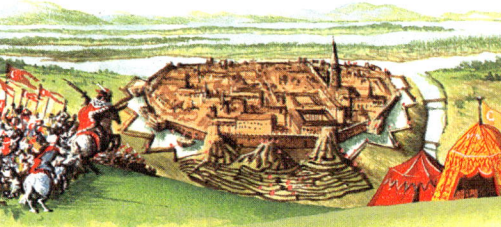

1684 Papst **Innozenz XI.** regt die Bildung der **Heiligen Liga** (Österreich, Polen, Venedig) gegen die **Türken*** an.

1687 Schlacht bei Mohács: Die **Osmanen*** werden geschlagen. **Ungarn** wird zum erblichen Besitz der **Habsburger***.

Der Palast von **Versailles**, 1662–82 für **Ludwig XIV.** erbaut.

Höhepunkt des französischen Einflusses auf die **europäische** Kultur. **Ludwig** führte in **Versailles** glanzvoll Hof. Die französische Literatur und Musik erlebten eine Blütezeit mit Schriftstellern wie **Corneille** (1606–1684), **Racine** (1639–1699), **Molière** (1622–1673), und **La Fontaine** (1621–1691). An den Höfen und in der Diplomatie wurde in allen Ländern Europas Französisch gesprochen.

Wichtige Daten

1667—78 **Devolutionskrieg** gegen Spanien. **Ludwig** beansprucht **Brabant**.

1670 **Frankreich** erobert **Lothringen**.

1671 **Spanien** und die **Generalstaaten** verbünden sich gegen **Frankreich**.

1672—78 Krieg gegen die **Niederländischen Generalstaaten**.

1673 Das **Deutsche Reich, Lothringen, Spanien** u. die **Niederlande** verbünden sich gegen **Frankr.**

1678 Friede von **Nimwegen** beendet den Krieg mit **Spanien** und den **Niederländischen Generalstaaten**. Frankreich gewinnt **Franche-Comté**.

1681 **Frankreich** annektiert* **Straßburg**.

1682 Das **Deutsche Reich** und **Spanien** bilden ein Verteidigungsbündnis gegen **Frankreich**.

1684 **Frankreich** besetzt die **Spanischen Niederlande** und **Luxemburg**.

1686 Die **Augsburger Allianz (Österreich, Schweden, Spanien, Sachsen, Bayern** und die **Pfalz**) eint sich gegen **Frankreich**.

1688—97 Krieg gegen die **Augsburger Allianz: Pfälzischer Erbfolgekrieg.** Ludwig erobert **Heidelberg**. Im Frieden von **Rijswijk** wird er zu Zugeständnissen gezwungen, behält aber **Straßburg**.

1701—14 **Spanischer Erbfolgekrieg***: England, Niederlande, Österreich und deutsche Staaten bilden eine **Große Allianz** gegen **Frankreich**.

Amerika

1676 Der Sieg über die **Indianer*** in **Neuengland** gibt den Siedlern die Macht über die **nordamerikanische** Küste.

1679 Der Franzose **De la Salle** erforscht die **Großen Seen**.

Die von **De la Salle** entdeckten **Niagara-Fälle**.

1680 **Portugiesen** gründen eine Kolonie in **Sacramento, Kalifornien**.

1681 Der Engländer **William Penn** erhält eine **Charter*** zur Gründung von **Pennsylvania**.

De la Salle erforscht den **Mississippi**.

1682 **De la Salle** nimmt die beiden Ufer des **Mississippi** für Frankr. in Besitz (**Louisiana**).

Ferner Osten und Ozeanien

Die **tibetische Hauptstadt Lhasa**.

1661 Zwei **Jesuiten*** sind die ersten Europäer, die **Lhasa** besuchen.

1661—88 Herrschaft des Königs **Narai** von **Siam**. Er widersetzt sich dem holländischen Handelsmonopol mit Hilfe von **Frankreich**. Dies mißlingt, seine Dynastie wird gestürzt und die franz. Garnisonen vernichtet.

Siamesischer Buddha aus dem **17. Jh.**

1662—1722 Herrschaft des **Mandschu*-**Kaisers **Kang-tsi**.

1663 **Französische** Missionare gehen nach **Vietnam**.

1677 **Holland** erweitert seine Gebiete in **Java**.

Afrika, Indien u. der Nahe Osten

1662 **Schlacht bei Ambuila**. Vernichtung des Königreichs **Kongo*** durch die **Portugiesen**.

Schnitzerei aus dem **Kongo**.

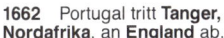

1662 **Portugal** tritt **Tanger, Nordafrika**, an **England** ab.

1664 Gründung der **Französischen Ostindischen Handelsges.***

1666—68 Bürgerkrieg in **Indien**.

1668 **Brit. Ostind. Handelsges.** herrscht in **Bombay**.

1668 **Aurangzeb*** verbietet den **Hinduismus*** in **Indien** und verfolgt **Hindus**.

1672 **Königlich-Englische Afrika-Gesellschaft** gegründet. Handelsinteressen in **Westafrika** (**Sklavenhandel***) nehmen zu.

1674 Die **Franzosen** gründen einen Handelsposten in **Pondicherry**.

1674 **Sivaji Bhonsla**, Führer der **Marathen***, löst sich vom Reich der **Moguln*** und gründet den Staat **Maratha** in Indien.

Süd- und Westeuropa

1689 Das **englische Parlament** bestätigt die Abdankung des katholischen **Jakob II**.*. Die *Bill of Rights* begründet die konstitutionelle Monarchie, die Herrschaft des Parlaments gegenüber der Krone, und schließt Katholiken von der Thronfolge aus.

1690 **Schlacht an der Boyne**: Katholische irische Anhänger des geflohenen **Jakob II**.* werden vom englischen Heer unter **Wilhelm III**. geschlagen.

1697 Der Vertrag von **Rijswijk** beendet den Krieg zwischen **Frankreich, Spanien, England** und **Holland**. Frankreich erkennt **Wilhelm III.** als König von England an und auch die protestantische Nachfolgerin Königin **Anna Stuart** (1702—14).

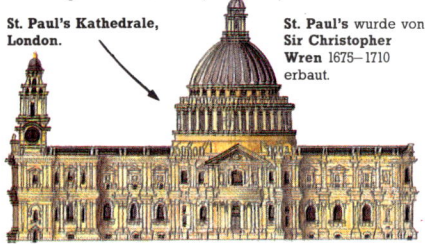

St. Paul's Kathedrale, London. St. Paul's wurde von **Sir Christopher Wren** 1675–1710 erbaut.

1698 **England, Frankreich**, die Generalstaaten und das **Hl. Römische Reich*** einigen sich über die **spanische Erbfolge*** und die Teilung des **Spanischen Reiches**. Karl II. von Spanien macht ein Testament, das Spanien an den **Kurprinzen von Bayern** vererbt.

1699 Der Tod des **Kurprinzen von Bayern** stellt die Frage nach der **spanischen Erbfolge***.

Nord- und Osteuropa

1689—1725 Peter I., **der Große*** von **Rußland**. Rußland wird zur europäischen Großmacht.

Der **Sommerpalast** in **St. Petersburg**, erbaut unter **Peter dem Großen**.

1690 **Osmanische Türken*** erobern **Belgrad** in einem Gegenangriff auf **Österreich**.

1691 **Österreich** und das **Osmanische Reich*** führen weiter Krieg. Die Türken werden bei **Slankamen** geschlagen. Die **Habsburger*** befreien **Siebenbürgen**.

1695 **Russisch-türkischer Krieg**: Peter der Große kann **Azow**, eine Festung am **Schwarzen Meer**, nicht einnehmen. Er kehrt nach Moskau zurück.

1696 **Rußland** erobert **Azow** von der **Türkei** und besetzt **Kamschatka**.

1697 **Schlacht bei Zenta**: Prinz Eugen von **Savoyen** schlägt die **Türken***.

1699 **Frieden von Karlowitz** beendet den Großen Türkenkrieg (seit 1683). **Österreich** erhält **Ungarn, Kroatien** und **Siebenbürgen** vom Osmanischen Reich zurück. **Polen** erhält die türkische **Ukraine**. **Venedig** erhält den **Peleponnes** und **Podolien**.

China unter der Mandschu-Dynastie

Sommerpalast der **Mandschu** außerhalb von **Peking**. Sein Bau wurde unter Kaiser **Quiantong** im **18. Jahrhundert** begonnen.

Um **1600** wurde das Volk der **Mandschu** in der **Mandschurei, Nordchina**, bedeutend. Die Mandschus drangen in andere Teile Chinas vor und griffen 1627 **Korea** und 1629—35 die **Innere Mongolei** an. **1644** wurde die **Ming**-Dynastie* von Rebellen gestürzt. Die Mandschus errichteten eine neue Dynastie, auch **Ch'ing-Dynastie**, die bis **1911** in Peking regierte. Trotz des Widerstandes der Ming im Süden befand sich bis **1652** der größte Teil des Landes unter der Herrschaft der Mandschu. In den süd-

lichen und westlichen Provinzen gab es erfolglose Aufstände der Beamten (Rebellion der drei Vasallen 1674—81). Darauf folgte eine lange Zeit des Friedens und Bevölkerungswachstum.

Im **17. und 18. Jahrhundert** blühte die chinesische Ausfuhr von Tee, Porzellan, Seiden- und Kunsthandwerk.

Tee

Seide

Ch'ing-Porzellan

Unter Kaiser **Kang-tsi** (1662—1722) bauten die Mandschus ein mächtiges Reich auf. Nach Kriegen mit **Burma** und **Tibet** erreichte es Ende des **18. Jahrhunderts** seine größte Ausdehnung. Unter Kaiser **Kien-Lung** (1736—96) wuchs das Mißtrauen gegen **Europäer** und gegen den Ende des 18. Jahrh. beginnenden **Opium-Handel**.

Amerika

1683 **William Penn*** gründet **Philadelphia** und die **Quäkerkolonie Pennsylvania**. Ankunft erster **deutscher** Einwanderer. Penn schließt einen Vertrag mit den **Indianern***, der in Pennsylvania Frieden hält.

Penn unterzeichnet den Vertrag mit den **Delaware-Indianern**.

1684 **Bermuda** wird englische **Kronkolonie***.

1691 **Massachusetts** nimmt die **Plymouth**-Kolonie* mit auf und bekommt eine neue Charter*.

1691 Die **Engländer** gründen **Kingston** auf **Jamaika**.

1699 Die **Franzosen** gründen die Kolonie **Louisiana**.

Ferner Osten und Ozeanien

1679 **Krieg** zwischen **Vietnam** und **Kambodscha**. Kambodscha verliert das **Mekong-Delta**.

1680 Die **Holländer** vereinen ihre ostindischen Gebiete.

1683 Die **Mandschus*** erobern **Formosa**.

1683 **Holländer** in **Kanton**.

Der Hafen von Kanton.

1684 Die **Holländer** übernehmen auf **Java** die Kontrolle.

1685 **Chinesische** Häfen werden dem Außenhandel geöffnet.

1688 Tod des Königs **Narai*** von **Siam**. Bis um 1850 verfolgt Siam eine Isolationspolitik.

1688 Der Engländer **William Dampier** erkundet **Australien**.

1697 Die **Chinesen** erobern die westliche **Mongolei**.

1699 **Dampiers** Reisen erweitern die europäischen Kenntnisse der **Südseegebiete**.

Afrika, Indien und Naher Osten

Der **Goldene Tempel** in **Amritsar**, Zentrum der **Sikh**-Religion.

1676 Aufstand der **Sikhs**, einer reformierten **ind. Hindu***-Sekte.

1680—1708 Die **französischen** Handelsinteressen in **Madagaskar** und **Nigeria** nehmen zu.

1681 Prinz **Akbar** führt in **Indien** eine erfolglose Revolte gegen seinen Vater **Aurangzeb*** an. Akbar flieht in den **Dekhan**, der darauf von Aurangzeb erobert wird.

1686 Die **Französische Ostindische Handelsgesellschaft*** annektiert **Madagaskar**.

1687 Die **Englische Ostindische Handelsgesellschaft** verlegt ihr Hauptquartier von **Surat** nach **Bombay**.

1691 Größte Ausdehnung des **Mogul-Reiches***.

1696 **Engländer** errichten einen Handelsposten in **Kalkutta**.

Japan unter den Tokugawas

Im **16. Jahrhundert** gab es in **Japan*** fast ständig Bürgerkriege. **1600** jedoch gewann **Ieyasu Tokugawa** die Schlacht bei **Sekigahara** und sicherte seine Macht. 1603 wurde er **Shogun**, vom Kaiser ernannter militärischer Diktator. Die Familie **Tokugawa** regierte von ihrer Hauptstadt **Edo** (**Tokyo**) aus bis **1867**. Unter ihnen wurde Japan streng nach sozialen Klassen organisiert. Es entstand ein neues System von **Daimyo** (Feudalherren) und **Han** (Lehnsleuten*), das vom Shogun selbst streng geregelt wurde.

Ieyasu Tokugawa

Die Stadt **Edo** hatte im **18. Jahrhundert** etwa eine Million Einwohner und war vermutlich die größte Stadt der Welt.

Aufgrund der Politik der Tokugawas war **Japan** von **1639** bis um **1850** praktisch von europäischen Kontakten isoliert. Der Herrscher **Iemitsu** (1623—1651) vertrieb die Missionare und verbot den Japanern die Ausreise. Während dieser Zeit des Friedens und der Isolation wuchsen die Städte, der Handel blühte. Im **19. Jahrhundert** war Japan eines der reichsten und bestregierten Länder der Welt.

Der Spanische Erbfolgekrieg 1701–1713

Schlacht von Blenheim

Der Krieg fand hauptsächlich in **Italien**, den **Niederlanden** und **Deutschland** statt.

Im **Spanischen Erbfolgekrieg** rangen die europäischen Großmächte um das Erbe des kinderlosen **Karl II.** von Spanien. Es ging um Besitzungen in **Italien** und den **spanischen Niederlanden** und um die reichen **amerikanischen Kolonien**. Sowohl die französischen **Bourbonen*** als auch die österreichischen **Habsburger*** erhoben Erbansprüche.

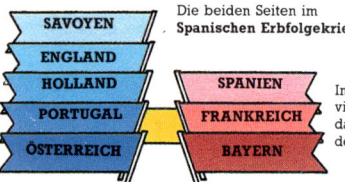

Die beiden Seiten im Spanischen Erbfolgekrieg

SAVOYEN
ENGLAND
HOLLAND
PORTUGAL
ÖSTERREICH

SPANIEN
FRANKREICH
BAYERN

Im 18. Jahrh. wurden viele Kriege um das Gleichgewicht der Macht geführt.

Wichtige Schlachten

1704 **Schlacht von Blenheim**. Prinz **Eugen** und der Herzog von **Marlborough** schlagen die **Franzosen** und **Bayern**.

1706 **Schlacht von Ramillies. Marlborough** erobert die **spanischen Niederlande**.

1708 **Schlacht von Oudenarde. Frankreich** wird gezwungen, sich aus den **spanischen Niederlanden** und **Italien** zurückzuziehen.

1709 **Schlacht von Malplaquet**. Prinz **Eugen** und **Marlborough** schlagen die **Franzosen**.

1700 machte **Ludwig XIV.*** seinen Enkel als **Philipp V.** zum König **von Spanien**. **England** und **Holland** wollten Spanien und **Frankreich** nicht vereint sehen und verbündeten sich zur Unterstützung des österreichischen **Erzherzogs Karl. 1703** schlossen **Portugal** und **Savoyen** sich ihnen an. Sie gewannen mehrere Schlachten unter **John Churchill**, Herzog von **Marlborough**, und Prinz **Eugen** von **Savoyen**.

1711 wurde Erzherzog Karl **Kaiser Karl VI.** und Herrscher über **Österreich**. Dadurch veränderte sich das Gleichgewicht der Kräfte, und **England** und **Holland** unterstützten nun Philipp unter der Bedingung, daß Frankreich und Spanien nie vereint würden. **1713–14** wurde in **Utrecht** Friede geschlossen. Philipp erhielt Spanien, Österreich die spanischen Niederlande, Neapel, Sardinien und Mailand.

Maria Theresia

Als **Kaiser Karl VI. 1740** starb, fielen seine Länder an seine 23jährige Tochter **Maria Theresia**, Erzherzogin von **Österreich**, Königin von **Ungarn** und **Böhmen** (**1740–80**). Sie erbte ein bankrottes und verfallendes Reich, nach dessen Thron und Land viele trachteten. Doch wurde sie zu einer der großen Herrscherinnen der Geschichte.

Maria Theresia

Friedrich II.* **von Preußen** nutzte die Gelegenheit von Karls Tod, um die reiche österr. Provinz **Schlesien** zu besetzen. Dies und die Weigerung **Bayerns** (eines Rivalen um die Krone Österreichs) und **Frankreichs**, eine Frau als Kaiserin Österreichs anzuerkennen, führten zum **Österreichischen Erbfolgekrieg 1740–48.**

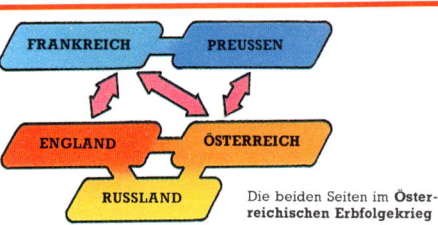

FRANKREICH   PREUSSEN

ENGLAND   ÖSTERREICH

RUSSLAND

Die beiden Seiten im Österreichischen Erbfolgekrieg

Maria Theresia führte diesen und den **Siebenjährigen Krieg*** (**1756–63**), um den **Habsburgern*** **Österreich** zu erhalten. Dies gelang ihr glänzend. Ihr Mann wurde **1748** zum Heiligen Römischen Kaiser Deutscher Nation* **Franz I.** gekrönt. Als er **1765** starb, regierte sie an der Seite ihres Sohnes **Joseph II.** (**1765–90**). Maria Theresia machte Österreich wieder zur Großmacht. Berühmt sind noch heute ihre prächtigen Paläste und ihre prunkvolle Hofhaltung.

Unter **Maria Theresia** wurde **Wien** zu einem kulturellen Zentrum **Europas**, wo Malerei, Baukunst und besonders die Musik erblühten.

Palast von Schönbrunn, Wien

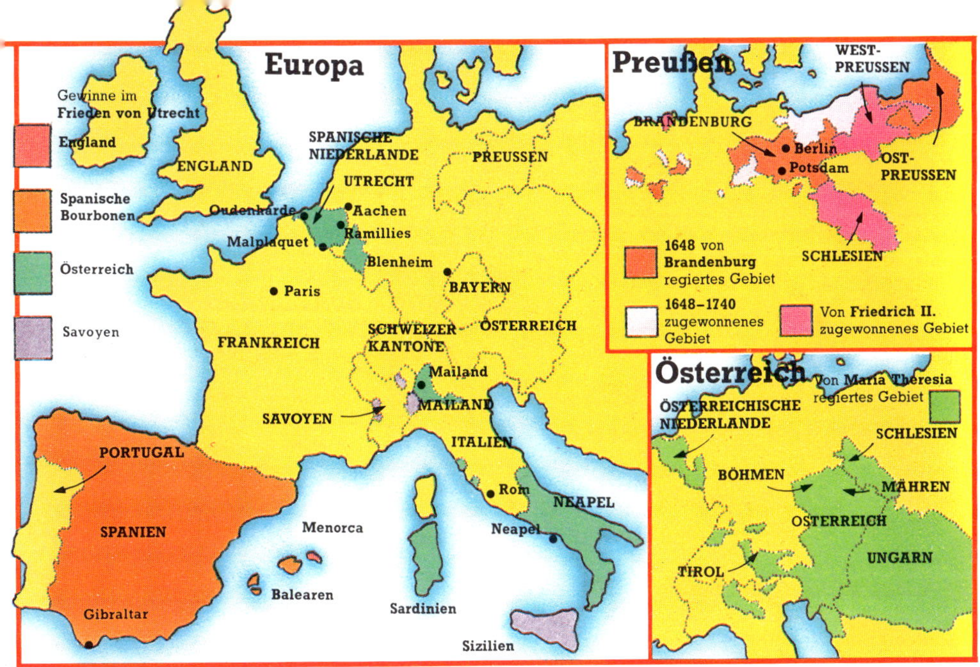

Europa

Gewinne im Frieden von Utrecht

- England
- Spanische Bourbonen
- Österreich
- Savoyen

ENGLAND
SPANISCHE NIEDERLANDE
PREUSSEN
UTRECHT
Oudenarde
Aachen
Ramillies
Malplaquet
Blenheim
Paris
BAYERN
FRANKREICH
SCHWEIZER KANTONE
ÖSTERREICH
Mailand
MAILAND
SAVOYEN
ITALIEN
PORTUGAL
Rom
NEAPEL
SPANIEN
Menorca
Neapel
Balearen
Gibraltar
Sardinien
Sizilien

Preußen

WEST-PREUSSEN
BRANDENBURG
Berlin
Potsdam
OST-PREUSSEN
SCHLESIEN

- **1648** von **Brandenburg** regiertes Gebiet
- **1648–1740** zugewonnenes Gebiet
- Von **Friedrich II.** zugewonnenes Gebiet

Österreich

Von Maria Theresia regiertes Gebiet
ÖSTERREICHISCHE NIEDERLANDE
SCHLESIEN
BÖHMEN
MÄHREN
ÖSTERREICH
TIROL
UNGARN

Friedrich der Große und Preußen

Preußische Soldaten

Unter **Friedrich Wilhelm I.** war die **preußische** Armee eine der besten in **Europa**. Sie hatte den Ruf perfekter Disziplin und Gehorsams. Ihre Uniformen wurden weithin bewundert und imitiert.

Zu Beginn des **17. Jahrhunderts** war Preußen ein kleines Herzogtum unter **polnischer** Hoheit, regiert vom Kurfürsten von **Brandenburg**, dem auch andere verstreute Gebiete im **Deutschen Kaiserreich*** gehörten. Innerhalb von 200 Jahren wuchs Preußen jedoch zum Kern des späteren Deutschen Reiches heran. Der Aufstieg begann unter dem **Großen Kurfürsten*** (**1640–88**), der eine starke Armee aufbaute und die Zentralisierung einleitete. Sein Nachfolger, **Kurfürst Friedrich III.**, bekam vom Kaiser den Titel „**König in Preußen**" und krönte sich **1701** selbst als **Friedrich I.** Seine Länder, einschließlich **Brandenburg**, hießen von nun an **Preußen**.

Unter **Friedrich Wilhelm I.** (**1713–40**) entwickelte sich Preußen zu einer starken Militärmacht. Sein Sohn **Friedrich II., der Große** (**1740–86**), war von den Gedanken der **Aufklärung*** erfüllt und hatte ein Buch gegen **Machiavelli*** veröffentlicht. Trotzdem besetzte er ein Jahr nach seiner Krönung **Schlesien** und provozierte einen Krieg gegen **Österreich**. Bis **1772** hatte er Preußen zu einem gefestigten Staat und zur zweitstärksten deutschen Macht nach Österreich gemacht.

Sanssouci, das Schloß **Friedrichs des Großen** in **Potsdam**.

Friedrich war Vertreter des **aufgeklärten Absolutismus***. Er wollte das Land modernisieren und eine starke Regierung schaffen, dabei aber die Macht in der Hand behalten. Er förderte die Erziehung, die Landwirtschaft und Industrie. Er verbesserte die Rechtspflege, schaffte die Folter und Zensur ab und gewährte Religionsfreiheit.

Aufgeklärter Absolutismus, 113; **Aufklärung**, 86; **Deutsches Reich** (siehe **Nationalismus**, 93); **Großer Kurfürst**, 66; **Heiliges Römisches Reich**, 52; **Machiavelli**, 50.

Nord- und Osteuropa

1700—21 Großer **Nordischer Krieg**: Kampf zwischen **Rußland** und **Schweden** um die Vorherrschaft in der **Ostsee**.

1700 **Schweden** schlägt **Rußland** bei **Narwa**.

1701 **Schweden** greift **Polen** an.

1701 Kurfürst **Friedrich III.** von **Brandenburg** krönt sich als **Friedrich I.*** zum **König in Preußen** (1701—13).

Friedrich I. und seine Krönung in Berlin.

1703 **Peter d. Gr.*** gründet **St. Petersburg**.

1703—11 **Ungarn** revoltiert gegen **Österreich**.

1706 Vertrag von **Altranstädt: August II.** (Kurfürst von **Sachsen** und König **Polens**) tritt den polnischen Thron an **Stanislaus Leszczynski** ab.

1708 **Karl XII.** von **Schweden** greift **Rußland** an.

1709 Schlacht bei **Poltawa**. Großer Sieg **Rußlands** über **Schweden**. **Dänemark** und **Sachsen** verbünden sich mit Rußland gegen Schweden.

1710—11 Krieg zwischen **Rußland** und **Türkei**.

1710 **Rußland** erobert **Schwedens Ostsee**besitzungen.

1711 **Peter der Große*** muß **Azow** an die **Türkei** zurückgeben und sich aus **Polen** zurückziehen.

1713 **Friede von Utrecht**: Der **Kurfürst von Brandenburg** wird als König **Preußens*** anerkannt.

1715 Die **Türken** vertreiben **Venedig** aus dem griechischen **Mores**.

1716—18 Krieg zwischen **Türkei** und **Österreich**.

1718 **Friede von Passarowitz**: Die **Türkei** tritt **Belgrad** an **Österreich** ab. **Ungarn** wird von **Österreich** befreit und unabhängig.

1719 **Rußland** greift **Schweden** an. **Dänemark**, **Schweden**, **Preußen*** und **England** bilden eine Koalition gegen Rußland.

Rußland unter Peter dem Großen

Ostsee
Karelien
Narwa
Petersburg
Estland
Moskau
Hamburg
Livland
Orenburg
Steppen am Schwarzen Meer
Poltawa
Moldau
Azow
Krim
Unter Peter dem Großen erobertes Land.
Kaspisches Meer

1721 Der **Friede von Nystadt** zwischen **Rußland** und **Schweden** beendet den **Nordischen Krieg**. **Rußland** gewinnt viel Land dazu (Estland, Livland und Teile Kareliens) und beendet die schwedische Vorherrschaft im **Ostseeraum**.

Süd- und Westeuropa

Venedig, Heimat des italienischen Komponisten **Vivaldi** (1675—1741).

ca. 1700 Zeitalter der **Barockmusik**.

1701—14 **Spanischer Erbfolgekrieg***.

1704 **England** erobert **Gibraltar** von **Spanien**.

1707 Vereinigung **Englands** und **Schottlands** zu **Großbritannien.**

Georgs-Kreuz (englische Flagge).

Der **Union Jack** vereint das Georgs-Kreuz und das Andreas-Kreuz und wurde zur Nationalflagge Großbritanniens.

Andreas-Kreuz (schottische Flagge).

Der erste **Union Jack**.

1713—14 Der **Friede von Utrecht** beendet den **Spanischen Erbfolgekrieg***.

1714—27 Herrschaft **Georgs I. von England**, des ersten Königs aus dem Hause **Hannover**.

1715 Jakobitenaufstand in **Schottland**. Sie stützen **Jakob Eduard**, den Sohn **Jakobs II.*** und Anwärter* auf den schottischen und englischen Thron.

1721—42 **Robert Walpole** wird erster britischer Premierminister.

1727—29 Krieg zwischen **Spanien** und **England** um **Gibraltar**.

1733 Der Engländer John **Kay** erfindet den ersten **mechanischen Webstuhl** mit „fliegendem Schiffchen", der das Weben erheblich vereinfacht.

1734 **Spanien** erobert das Königreich **Neapel**.

1739 Der „**Ohrenkrieg**" entbrennt zwischen **England** und **Spanien**.

1740 Der Tod **Karls VI.** von **Österreich** und die Krönung seiner Tochter **Maria Theresia*** (1740—80) führt zum **Österreichischen Erbfolgekrieg*** (1740—48).

1744 Zwischen **Frankreich** und **Großbritannien** bricht in Europa, Indien, Nordamerika und in der Karibik Krieg aus, der mit Unterbrechungen bis **1815** andauert.

1745 Zweiter **Jakobiten**-Aufstand in **Schottland**. Die Aufständischen werden **1746** bei **Culloden** von englischen Truppen geschlagen.

Schlacht von Culloden

1746 **Frankreich** besetzt die österreichischen Niederlande (**Belgien**). **1748** werden sie zurückgegeben.

1748 Der **Aachener** Friede beendet den Krieg um die Erbfolge **Österreichs***.

1750—77 Herrschaft **Königs Joseph I.** von **Portugal**. Sein Premierminister **Marquis de Pombal** wird ab **1755** praktisch Militär**diktator***.

Afrika und Indien

1697—1712 Ausdehnung des **Ashanti-Reiches** in **Westafrika**.

Gold-
gewichte
der
Ashanti.

ca. 1700 Verfall d. **Yoruba**[*]-Reiches in **Westafrika**.

ca. 1700 Verfall des **Bantu**[*]-Reiches **Buganda** in **Ostafrika**.

ca. 1700 **Oman** kontrolliert **Sansibar** und dehnt seinen Einfluß auf Kosten **Portugals** an der **ost-afrikanischen** Küste aus.

1705 In **Tunis** wird die türkische Herrschaft gestürzt. **Hussain Ibn Ali** begründet die **Hussainiden**-Dynastie.

1707 Nach dem Tode **Aurang-zebs**[*] zerfällt das **Mogul**-Reich[*].

1708 Die Besitzungen der englischen **Ostind. Handelsgesellschaft**[*] werden in drei Provinzen unterteilt: **Bengalen, Madras** und **Bombay**.

1708 Revolution in **Äthiopien**: Schwere Zeiten folgen auf eine Expansionsphase.

Abbildung aus
einem **äthio-
pischen** Evan-
gelium aus dem
17. Jahrh.

1710 **Holland** verläßt **Mauritius**, und Frankreich übernimmt.

1711 **Tripolis** löst sich von der **Türkei**.

1712—55 Aufstieg des **Bambara-Reiche** am Oberen **Niger**.

1714 **Ahmed Bey** gründet die **Karamanli**-Dynastie in **Tripolis**.

1714—20 Die **Marathen**[*] dehnen ihr Gebiet in **Nordindien** aus.

1721 Die **Franzosen** annektieren[*] **Mauritius**.

1723 Die *British Africa Company* erwirbt Land in **Gambia**.

1726 **Frankreich** gründet eine Siedlung auf den **Seychellen**.

1731—43 Krieg zwischen **Kano** und **Bornu**.

Reiter aus
Bornu.

Asien

1700 Die englische **Ostind. Handelsges.**[*] gründet einen Handelsposten auf **Borneo**.

1709 Die **Afghanen** erheben sich gegen die **persische** Vor-herrschaft und gründen einen un-abhängigen afghan. Staat.

1714—33 Herrschaft des Königs **Taninganway Min** in **Birma**. Blü-tezeit der birm. Macht u. Kultur.

Schrein von **Schwe Dagon** bei
Rangun, Birma.

1715 **China** erobert die **Mongo-lei** und **Ostturkestan**.

1717 Die **Bugis** von **Selangor, Malaysia**, werden in **Johore** ein-flußreicher. Sie regieren Johore von 1721—1777.

1720 **China** erobert **Tibet**.

1722—30 **Persien** gerät unter **afghanische** Herrschaft.

1724—27 Krieg zwischen **Per-sien** und **Türkei**.

1728 Die **Bugis** erobern **Perak**.

1729 Krieg zw. **Persern** und **Afghanen**. Die Afghanen werden 1730 aus Persien vertrieben.

1736—47 **Persien** wird von **Na-dir Khan** regiert, der Persien bis nach **Indien** ausdehnt. **Nadir Khan**

1736—96
China wird
vom Kaiser
Kienlung
regiert,
der das **Man-
dschu**-Reich[*]
neuorganisiert
und den Einfluß der **Jesuiten**[*] und **Europäer** zurückdrängt. Eine Zeit des Wohlstandes und der Bevölkerungszunahme.

1737—47 **Persien** erobert **Afghanistan**.

Kaiser Kien-lung.

1743 **Mataram** auf **Java** wird zum Lehnsstaat[*] **Hollands**.

Amerika, Australien und Ozeanien

1701 Friedensvertrag zwischen Franzosen und Indianern in **Neu-frankreich**.

1713 Im **Frieden von Utrecht** erhält Großbritannien **Neuschott-land**, die **Hudson-Bay** und **Neu-fundland** von Frankreich.

1714—16 Krieg zw. Franzosen und Indianern in **Neufrankreich**.

1718 **Franzosen** gründen **New Orleans**.

1721—22 Der Holländer **Jakob Roggeveen** entdeckt **Samoa**, die **Salomonen** und **Osterinseln**.

Riesige Steinfiguren
auf den
Osterinseln
im Pazifik.

1728 Der von **Peter d. Gr.**[*] aus-gesandte dän. Forscher **Bering** entdeckt die **Bering-Straße**.

1733 Gründung von **Georgia**, der letzten der **13 Kolonien**[*].

Hafen von **Savannah, Georgia**.

1742 **Russen** erkunden **Alaska**.

1744—48 Kolonialkrieg in **Nord-amerika** zwischen **England** und **Frankreich**.

1745 **Bering** entdeckt die **Aleuten**.

1759 Die Engländer unter Ge-neral **Wolfe** erobern **Quebec** von **Frankreich**.

1760 Engländer erobern **Mont-real** von den Franzosen u. be-herrschen den **St.-Lorenz-Strom**.

1762 Großbritannien erobert **Grenada** und **St. Vincent**.

1763 Der **Frieden von Paris** beendet den brit.-franz. Kolonial-krieg in **Nordamerika**. Großbri-tannien gewinnt **Kanada** und das meiste Land westlich des **Missis-sippi**. Frankreich tritt **Louisiana** an Spanien ab. England erwirbt **Florida** von Spanien im Tausch gegen **Kuba**.

1763 **Rio de Janeiro** wird **brasilianische** Hauptstadt.

1763 **Proklamationslinie** in **Nordamerika**: Großbritannien verbietet das Siedeln westlich der **Appalachen** und behält das dor-tige Land den nordamerikani-schen Indianern vor.

Nord- und Osteuropa

1722—23 Krieg zwischen **Rußland** und **Türkei**. **Russ**. Landgewinne am **Kaspischen Meer.**

1733—35 **Polnischer Erbfolgekrieg.** Frankreich und Schweden stützen **Stanislaus Leszczynski***, Österreich und Rußland den Sohn **Augusts II.***, der als **August III.** zum König gewählt wird.

1735—39 Krieg zwischen **Rußland** und **Türkei**. Rußland dehnt sich zum **Schwarzen Meer** aus.

1740 **Friedrich II.*** (1740—86) erobert **Schlesien.**

1741 **Iwan VI.** von **Rußland** wird durch einen Militärputsch abgesetzt. Ihm folgt die **Zarin Elisabeth** (1741—62). In ihrer Regierungszeit nehmen **deutscher** Einfluß und die Macht des Adels zu.

Winterpalast in **Petersburg**. Unter der Zarin **Elisabeth** von dem italienischen Architekten **Rastrelli** (1754—62) erbaut.

1741 **Prag** wird von französischen, bayrischen und sächsischen Truppen erobert. **Karl Albert von Bayern** wird als König von **Böhmen** anerkannt.

1744 **Friedrich II.*** von **Preußen** greift **Böhmen** an, wird aber von **Österreich** und **Sachsen** geschlagen.

1746 **Russ.-österr.** Bündnis gegen **Preußen.**

Süd- und Westeuropa

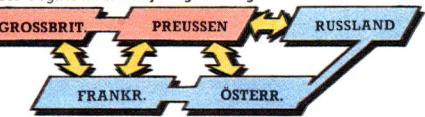

Praca de Commercio, Lissabon, erbaut von **Pombal***.

1755 Ein großes Erdbeben fordert Zehntausende von Opfern und zerstört **Lissabon, Portugal.**

1756 Allianzen zwischen **Österreich** und **Frankreich** u. zwischen **Großbritannien** und **Preußen.**

1756—63 **Siebenjähriger Krieg,** verursacht durch die Rivalität **Preußens** und **Österreichs** in Europa und **Englands** und **Frankreichs** in den Kolonien.

Die Gegner im **Siebenjährigen Krieg.**

GROSSBRIT.	PREUSSEN	RUSSLAND
FRANKR.	ÖSTERR.	

Österreich verbündet sich mit dem traditionellen Gegner **Frankreich,** um **Schlesien** von **Preußen** zurückzugewinnen.

1759 **Spanien** tritt Allianz **Frankr.—Österr.** bei.

1761 **Spanien** greift **Portugal** wegen der Weigerung an, die Häfen für britische Schiffe zu schließen.

1762 **Großbritannien** erklärt **Spanien** den Krieg.

1763 Ende des **Siebenjährigen Krieges** im **Frieden von Paris. England** größte Kolonialmacht.

Peter der Große 1672—1725

Peter I., der Große, war einer von **Rußlands** größten Herrschern. Er wurde **1682** mit zehn Jahren **Zar** und war von **1689—1725** praktisch Alleinherrscher. Er errang glänzende Siege gegen **Schweden** und die **Türkei,** dehnte Rußlands Grenzen aus und stärkte seine Macht. Nach dem Nordischen Krieg (**1700–1721**) löste Rußland Schweden als Großmacht im **Ostseeraum** ab.

1712 wurde **Petersburg** Hauptstadt. Es war in großem Stile entworfen und verband verschiedene europäische Baustile. Unter Peters Tochter **Elisabeth** wurde es ausgebaut und verschönert.

Unter **Peter dem Großen** begann **Rußlands** Aufstieg. Gegen Ende des Jahrhunderts war es die vorherrschende Macht in **Osteuropa.**

Peter wollte Rußland zu einem starken und modernen Staat nach westeuropäischen Vorbildern machen. Dazu baute er **Petersburg,** eine neue Stadt an der **Ostsee,** um sich ein „Fenster zu Europa" zu verschaffen. Er führte viele Reformen durch und stärkte und modernisierte das Land. Er ließ neue Industrien, eine starke Armee und eine moderne Flotte aufbauen und förderte Bildung und Kultur. Trotzdem blieb **Rußland** ein sehr konservatives Land ohne städtische **Mittelschicht.** Viele Menschen waren **Leibeigene*** unter einem **Feudalsystem***.

Afrika und Indien

1737 Die **Marathen** dehnen ihre Macht in **Nordindien** aus.

1737—39 **Persien** erobert **Westindien**, greift **Delhi** an und besetzt den **Pandschab**.

ca. 1740 In **Zentralafrika** wird das **Lunda**-Königreich von **Kazembe** errichtet.

1740—56 **Bengalen** wird vom **Mogul***-Reich unabhängig.

1746 Frankr. erobert **Madras**.

Pfahlbauten in **Dahomé**.

1747—48 Die **Yoruba*** erobern **Dahomé, Benin**.

1748 **England** rückerobert **Madras**. Beginn schwerer englisch-französischer Konflikte in **Indien**.

1751 Robert **Clive*** schlägt die **Franzosen** bei **Arcot**: Ende des franz. Einflusses in **Madras**.

Asien

1751—59 **China** erobert **Tibet**, die **Dsungarei** und das **Tarim**-Becken.

Schlacht zwischen **Chinesen** und **Tibetern**.

1752 Das Volk der **Mon** erobert **Oberbirma**. Der birmanische Herrscher **Alaungpaya** rebelliert, erklärt sich zum König und erlangt Macht über Oberbirma. Er erobert 1753 die Hauptstadt **Ava** und die **Schan-Staaten**.

1755 **Alaungpaya** nimmt den **Mon Dagon** (später **Rangun**) in Unterbirma ab.

1755 Krieg zwischen dem Reich **Mataram** in **Java** und **Holland** führt zur führenden Rolle der Holländischen Ostindischen Handelsgesellschaft* in **Java**.

1756 **Alaungpaya** erobert **Pegu** und beherrscht nun ganz **Birma**. Seine Dynastie regiert bis **1885**.

Amerika, Australien und Ozeanien

1766 **Großbritannien** erobert die **Falkland**-Inseln.

1767 Neue Einfuhrzölle, die **England** auf Warenlieferungen in die **Nordamerikanischen Kolonien** erhebt, führen zum Aufstand der Siedler in den Kolonien.

1768—79 Der britische Seefahrer **James Cook** erreicht **Australien** und **Neuseeland**. Er erforscht die **Ostküste Australiens, Neukaledonien, Tonga** und die **Hawaii**-Inseln.

Cook entdeckte den Europäern bis dahin unbekannte Tier- und Pflanzenarten.

1770 **James Cook** nimmt **Neuholland** (**Neusüdwales**) für **Großbritannien** in Besitz.

1770 **Massaker von Boston**: Engl. Truppen schießen auf gegen Zölle protestierende Menge.

Massaker von Boston.

Der Amerikanische Unabhängigkeitskrieg

Nach dem **Siebenjährigen Krieg*** (**1756–1763**) verschlechterten sich die Beziehungen zwischen **England** und seinen **amerikanischen Kolonien**. Die Gründe waren die Besteuerung durch das Mutterland, sein wachsender Einfluß in **Kanada** und der Wunsch nach religiöser und politischer Freiheit. Im **April 1775** führte dies zum Aufstand.

Schlacht bei Lexington (**April 1775**): Britische Truppen wurden von Siedlern unter **George Washington** geschlagen.

Im **Mai 1775** trafen sich Abgesandte aller Kolonien im **Kongreß von Philadelphia** und stellten eine Armee unter **George Washington** auf. Am **4. Juli 1776** unterzeichnete der Kongreß die **Unabhängigkeitserklärung**. Nach schweren Kämpfen endete der Krieg mit dem Sieg der **Dreizehn Kolonien***. Großbritannien erkannte die Unabhängigkeit Amerikas im **Vertrag von Paris** im **September 1783** an.

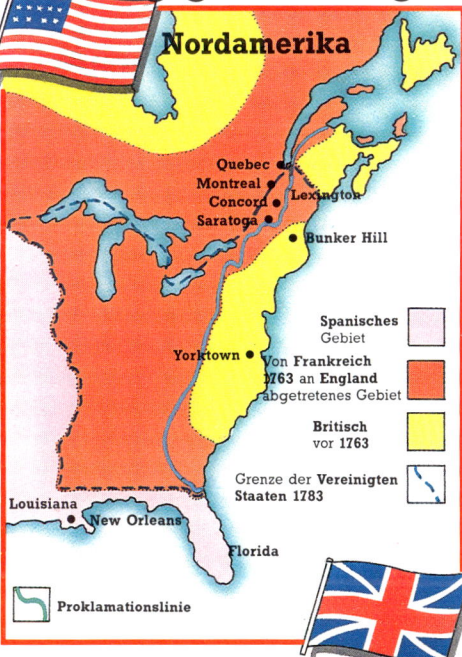

Nordamerika

Quebec
Montreal
Concord · Lexington
Saratoga
Bunker Hill
Yorktown
Louisiana
New Orleans
Florida

Spanisches Gebiet

Von Frankreich 1763 an England abgetretenes Gebiet

Britisch vor 1763

Grenze der **Vereinigten Staaten 1783**

Proklamationslinie

Die britische Herrschaft über Indien

Im **18. Jahrhundert** war Großbritanniens Macht in **Indien** stark gewachsen. Das **Mogulreich*** zerfiel, und lokale Herrscher machten sich unabhängig. Kriegerische Völker wie die **Marathen*** in **Zentralindien** und die **Sikhs*** im **Pandschab** sowie feindliche Herrscher in **Persien** und **Afghanistan** gewannen an Bedeutung. Dies nutzten die **Europäer**, um ihren Einflußbereich unter anderem zum Schutz gegen die zunehmenden Unruhen auszudehnen.

Kalkutta, Indiens wichtigster Hafen im 18. Jahrhundert.

Der **Maratha**-Herrscher **Sivaji** mit seinen Kriegern.

Die **englische Ostindische Handelsgesellschaft** erwies sich als stärker als die **französische. 1751** führte Robert **Clive** ein kleines Heer von 500 Mann zum Sieg gegen die **Franzosen** bei **Arcot. 1744–63** kam es zu Kämpfen an der Küste von **Karnataka**, die mit dem Zusammenbruch des französischen Einflusses in Indien endeten.

Die **Schlacht bei Plassey** festigte **1757** die britische Vorherrschaft, als **Clives** kleines Heer ein viel größeres des Herrschers von **Bengalen** schlug. Der Sieg brachte die Macht über **Bengalen**, über **Bihar** und **Orissa**. Der Reichtum der Ostindischen Handelsgesellschaft wuchs ständig. Sie hatte Stützpunkte in **Kalkutta, Madras** und **Bombay**. Die Gesellschaft bekam von den reichen indischen Fürsten als Gegenleistung für den Schutz, den sie ihnen gewährte, Land und Privilegien.

Clive bekam vom **Mogul**-Herrscher ein Dokument, das den Briten das Recht auf Zölle in **Bengalen, Bihar** und **Orissa** gab.

Nord- und Osteuropa

1747 **Schweden** verbündet sich mit **Preußen**, und Rußland bildet eine Allianz mit **Großbritannien.**

1757 **Rußland** schließt sich der franz.-österreichischen Allianz an und greift **Ostpreußen** an.

1758 **Rußland** wird in der Schlacht von **Zorndorf** von **Preußen** geschlagen.

1759 **Rußland** und **Österreich** schlagen die Preußen bei **Kunersdorf**.

1760 **Dänemark** schließt sich im **Ostseebund** an **Schweden** und **Rußland** an.

1762 Vertrag von **Hamburg** zwischen **Schweden** und **Preußen.**

1762—96 Herrschaft von **Katharina II., der Großen,** von **Rußland**. Als deutsche Prinzessin heiratet sie den Kronprinzen **Peter III.** und duldet seine Ermordung. Unter ihrer Regierung dehnt Rußland die Grenzen aus, blüht die russische Kultur und wird **Petersburg** zu einer prächtigen Stadt. Sie führt Regierungsreformen durch und gibt Religionsfreiheit.

Rußland unter Katharina der Großen.

St. Petersburg
Moskau

Russisches Reich 1761

Von Katharina erobertes Land.

Süd- und Westeuropa

1767 James **Hargreaves** (engl.) erfindet die **Spinnmaschine*** „Jenny".

1769 Richard **Arkwright** (engl.) erfindet eine mit Wasserkraft getriebene **Spinnmaschine**.

Ab **1770** Große Fortschritte in **Wissenschaft** und **Technik*** in Europa.

Ab **ca. 1770** Zeitalter der europäischen Orchestermusik: **Haydn** (1732—1809), **Mozart** (1756—1791) und **Beethoven** (1770—1827).

1778 **Frankreich** und **Holland** erklären **England** den Krieg, um die **amerik.*** **Kolonien** zu stützen.

1779 **Frankreich** und **Spanien** belagern erfolglos **Gibraltar**.

1781 **Joseph II. von Österreich** (1780—90) führt die religiöse Toleranz und wesentliche Reformen wie die Abschaffung der **Leibeigenschaft*** ein.

1782 James **Watt** (schott.) erfindet die **Dampfmaschine**.

Cellist im 18. Jahrhundert

Eine von **Watts** Dampfmaschinen.

Amerikaner (s. **Amerik. Unabhängigkeitskrieg**, 81); **Marathen**, 59; **Mogul**, 59; **Leibeigene**, 31; **Wissenschaft und Technik** (s. Aufklärung, 86); **Sikhs**, 75; **Spinnmaschine**, 89.

Großbritannien bekam 1768 das nördliche Sarkars und 1775 Benares und Ghazipur. Kriege brachten beträchtlichen Gebietsgewinn, und fast alle einheimischen Herrscher erkannten die britische Oberhoheit an.

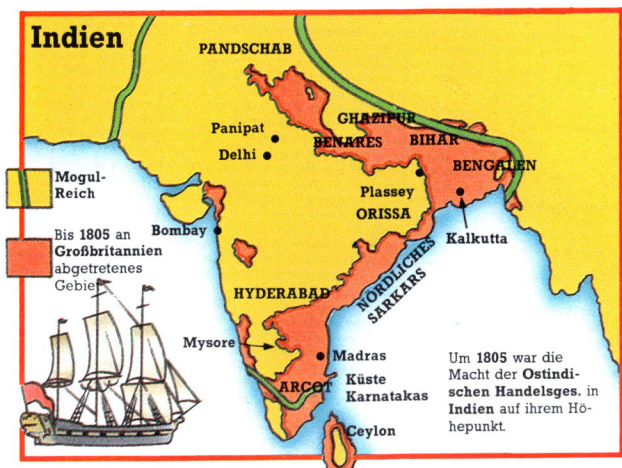

Indien

PANDSCHAB

Panipat
Delhi

GHAZIPUR
BENARES BIHAR

Plassey
ORISSA

BENGALEN

Mogul-
Reich

Bis 1805 an
Großbritannien
abgetretenes
Gebiet

Bombay

Kalkutta

HYDERABAD

NÖRDLICHES
SARKARS

Mysore

Madras
Küste
Karnatakas

ARCOT

Ceylon

Um 1805 war die
Macht der Ostindischen Handelsges. in
Indien auf ihrem Höhepunkt.

Die indischen Besitzungen wurden so wichtig, daß die britische Regierung 1784 die politische Verwaltung übernahm. Dies war ein erster Schritt zur Kolonisierung*. Nach der indischen Meuterei* 1858 übernahm die Regierung die Herrschaft. Die Ostindische Handelsgesellschaft wurde aufgelöst.

Südostasien

CHINA

BIRMA

Ava   Amarapura
Pegu   Schan-Staaten

Dagon   SIAM
(Rangun)   Ayutthaya
            Bangkok
            Thonburi

Penang

MALAYSIA
Selangor
Johore

Sumatra

BORNEO

INDONESIEN

Mataram   Java

Afrika und Indien

1756 Der **Nabob** (Herrscher) von **Bengalen** wirft 146 Briten in ein kleines Gefängnis. Viele von ihnen sterben.

Clive trifft den Nabob von Bengalen nach der Schlacht bei Plassey.

1757 **Schlacht bei Plassey**: Beginn der **brit.** Herrschaft in **Indien.**

1758 Die **Marathen*** erobern den **Pandschab.**

1761 Die **Briten** erobern **Pondicherry**, und Frankreich verliert seinen Einfluß in **Indien.**

1761 **Schlacht bei Panipat:** **Afghanen** schlagen **Marathen.**

1761—90 Macht der **Sikhs** in **Indien** nimmt zu.

Asien

1757—1843 **China** mindert den europ. Einfluß durch Beschränkung des Handels auf **Kanton.**

Ausländische Händler in **Kanton.**

1758 Das in **Johore** regierende Volk der **Bugis** erkennt das holländische Handelsmonopol* auf **Zinn** in **Malaysia** an.

1767 **Birmaner** greifen **Siam** an, zerstören die Hauptstadt **Ayutthaya** und übernehmen die Macht über fast das ganze Land.

1767—69 **China** greift **Birma** an. Nach einem Krieg wird **Birma** von **China** abhängig.

Amerika, Australien und Ozeanien

1773 Die „**Boston Tea Party**": Aus Protest gegen britische Zölle werfen **Amerikaner** in **Boston** britische Teekisten ins Meer.

1775—83 Der **Amerikanische Unabhängigkeitskrieg***.

Die „Boston Tea Party".

1775 **Amerikaner** siegen bei **Lexington** und **Concord**. **Briten** siegen bei **Bunker Hill.**

1776 **Amerikanische Unabhängigkeitserklärung.**

1776 Spanier gr. **San Francisco.**

1777 **Großbritannien** kapituliert in der Schlacht von **Saratoga.**

1778 **Frankreich** und **Spanien** verbünden sich mit den **Amerikanern** gegen **Großbritannien.**

1779 **James Cook*** wird auf Hawaii erschlagen.

Der Tod von Kapitän **Cook** auf Hawaii

Nord- und Osteuropa

1768—74 Krieg zwischen **Rußland** und **Türkei.**

1769 **Österreich** erobert die **polnischen** Gebiete von **Lvov** und **Zips.**

1771 **Rußland** erobert die **Krim** und vernichtet die **türkische** Flotte.

1771—92 Herrschaft **Gustavs III. von Schweden:** Rückkehr zur **autokratischen*** Herrschaft.

Königspalast in Stockholm zur Zeit **Gustavs III.**

1772 Erste **Teilung Polens** zwischen **Rußland**, **Preußen** und **Österreich.** Rußland bekommt kleine Gebiete, Preußen das Land zwischen **Pommern** und **Ostpreußen**, Österreich ein großes Gebiet nördlich von **Ungarn.**

1773—75 Bauernaufstand in **Rußland**, geführt von dem Kosaken **Pugatschew.**

1774 Der **Friede von Küçük Kaynarcí** beendet den **Russisch-türkischen Krieg. Rußland** erhält Häfen am **Schwarzen Meer** und das Recht, im **Osmanischen Reich*** das orthodoxe Christentum zu vertreten.

1781 **Österr.-russische Allianz** gegen die **Türkei.**

1783 **Rußland** annektiert die **Krim.**

1787—91 **Rußland** führt gegen die **Türkei** Krieg und erobert die Steppen am **Schwarzen Meer.**

1788 **Österreich** erklärt der **Türkei** den Krieg und besetzt das **Moldau**-Gebiet.

1788 **Gustav III.** von Schweden erklärt **Rußland** den Krieg.

1791 Neue **polnische** Verfassung in der Mai-Konstitution. **Katharina II.*** greift auf Wunsch des Adels ein, löst die Verfassung auf; große Teile Polens werden zwischen **Rußland** und **Preußen** geteilt.

1793 Zweite **Teilung Polens: Rußland** nimmt das von **Ukrainern** und **Weißrussen** bewohnte Ostgebiet, **Preußen** erhält **Danzig**, **Thorn** und **Posen** und dehnt seine Ostgrenze aus.

1795 Dritte **Teilung Polens: Preußen** erhält **Warschau**, **Österreich Westgalizien** und **Rußland** den Rest, einschließlich **Litauen.**

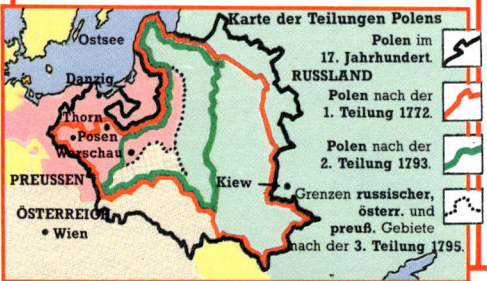

Karte der Teilungen Polens

Ostsee

Danzig

Thorn

Posen

Warschau

PREUSSEN

Kiew

ÖSTERREICH

Wien

RUSSLAND

Polen im 17. Jahrhundert

Polen nach der 1. Teilung 1772.

Polen nach der 2. Teilung 1793.

Grenzen **russischer**, **österr.** und **preuß.** Gebiete nach der 3. Teilung 1795.

Süd- und Westeuropa

1784 **William Pitt d. J.** wird britischer Premierminister und bestimmt 20 Jahre lang die Politik.

1785 Machtkampf in **Holland** zwischen **Statthalter***, **Generalstaaten*** und der **patriotischen Partei**, die für mehr Demokratie eintritt.

1785 Der Engländer Edmund **Cartwright** erfindet den ersten dampfmaschinengetriebenen **Webstuhl.**

1787 Aufstand in den **österreichischen Niederlanden** (Belgien) gegen die Politik **Josephs II.***. Die **Republik Belgien** wird **1790** ausgerufen und später von **Österreich** rückerobert.

1789 **Sturm auf die Bastille***. Beginn der **Französischen Revolution***.

1791 · Das britische Parlament verabschiedet ein Gesetz zur Abschaffung der **Sklaverei***.

Abzeichen der **Gesellschaft zur Sklavenbefreiung.**

Zeitgenössische Skizze eines Sklavenschiffes, die die beengten Zustände zeigt.

1792 **Frankreich** wird **Republik*** und erklärt **Österreich** und **Preußen** den Krieg.

1793 Hinrichtung **Ludwigs XVI.*** von Frankreich und seiner Frau **Marie Antoinette.** Frankreich erklärt **England**, den **Niederlanden** und **Spanien** den Krieg.

Ludwig XVI.

Marie Antoinette

1793—94 **Schreckensherrschaft*** in **Frankreich.**

1794 **Frankreich** besetzt die **Niederlande.** Wilhelm V. von Holland wird abgesetzt und das Land zur **Batavischen Republik** erklärt (1795—1806).

1795 Gegen Frankreich bildet sich eine **europäische Koalition***.

1796 Der englische Arzt **Edward Jenner** führt die **Pockenschutz-Impfung** ein.

1796—97 **Französische** Truppen unter **Napoleon Bonaparte*** erobern einen großen Teil **Italiens.**

Napoleon an der Spitze seiner Armee auf seinem **Italien-Feldzug.**

1798 **Französische** Truppen greifen **Rom** und die **Schweiz** an und errichten **Republiken.** Eine zweite **Koalition*** gegen Frankreich bildet sich.

1798 Erfolgloser Aufstand der **Iren** unter Wolfe **Tone** gegen die englische Herrschaft.

1799 **Napoleon*** macht sich zum **Ersten Konsul.**

Afrika und Indien

1764 Robert **Clive**[*] wird Gouverneur und Oberbefehlshaber in **Bengalen** (1764—67).

1774—85 Warren **Hastings** wird erster Generalgouverneur in Ostindien.

1775—82 Krieg zwischen **Briten** und **Marathen**[*] in **Indien**.

Um **1775** **Massai** bis zu den **Ngong**-Bergen in **Ostafrika**.

1784 **India Act**: Die **britische** Regierung übernimmt die politische Verwaltung ganz **Indiens**.

1786 Die **türkische** Flotte schafft nach einer Zeit der Unruhe in **Ägypten** Ordnung.

1787 **England** gr. in **Sierra Leone, Westafrika**, eine Kolonie.

Ca. **1790** Ausdehnung des **Buganda**-Reiches. Höhepunkt des Reiches von **Luanda**.

1795—97 **Mungo Park** (engl.) erreicht **Segu** und den **Niger**.

Mungo Park
befährt den **Niger**.

1795 **Großbritannien** erobert das **Kap der Guten Hoffnung**.

1796 **Großbritannien** erobert **Ceylon** von **Holland**.

1798—99 **Napoleon**[*] greift **Ägypten** an. Er wird **1798** von den **Engländern** am **Nil** besiegt, schlägt aber **1799** die **Türken** bei **Aboukir**.

1799 **England** erhält die Herrschaft über **Südindien**. **Tipu Sahib**, Herrscher von **Mysore** (1750—99), fällt im Kampf.

Asien

Siamesischer Stoff aus dem 18. Jh.

1768 Der **siamesische** General **Taksin** vertreibt die **Birmaner**. Er besiegt mehrere lokale Herrscher und wird König von **Siam** in der Hauptstadt **Thonburi**.

1776 **Siam** wird unabhängig.

1782 **Taksin** wird abgesetzt und nach einem Aufstand hingerichtet. General **Prinz Chakri** kommt auf den Thron als **Rama I.**, erster König der **Chakri-Dynastie**. **Bangkok** wird Hauptstadt. **Siam** erlebt unter ihm eine Blütezeit. Es wird als einziges Land Südostasiens im 19. Jh. nicht kolonisiert und bleibt unabhängig von den **Europäern**.

Großer **Palast** von **Bangkok**.

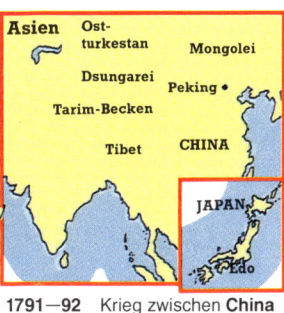

1783—1823 **Amarapura** wird Hauptstadt **Birmas**.

1786 Die **britische Ostindische Handelsgesellschaft** errichtet einen Stützpunkt in **Penang, Malaysia**, die erste **britische** Siedlung in **Südostasien**.

1787 Hungersnot und Unruhen in **Edo** (**Tokyo**), **Japan**.

1791—92 Krieg zwischen **China** und **Tibet**.

1794 **Aga Muhammed** gründet **Dynastie** der **Kadscharen** in **Persien**, die bis **1925** besteht.

Amerika, Australien und Ozeanien

1780—83 **Tupac Amara**, letzter **Inka**[*], führt die **Peruaner** in einem erfolglosen Aufstand gegen die **Spanier**.

1781 **Britische** Kapitulation bei **Yorktown**.

1783 **Friede von Versailles**: **England** erkennt die Unabhängigkeit der **Dreizehn Kolonien**[*] an, die damit zu den **Vereinigten Staaten von Amerika** werden. **Großbritannien** tritt **Florida** an **Spanien** ab.

1787 **Thomas Jefferson** gibt den **Vereinigten Staaten von Amerika** eine neue **Verfassung**.

1788 Strafgefangene werden von **England** nach **Sydney** gebracht, der ersten **britischen** Siedlung in **Australien**.

1789 **George Washington** wird erster Präsident der **Vereinigten Staaten** (bis 1797).

George Washington

1791 Teilung **Kanadas** in englisch- und französischsprachige Gebiete.

1791 **Sklaven**[*]-Aufstand in **Haiti** gegen die **Franzosen** unter **Toussaint L'Ouverture**, der **1796** zum Vizegouverneur wird.

1797 **Großbritannien** erobert **Trinidad** von **Spanien**.

1798 **Spanier** gr. **Los Angeles**.

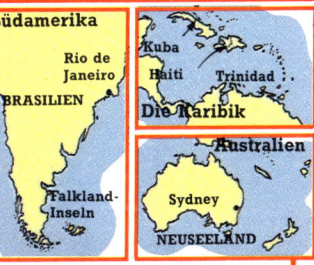

Clive, 82; **die Dreizehn Kolonien**, 63; **Inka**, 49; **Marathon**, 59; **Napoleon**, 88; **Ostindische Handelsgesellschaft**, 62; **Sklaven**, 62.

Die Aufklärung

Die Begriffe **Aufklärung** oder **Zeitalter der Vernunft** bezeichnen eine neue geistige Bewegung, die etwa **1650–1750** von Europa ausging. Das Zentrum war **Frankreich**, wichtige Beiträge kamen aus **England, Frankreich, Italien** und **Deutschland**. Die Aufklärung enthielt viele verschiedene Elemente. Der Kern war der optimistische Glaube an die Kraft der Vernunft oder des rationalen Geistes sowie an menschlichen **Fortschritt** und **Entwicklung**.

Treffen des französischen Dichters **Voltaire** mit **Friedrich dem Großen**.

Mehrere **aufgeklärte absolutistische Herrscher*** in Europa unterstützten die neue Bewegung. Universitäten und wissenschaftliche Gesellschaften wurden gegründet. Philosophie und Forschung machten große Fortschritte. Humanitäre Reformen wie Religionstoleranz wurden eingeführt.

Ein **französischer** Salon, Mittelpunkt des geistigen Lebens im 18. Jahrhundert.

Die Aufklärung war eine Weltanschauung, die von einem ungehemmten Wissensdurst geprägt war. Es kam zu einem großen Fortschritt der **Wissenschaften**, und die Menschen zeigten viel Interesse an den Bewohnern, Tieren und Pflanzen entlegener Länder, von denen viele gerade erst entdeckt wurden. Eine der größten Leistungen war die vielbändige *Encyclopédie* (**1751–1777**), in der das gesamte Wissen der Zeit dargestellt wurde.

Die *Encyclopédie*, erstellt von **Diderot**, einem französischen Philosophen, enthielt Beiträge von vielen Wissenschaftlern und Philosophen. Dieser Stich zeigt eine Schiffsschleuse.

Dichter und Denker wollten die Menschen von Unwissen und Aberglauben befreien und durch Bildung und Kenntnisse glücklicher machen. Die Folge war die Opposition zur Kirche, zu Religion und Christentum, auch wenn führende Philosophen und Wissenschaftler der Zeit gläubige Christen waren. Einige der wichtigsten Vertreter der Aufklärung, wie **Galileo***, wurden eingesperrt. Bei anderen, so **Descartes**, wurden die Schriften gebannt.

Große Namen der Aufklärung

1694—1778 Voltaire: Französischer Philosoph und Dichter, der die katholische Kirche kritisierte.

1596—1650 René Descartes: Französischer Mathematiker und Philosoph, der den Wert von Vernunft und Logik betonte.

1642—1727 Isaac Newton*: Englischer Mathematiker, Physiker und Astronom, der unter anderem die Gesetze der Schwerkraft entdeckte (**1666**).

Entdeckungen im 18. Jahrh.

Die **Aufklärung** und die Entstehung neuer **Industrien*** förderten die wissenschaftliche Forschung. Viele wichtige Erfindungen und Entdeckungen wurden gemacht.

1718 Gabriel Fahrenheit (deutsch) erfindet das **Quecksilberthermometer.**

1735 Carl v. Linné (schwed.) begründet die moderne **biologische Systematik.**

1742 Anders Celsius (schwed.) führt die 100teilige **Thermometerskala** ein.

1752 Benjamin Franklin (amerik.) erfindet den **Blitzableiter.**

1766 Henry Cavendish (engl.) erkennt, daß **Wasserstoff** zu Wasser verbrennt.

1771 Karl Scheele (schwed.) entdeckt den **Sauerstoff.**

1772 Rutherford (engl.) entdeckt den **Stickstoff.**

1775 James Watt (schott.) erfindet die **Dampfmaschine.**

1777 Antoine Lavoisier (franz.) beweist, daß die Luft aus Sauer- und Stickstoff besteht. Er bestimmt die Rolle des Sauerstoffs (**1782**) und erstellt die erste **Tabelle der chemischen Elemente.**

1790 Luigi Galvani (ital.) entdeckt **Berührungs-Elektrizität.**

1783 Die Brüder Montgolfier (franz.) unternehmen mit einem **Heißluftballon** den ersten Flug.

Der **Heißluftballon** der Brüder **Montgolfier.**

Die Französische Revolution

Sturm auf die **Bastille** am 14. Juli 1789.

Am **5. Mai 1789** berief **Ludwig XVI.** erstmals seit **1614** eine Versammlung der **Generalstände** ein, eine Art Nationalparlament, da er vor hohen Schulden und wachsenden Unruhen stand. Es bestand aus Vertretern der drei **Stände: Adel, Geistlichkeit** und der **Dritte Stand** (das Bürgertum). Am **17. Juni** erklärt sich der Dritte Stand zur **Nationalversammlung**. Das war der erste Schritt zur **Französischen Revolution**.

Gerüchte kamen in **Paris** auf, der König wolle die Versammlung auflösen lassen. Eine wütende Menge stürmte das Gefängnis **Bastille**. Die Revolution breitete sich aus. In ländlichen Gegenden gab es Bauernaufstände.

Die Revolutionäre waren als **Sansculotten** bekannt, weil sie lange Hosen statt Kniebundhosen wie der Adel trugen.

Hinrichtung **Ludwig XVI.** am 21. Juni 1793.

Die Adligen verloren ihre Titel. Viele flüchteten ins Ausland. **1790** mußte der König einer neuen Verfassung zustimmen, die die **Feudalrechte*** abschaffte und die Monarchie einschränkte.

Der König verweigerte seine Zustimmung und unternahm im **Juni 1791** einen Fluchtversuch. Er wurde aber entdeckt und nach Paris zurückgebracht. Eine noch radikalere* Verfassung wurde ihm aufgezwungen. **1792** wurde die Nationalversammlung durch einen **Nationalkonvent** ersetzt und **Frankreich** zur **Republik*** erklärt. Die Macht kam in die Hände der **Girondisten**. Ludwig XVI. wurde wegen Verrats hingerichtet.

1793 setzte sich die radikale Gruppe der **Jakobiner** unter **Maximilien Robespierre** gegen die Girondisten durch. Eine Zeit des Terrors und der Gewalt begann. Wer in Verdacht kam, gegen die Revolution zu sein, wurde hingerichtet. Die **Schreckensherrschaft** führte zu Robespierres Sturz und Hinrichtung **Juli 1794.**

Europa nach der Französischen Revolution

FRANKREICH
Revolutionsplakat

Batavische Republik 1795–1806

Österreichische Niederlande 1797

Helvetische Republik 1798–1803

SAVOYEN

Piémont 1797–99

Parma 1797–99

NIZZA

SAVOYEN

Cisalpine Republik

Römische Republik 1798–99

KORSIKA

Von Frankr. erobert.

An Frankreich angeschlossen.

Durch Frankreich gegr. Staaten.

Franz. Grenze 1789.

Franz. Grenze 1799.

Frankreich wurde **1795–99** von einer Mittelschicht-Regierung, dem **Direktorium**, regiert, das immer mehr von dem brillanten jungen Offizier **Napoleon* Bonaparte** abhängig wurde. **Frankreich** befand sich von **1792–1815** fast ständig im Krieg. Andere **europäische** Mächte fühlten sich bedroht, erst von der Revolution, dann durch Napoleon. Bis **1797** hatte Frankreich große Landgewinne gemacht: die **österreichischen Niederlande, Savoyen** und **Nizza.** In **Italien** und den **Niederlanden** waren Republiken errichtet worden. Überall führte die Französische Revolution zu Freiheitsbewegungen. Einige Länder mußten innere Reformen durchführen, in anderen kamen neue **nationalistische*** Kräfte zum Tragen.

Frankreich unter Napoleon

Das französische Heer im Kampf gegen die **Türken** bei **Aboukir 1799.**

Napoleon landete 1798 in Ägypten und eroberte **Alexandria** und **Kairo.** In der **Schlacht bei Abukir** vernichteten die Briten, deren Interessen in **Indien** von einer **französischen Vorherrschaft** in Ägypten bedroht gewesen wäre, die französische Flotte.

Napoleon Bonaparte, ein junger **korsischer** General, kam in **Frankreich** zu politischer Macht, nachdem er durch **Feldzüge in Italien* 1796** und **Ägypten* (1798–99)** Ruhm erlangt hatte. **1799** ernannte er sich zum **Ersten Konsul** (praktisch ein Militärdiktator*) und schaffte das korrupt gewordene **Direktorium*** ab.

1804 krönte **Napoleon** sich als **Napoleon I.** zum **Kaiser** der Franzosen. Dann krönte er seine Frau **Josephine** zur Kaiserin.

Napoleon erwies sich auch als erfolgreicher Staatsmann. Er erließ **1804** den *Code Napoléon*, der die Errungenschaften der **Französischen Revolution** gesetzlich festschrieb. **1805** entstand eine neue **Koalition** gegen Frankreich: **England, Österreich, Rußland** und **Schweden.** Napoleon gewann wichtige Schlachten: gegen **Österreich** und **Rußland 1805** bei **Austerlitz**, gegen **Preußen 1806** bei **Jena** und gegen **Rußland 1807** bei **Friedland.** Er zwang Kaiser **Franz II.** die Krone des **Heiligen Römischen Reiches Deutscher Nation** niederzulegen und ordnete das Reich neu.

Standarte einer Infanterie-Division aus **Napoleons Großer Armee.**

Um **1812** beherrschte **Napoleon** fast ganz **Westeuropa.** Er setzte Familienmitglieder als Herrscher in **Spanien, Italien** und **Westfalen** ein. Steuern wurden erhoben und französische Gesetze und Verwaltung eingeführt.

Die Gegner **Frankreichs** widersetzten sich aber weiterhin seinem Ehrgeiz. England unterstützte den **spanischen Unabhängigkeitskampf (1808–14).** **1812** marschierte **Napoleon** in **Rußland** ein und erlitt eine vernichtende Niederlage.

Napoleons Armee war auf den kalten Winter in Rußland nicht vorbereitet. Von 600 000 Mann kehrten nur 30 000 zurück.

Rückzug der **Großen Armee** aus **Moskau.**

1813 gewannen **Österreich, Preußen** und **Rußland** im **deutschen Befreiungskrieg** mehrere Schlachten und führten den Zusammenbruch von Napoleons Reich in Deutschland, Holland und Oberitalien herbei. England schlug **Frankreich** in **Spanien** und marschierte in Frankreich ein. Im **April 1814** erreichte die Koalition **Paris.** Napoleon wurde nach **Elba** verbannt und der **Bourbone* Ludwig XVIII.** zum König gekrönt.

In der Schlacht von **Waterloo** wurde Napoleon von den **Preußen** unter General **Blücher** und den **Briten** unter Herzog **Wellington** geschlagen.

Ein Jahr später gelang **Napoleon** die Flucht von Elba. Für die als **Herrschaft der 100 Tage** bekannte kurze Zeit übernahm er wieder die Macht. Bei **Waterloo** wurde er **1815** geschlagen. Frankreichs Vorherrschaft über Europa war beendet. Großbritannien behielt die Vormacht auf See, Rußland und Österreich wurden die größten Kontinentalmächte. Napoleon wurde nach **St. Helena** verbannt, wo er **1821** starb.

Ägyptenfeldzug, 85; **Bourbonen,** 61; **Hl. Röm. Reich,** 52; **Diktator,** 113; **Direktorium,** 87; **Französische Revolution,** 87; **Italienfeldzug,** 84.

Die industrielle Revolution

Mitte des **18. Jahrhunderts** war **Großbritannien** reicher als die meisten Staaten **Europas**, hatte eine ertragreiche Landwirtschaft und eine blühende Wollindustrie. Der Reichtum nahm von **1750 bis 1850** noch stark zu, weil neue **Industrien** heranwuchsen. Sie entstanden aufgrund von neuen **Erfindungen***, wie Textilmaschinen und der Dampfkraft. Die Einführung dieser Neuerungen und die Veränderung der Arbeitsverhältnisse in der Industrie bezeichnet man als die **industrielle Revolution**.

Die **industrielle Revolution** brachte soziale Veränderungen. Die Menschen drängten in die schnell wachsenden Städte, wo sie in den neuen Industrien Arbeit fanden.

Die *„Spinning Jenny"*, die erste funktionierende Spinnmaschine, **1797** von James Hargreaves erfunden.

Die industrielle Revolution war mehr als eine Reihe von Erfindungen. Auch Verbesserungen in der Landwirtschaft spielten eine Rolle, und die Entwicklung von Bankwesen, Außenhandel und Verkehr (Straßen, Kanäle und Eisenbahn) machten den Warentransport billiger und leistungsfähiger.

Im **19. Jahrhundert** bauten auch andere Länder Europas ähnliche Industrien auf. Besonders schnell ging die Industrialisierung in **Deutschland** voran, wo sie vom Bau von **Eisenbahnlinien** in den 40er Jahren sowie vom Abbau der **Binnenzölle** begünstigt wurde. Die **USA** und im 20. Jahrhundert **Japan** folgten nach. Mit wachsendem Reichtum der Industrienationen wuchs die Kluft zwischen ihnen und den weniger entwickelten Ländern der **Dritten Welt***.

Eine Kanone der **deutschen** Firma **Krupp** auf der **Pariser Weltausstellung 1867**.

Erste Eisenbrücke der Welt bei Coalbrookdale, erbaut **1777**.

Europa um 1810

- ■ **Frankreich** unter **Napoleon**
- ■ **Abhängige Staaten**
- ▢ Von **Napoleons** Familie regierte Gebiete.

NORWEGEN
SCHWEDEN
DÄNEMARK
GROSSBRITANNIEN
WESTFALEN
IRLAND
London ●
RUSSLAND
Friedland ●
Moskau ●
WARSCHAU
Waterloo ● Rheinbund
Jena ●
Paris ●
Helvetische Republik
Austerlitz
ÖSTERREICH
● Wien
● Illyrische Provinzen
ITALIEN
FRANKREICH
Korsika
SPANIEN
Elba
NEAPEL
Schwarzes Meer
Sardinien
Trafalgar
Sizilien

Die Krim

Die Karte zeigt Schlachtorte des **Krimkrieges***

Schwarzes Meer
Alma ●
● Inkerman
Sewastopol ●
Balaclava ●

Der Balkan

ÖSTERREICH-UNGARN
RUMÄNIEN
Schwarzes Meer
BOSNIEN
SERBIEN
BULGARIEN
Adrianopel ●
ALBANIEN
GRIECHENLAND
TÜRKEI
MONTENEGRO
Navarino ●

Dritte Welt, 114; **Erfindungen**, 86; **Krimkrieg**, 95.

Asien

1800 Die **Briten** importieren **Opium** nach **China**.

1801 **Rußland** erobert **Georgien**.

1801 Die britische **Ostindische Handelsgesellschaft*** erobert **Tanjore** und **Karnataka**.

1802 **Siam** annektiert **Battambang, Kambodscha**.

1802 Krieg im **Dekhan** führt zur Herrschaft der **Ostindischen Handelsgesellschaft*** in **Indien**.

1802 **Ceylon** wird **Kronkolonie***.

1809—1824 Herrschaft Königs **Rama II.** von **Siam**. Erste Kontakte zu **Europa** nach der Isolation.

1811—13 **England** erobert holländ. Kolonie **Java**.

1811 Krieg zwischen **Rußland** und **Persien**. Rußland gewinnt im **Kaukasus** Land.

1815—16 **Großbritannien** schlägt den König von **Kandy**, und **Ceylon** wird britisch.

1817 **Birma** herrscht in **Assam**.

1817—18 Krieg der britischen **Ostindischen Handelsgesellschaft*** mit den **Marathen**, der mit deren Niederlage endet. Die Handelsgesellschaft beherrscht damit ganz **Indien**.

1818 **Java** geht an **Holland** zurück.

1819 Sir Stamford **Raffles*** gründet **Singapur*** als Stützpunkt der **Ostind. Handelsgesellschaft**.

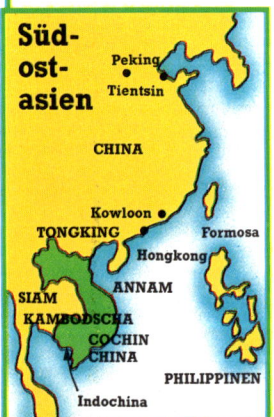

Süd-ost-asien

Peking
Tientsin
CHINA
Kowloon
TONGKING
Formosa
Hongkong
ANNAM
SIAM
KAMBODSCHA
COCHIN
CHINA
PHILIPPINEN
Indochina

1821 **Siam** greift **Kedah** an.

1824—26 Erster **Englisch-Birmesischer** Krieg. England erobert **Unterbirma** und **Assam**.

1825—30 **Java-Krieg**: Indonesischer Aufstand gegen **Holland**.

1826—28 Krieg zwischen **Persien** und **Rußland**. Rußland gewinnt die **armenischen** Provinzen.

1830 Die **Ostind. Handelsges.*** erobert **Mysore**.

1831—40 **Syrien** und **Libanon** werden von **Ägypten** erobert.

1833 Das **Handelsmonopol*** der **Ostind. Handelsgesellschaft*** in **Indien** und **China** wird abgeschafft.

Ein **Klipper**, ein in den USA um 1820 für den Osthandel gebauter Schiffstyp.

1838 Krieg zwischen **Briten** und **Afghanen**.

1839 **Großbritannien** erobert **Aden**.

Afrika und Ozeanien

1802—03 Der englische Seefahrer Matthew **Flinders** vermißt die **australische** Küste.

1802 Die Engländer **Tutor** und **Somerville** erforschen **Betschuanaland**.

1804 **Hobart** auf **Tasmanien** wird gegründet.

1805—48 **Mehmet Ali** wird **Pascha** (Vizekönig) von **Ägypten**. Seine Dynastie regiert bis **1952**.

Mehmet Ali in seinem Palast in **Alexandria**. Während seiner Herrschaft öffnet Ägypten sich für europäischen Einfluß.

1806 Die **Kapkolonie** wird **britisch** (anerkannt 1814).

1807 Im **britischen Weltreich** wird der **Sklavenhandel*** abgeschafft.

1807 **Sierra Leone** und **Gambia** werden britische **Kronkolonien***.

1808 Der **Sklaven***-Import in die **USA** verboten.

1810 **England** erobert **Mauritius** von **Frankreich**.

1810 Auflösung des **Yoruba***-Reiches in **Westafrika**.

1818 Die **Mfecane**, oder Unruhezeit, in **Südafrika**. **Shaka der Große** gründet das **Zulureich**. Viele andere Stämme werden nach Norden vertrieben.

1820—21 **Ägypten** erobert den **Sudan**.

1822 Die **USA** gründen **Liberia, Westafrika**, als Kolonie für befreite **Negersklaven***.

1823—31 Krieg zwischen **Briten** und **Ashanti***.

1826 **Schwarzer Krieg** in **Tasmanien** zwischen Siedlern und **Aborigines** (Einheimischen).

1829 In **Westaustralien** wird die **Swan-River-Siedlung** gegründet.

1830 **Franz.** Truppen erobern **Algier**. Beginn der französischen Kolonialherrschaft über **Algerien**.

1834 Siedlung Port-Philipp-Bay (**Melbourne**).

1835 **Tripolis** wird **osmanische*** Provinz.

1835—37 Die **Buren** (holl. Siedler) verlassen im „Großen Treck" die **Kapkolonie** und ziehen nach Norden.

Die **holländischen** Siedler ziehen nach Norden und gründen Kolonien wie **Natal**, den **Oranjefreistaat** und **Transvaal**.

1838 Die **Buren** schlagen die **Zulu** in der **Schlacht am Blood River, Natal**.

1839 **Neuseeland** wird zur britischen Kolonie.

1840 **Vertrag von Waitangi**: **Maori**-Häuptlinge geben den Briten die Souveränität über **Neuseeland**.

Maori

Westeuropa

1801 Union zwischen **Großbritannien** und **Irland** tritt in Kraft.

1804 Der Engländer **Richard Trevithick** baut die erste **Dampflokomotive**.

Trevithicks Dampfmaschine.

1804 **Napoleon*** krönt sich zum Kaiser Frankreichs. Erstes Kaiserreich (1804—15).

1805 Schlacht bei **Trafalgar**.

Unter **Admiral Nelson** schlagen die **Briten** die **französische** Flotte.

1808 **Napoleon*** erobert **Spanien** und macht seinen Bruder **Josef** zum König. **Spanischer** Widerstand führt zum **Krieg** (1808—14).

1810 **Napoleon*** heiratet **Erzherzogin Marie-Louise** von **Österreich**. Er ist auf dem Gipfel seiner Macht und beherrscht fast ganz **Europa**.

1814 **Napoleon*** wird zur Abdankung gezwungen. **Ludwig XVIII.** wird König von Frankreich.

1815 Auf **Napoleons*** Herrschaft der **100 Tage*** folgt seine Niederlage bei **Waterloo***.

ca. 1820 **Romantik** in der **europäischen** Kunst.

1820 Revolutionen in **Spanien** und **Portugal**.

1822 Der französische Erfinder J. P. **Niepce** fertigt die ersten **photographischen** Bilder.

Die Eisenbahn von **Stockton** nach **Darlington**.

1825 In **England** verkehrt die erste **Eisenbahn** von **Stockton** nach **Darlington**.

1830 Aufstand geg. **Niederlande**: Unabhängigkeit **Belgiens**.

1830 **Juli-Revolution** in Frankreich stürzt **Karl X.** und bringt **Ludwig Philipp** auf den Thron.

1832 **Parlamentsreform** in **England** dehnt das Wahlrecht auf das Bürgertum aus.

Osteuropa u. Italien

1800 Alessandro Volta (ital.) erfindet die **Batterie**.

1804—**13** Die **Serben** erheben sich gegen die **Türken***.

1806 **Napoleon*** löst das **Hl. Röm. Reich Deutscher Nation*** auf.

Napoleons Truppen ziehen in **Wien** ein.

1806—**12** Krieg zwischen **Rußland** und **Türkei**.

1809 **Rußland** erobert **Finnland** von **Schweden**.

1812 **Napoleon*** greift **Rußl.** an.

Am Tag nach **Napoleons** Ankunft brechen in Moskau Großbrände aus, deren Ursache nicht geklärt wurde.

1815 Der **Wiener Kongreß** unter dem österr. Staatsmann **Fürst Metternich** ordnet Europa nach Napoleons Sturz neu.

1821—**29** **Griechischer** Unabhängigkeitskrieg gegen die **Türkei**.

1827 Schlacht bei **Navarino**: Die **griechischen** Verbündeten schlagen die **türk.** Flotte (s. griech. Unabhängigkeitskrieg*).

Schlacht bei **Navarino**.

1829 Friede von **Adrianopel**. **Rußland** erhält Gebiete im **Balkan**. Die **Türkei** erkennt die griechische Unabhängigkeit an.

1848* Jahr der Revolutionen.

1849 **Österreich** gewinnt seine italien. Besitzungen gegen **Sardinien-Piemont** zurück.

1849 **Garibaldi*** marschiert nach **Rom** und setzt den Papst ab. Der Aufstand scheitert.

Amerika

1803 Die **USA** kaufen **Louisiana**.

Amerikanische Siedler auf dem Weg nach **Louisiana**.

1803 **England** erwirbt **Britisch-Guyana, Tobago** und **St. Lucia**.

1808 In **Neuspanien** beginnt ein Aufstand gegen die **Spanier**.

1808—**25** In **Süd-** und **Mittelamerika** Unabhängigkeitskriege der **spanischen** und **portugiesischen** Kolonien. **Argentinien** erklärt sich **1810**, **Paraguay** und **Venezuela 1811**, **Kolumbien 1813**, **Uruguay 1814** und **Chile 1816** für unabhängig.

Südamerika

NEU-GRENADA
KOLUMBIEN
EKUADOR
PERU
CHILE
VENEZUELA
BRASILIEN
BOLIVIEN
PARAGUAY
URUGUAY
ARGENTINIEN
BRITISCH-GUYANA
Falkland-Inseln

Groß-Kolumbien

Provinzen des Rio de la Plata

1812 Handelskrieg zwischen **USA** und **Großbritannien**.

1816 **Argentinien** wird formal von **Spanien** unabhängig.

1818 Zwischen **USA** und **Kanada** wird die Grenze festgelegt.

1818 **Chile** wird unabhängig.

1819—**30** Die Republik **Groß-Kolumbien** entsteht unter **Simon Bolívar**. Sie wird **1822** von **Spanien** unabhängig.

Simon Bolívar (1783—1830) war einer der Führer in der lateinamerikanischen Unabhängigkeitsbewegung.

1819 **Spanien** verliert **Florida** an die **USA**.

1848, 93; Garibaldi 93; Griechischer Unabhängigkeitskrieg, 93; Heiliges Römisches Reich, 52; Herrschaft der 100 Tage, Spanienkrieg, Waterloo (siehe Napoleon, 88); Türken, 64—65.

1848: Das Jahr der Revolutionen

Im Jahre **1848** brach in **Europa** aus verschiedenen Gründen eine Welle von **Revolutionen** aus. In **Frankreich** und **Österreich** gab es Widerstand gegen die konservativen Herrscher, wirtschaftliche Probleme, steigende Preise und Nahrungsknappheit. In **Italien** und **Ungarn** wollten **nationale*** Bewegungen die Fremdherrschaft stürzen. In **Deutschland** und **Italien** drängte man nach **nationaler Einigung** und **Einheit*** und Gründung eines Nationalstaates.

Aufstand in **Paris**.

Im **Februar 1848** zwang ein Aufstand in **Paris König Ludwig Philipp** zur Abdankung. Die **Zweite Republik** wurde ausgerufen, mit **Prinz Ludwig Napoleon**, einem Neffen **Napoleons*** als erstem Präsidenten. Das löste bei den **absoluten*** Herrschern in Europa Sorge aus. Darauf folgte im **März** ein Aufstand in **Wien**. **Kaiser Ferdinand I.** wurde zugunsten seines Neffen **Franz Josef** zum Abdanken gezwungen.

Die Feiern zur **Zweiten Republik** in **Paris**.

Nach diesen Ereignissen kam es zu Erhebungen gegen die österreichische Herrschaft in Italien (gestützt von **Sardinien**), **Böhmen** und **Polen**, und **1849** in **Ungarn**. Auch in vielen deutschen Staaten gab es Unruhen. Doch waren die Aufstände von **1848** fast überall erfolglos, außer in Frankreich. Nach kurzen Unruhen konnte sich die alte Ordnung wieder festigen. Um **1849** hatte **Österreich** seine Stellung in Italien und **Osteuropa** gesichert. Die Versuche zur Einigung **Deutschlands** waren gescheitert.

Die Ereignisse von **1848** hatten jedoch die alten Herrschaftssysteme schwer erschüttert sowie dem **Liberalismus*** und den **Nationalbewegungen*** Auftrieb gegeben. Auch der **Sozialismus*** stammt aus dieser Zeit. **1848** wurde das **Kommunistische Manifest*** veröffentlicht.

Barrikadenkämpfe in Berlin, März 1848.

Aufstände von 1848

12. Jan.	Revolution in Sizilien.
21.—24. Febr.	Revolution in Paris.
12. März	Revolution in Venedig.
13.—15. März	Revolution in Wien.
18.—19. März	Revolution in Berlin.
22. März	Revolution in Mailand.
23. April	Poln. Aufstand in Warschau.
15. Mai	Kommunist.* Unruhen in Paris.

Bürgerkrieg in den USA

Mitte des **19. Jahrhunderts** hatten sich die **Nord-** und **Südstaaten** der **USA** immer mehr entfremdet. Der Norden war reicher und industrialisiert. Der Süden hing wirtschaftlich vom **Baumwollanbau** und damit von der **Sklaverei*** ab. Die Bewegung für die Abschaffung der Sklaverei führte zu schweren Konflikten im **Kongreß***. Nach der Wahl des Anti-Sklaverei-Kandidaten **Abraham Lincoln** zum Präsidenten **1860** traten die sieben Südstaaten aus der Union aus und bildeten **1861** die **Konföderierten Staaten**. Das führte zum Bürgerkrieg zwischen den Nord- und Südstaaten (**Sezessionskrieg**).

Die Vereinigten Staaten

Kanada
Flagge der Union
Pennsylvania
Utah
Kalifornien
Flagge der Konföderierten
Georgia
Neu-mexiko
Louisiana
Florida
Staaten der Union
Texas
Konföderierte Staaten
Mexiko
Staaten, die sich den Konföderierten anschlossen.

Die **Union der Nordstaaten** kämpfte um die Erhaltung der Einheit der **USA**. Sie schlug die **Konföderierten Südstaaten** nach schweren Kämpfen und unter Verlust vieler Menschenleben. Schließlich wurde die Sklaverei abgeschafft.

Der Nationalismus

Der **Nationalismus**, das Selbstbewußtsein von Nationen oder Menschengruppen mit gleicher Sprache und Kultur, war im **19. Jahrhundert** die stärkste politische Kraft. In vielen Ländern der Welt kam es zu Erhebungen gegen Fremdherrschaft. Es gab nationalistische Revolutionen und Aufstände in **Italien, Ungarn, Polen, Belgien**, dem **Balkan*** und **Norwegen**. Die Forderung nach einem Nationalstaat war mit einer anderen politischen Kraft, dem **Liberalismus***, und dem Streben nach **parlamentarischer Demokratie*** verbunden.

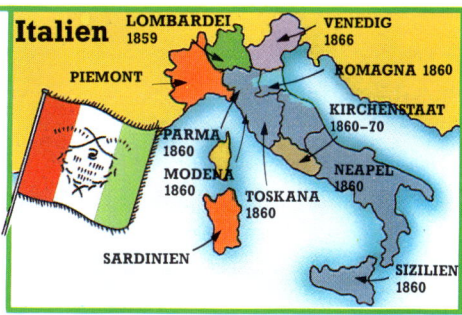
Italien

LOMBARDEI 1859
VENEDIG 1866
PIEMONT
ROMAGNA 1860
KIRCHENSTAAT 1860–70
PARMA 1860
MODENA 1860
NEAPEL 1860
TOSKANA 1860
SARDINIEN
SIZILIEN 1860

Der **griechische Freiheitskampf** wurde von den **Türken** grausam niedergeschlagen.

Griechische Freiheitskämpfer.

Der erste nationale Freiheitskampf brach **1821** in **Griechenland** aus. **Rußland, Österreich** und **England** griffen ein, denn ein Zerbrechen des **Osmanischen Reiches*** hätte das Gleichgewicht der Mächte verschoben. Sie zwangen die **Türkei**, die **griechische** Unabhängigkeit **1827** anzuerkennen. **1832** wurde **Otto von Bayern** erster König der neuen Nation.

1867 wurde **Österreich** in die **Doppelmonarchie Österreich-Ungarn** umgewandelt.

Der österr. Kaiser Franz Joseph I. wird **1867** König von **Ungarn**.

Die Revolutionen von **1848*** erschütterten das **Habsburger Reich***. **1867** erhielt Ungarn die Selbstverwaltung. In **Deutschland** und **Italien**, die aus mehreren Kleinstaaten bestanden, entstanden Bewegungen, deren Ziel die **nationale Einheit** war. Die Einigung kam jedoch weniger wegen des neu erwachten Nationalgefühls, sondern wegen der Expansionsbestrebungen **Preußens*** und **Piemonts** und ihrer Kanzler **Cavour** und **Bismarck** zustande.

Cavour verbündete sich mit **Frankreich** gegen **Österreich**. Österreich wurde **1859** bei **Magenta** und **Solferino** geschlagen und verlor die meisten italienischen Gebiete. **Piemont** erhielt die **Lombardei**. **1860** schloß sich fast ganz **Norditalien** aufgrund eines **Plebiszites*** an **Piemont** an. Ende des Jahres wurde auch das von **Garibaldi** eroberte **Süditalien** aufgenommen. **1866** folgte **Venedig** und **1870 Rom**.

Der „Zug der Tausend" unter dem **italienischen** Freiheitskämpfer **Garibaldi** führte **1860** zur Eroberung **Neapels** und **Siziliens**.

Um **1850** war **Preußen** die führende Wirtschaftsmacht in Deutschland. Durch diplomatische und militärische Schachzüge sicherte **Bismarck** auch Preußens politische Vorherrschaft. Er schlug **1866 Österreich** in **Schleswig-Holstein** und einte die **norddeutschen Staaten** zum **Norddeutschen Bund**. Preußens Sieg über **Frankreich** (**1870**) veranlaßte auch die **süddeutschen Staaten**, sich anzuschließen. **1871** wurde der preußische König als Wilhelm I. deutscher Kaiser.

Deutschland

SCHLESWIG
HOLSTEIN
Pommern
PREUSSEN
Jena
Berlin
WESTFALEN
Grenzen des: Deutschen Kaiserreiches 1871
BAYERN
FRANKREICH
Wien
Norddeutschen Bundes 1867
SCHWEIZ

1848, 92; Balkan (s. Karte, 89); Habsburger (s. Maria Theresia, 76); Liberalismus, 113; Osmanisches Reich, 64–65; parlamentarische Demokratie, 114; Plebiszit, 114; Preußen, 77.

Asien

1839—42 **Chinas** Versuch, den Import **indischen Opiums** durch **britische** Händler zu unterbinden, führt zum **Opiumkrieg**. **China** wird gezwungen, den Handel zuzulassen, und **England** erhält **Hongkong**.

Hafen von **Kanton, China**, im **19. Jahrhundert**.

1841 **Ägypten** verliert **Syrien** an die **Türkei**.

1842 **Großbritannien** erobert **Labuan, Borneo**.

1843 Die **Briten** erobern **Sind**.

1845—46 **England** gewinnt im ersten Krieg gegen die **Sikhs** die Herrschaft über den **Pandschab**.

1847 **Franz.** Expedition nach **Cochin-China**.

1848—49 **Zweiter britischer Sikh-Krieg**. Der **Pandschab** wird **Britisch-Indien** angegliedert.

1850—64 **Taiping-Aufstand** in **China** gegen die verfallende **Mandschu*-Dynastie**.

1852 **Zweiter britisch-birmesischer Krieg**. **Großbritannien** erobert **Pegu**.

1853 Kanonenboote der **USA** zwingen **Japan**, seine Häfen für den Handel zu öffnen. **Europäische** Kontakte mit **Japan** nehmen nach der Isolationszeit zu. Eine Zeit der Unruhe und Schwäche für die **Tokugawa*-Dynastie**.

Amerikaner gehen in **Japan** an Land.

1856 **Brit. Ostind. Handelsg.*** erobert **Oudh**.

1857—60 **Engländer** und **Franzosen** erobern **Peking**.

1857 **Indische Meuterei**: Aufstände **bengalischer** Soldaten gegen brit. Fremdherrschaft breiten sich schnell über ganz **Nordindien** aus.

Die Rebellen erobern **Delhi** und belagern die britische **Residenz*** in Lucknow.

1858 Mit der Befreiung **Lucknows** wird die **indische Meuterei** niedergeschlagen. Die **britische** Regierung unterstellt die **Ostind. Handelsgesellschaft*** der Krone und verwaltet **Indien** durch einen Vizekönig. Ende des indischen **Mogulreiches***.

Afrika und Ozeanien

1840 Der amerikanische Forscher **Wilkes** entdeckt die Küste der **Antarktis**.

1841 Erste Forschungsreise des **brit.** Misssionars David **Livingstone** nach **Afrika**.

1842 Die **Buren*** errichten den Freistaat **Oranje**.

1842—43 Krieg zwischen **Buren*** und **Briten** in **Natal**.

1844 Krieg zwischen **Frankreich** und **Marokko**.

1844—48 Erfolgloser Aufstand der **Maori** (Ureinwohner **Neuseelands**) gegen die **Engländer**.

1844—45 Der **brit.** Forschungsreisende Charles **Sturt** führt eine Expedition nach **Zentral-Australien**.

1846—47 **Briten** schlagen die **Bantu** in **Südafrika**.

1847 **Liberia** wird unabhängig.

1848 **Otago** in **Neuseeland** wird gegründet.

1851 Bei **Bathurst, Victoria**, wird **Gold** gefunden.

1853 Richard **Burton** (engl.) erreicht **Mekka***.

1853—54 **Goldrausch** in **Victoria, Australien**.

1854 **Großbritannien** anerkennt die Unabhängigkeit von **Transvaal**.

1855 **Livingstone** entdeckt die **Viktoria**-Fälle in **Südafrika**.

1856 **Pretoria** wird Hauptstadt von **Transvaal**. **Natal** wird **britische Kronkolonie***.

1858 Der **englische** Forscher John **Speke** erreicht den **Viktoria**-See, die Quelle des **Nil**.

1858—64 **Livingstone** erforscht den **Sambesi**.

1859—69 Eine **französische** Gesellschaft baut den **Suez-Kanal** in **Ägypten**.

Die ersten Schiffe fahren durch den **Suez-Kanal**.

1859 **Queensland** wird eigenständige Kolonie.

1860 **Franz.** Expansion in **Nordafrika** beginnt.

1860—61 Die brit. Forscher **Burke** und **Wills** durchqueren **Australien**.

1860—64 Krieg zwischen **Maori** (Ureinwohner) und Siedlern in **Neuseeland**.

1861 **Australien** wird zum ersten Land mit **Stimmrecht für Frauen**.

1863 **Goldrausch** in **Neuseeland**.

1868 Ende der Sträflingstransporte von **Großbritannien** nach **Australien**.

1869 **Diamantrausch** in **Südafrika** beginnt.

Westeuropa

1834 **Deutscher Zollverein** unter **Preußens** Führung als Vorstufe der politischen Einigung.

1834—39 **Karlistenkriege in Spanien:** Don Carlos kämpft um die Thronfolge.

1838 Die **Chartisten**-Bewegung in **England** fordert das Wahlrecht für alle Männer über 21 Jahre.

1837—1901 Herrschaft der Königin **Viktoria** von **Großbritannien.**

1837 Die Briten **Cooke** und **Wheatstone** erfinden den ersten elektrischen **Telegrafen.**

1838 Der **Franzose** L. Daguerre erfindet das erste praktisch verwendbare **fotografische Verfahren.**

1840 Erste **Briefmarke,** die „*Penny Black*", wird in **England** herausgegeben.

1845—48 Große **Hungersnot** in **Irland** führt zu Massenauswanderung nach **USA.**

1847 Bürgerkrieg in der **Schweiz.**

1848 * **Revolutionen** überall in **Europa.** In **Frankreich Zweite Republik** (**1848—51**) ausgerufen.

1848 *Kommunistisches Manifest* von **Karl Marx** (**1818—83**) und **Friedrich Engels** (**1820—95**).

1851 Erste Weltausstellung in **London** zeigt Errungenschaften von Technik und Kultur.

Der von **John Paxton** errichtete **Kristall-Palast** in **London** für die erste Weltausstellung.

1852 Sturz der **Zweiten Republik.** Ludwig Napoleon wird Kaiser **Napoleon III.** von **Frankreich. Zweites Kaiserreich** (**1852—1870**).

1859 Der englische Naturforscher **Charles Darwin** begründet seine **Evolutionstheorie.**

1863 Erste **U-Bahn** in **Großbritannien** erbaut.

1864 In **Genf** wird das **Rote Kreuz** für die medizinische Versorgung von Verwundeten im Felde gegründet.

Zelte und Ambulanz des **Roten Kreuzes.**

Osteuropa u. Italien

1853—56 **Krimkrieg. Rußland** verlangt Protektoratsrechte über **türkische** Christen und das Durchfahrtrecht durch die **Dardanellen** für russ. Kriegsschiffe. **England, Frankreich** und **Türkei** erklären Rußland den Krieg.

Szene aus dem **Krimkrieg.**

Rußland wird bei **Alma, Balaklava, Inkerman** und **Sewastopol** geschlagen.

1856 Der **Friede von Paris** beendet den Krimkrieg und besiegelt Rußlands Niederlage.

1859 **Frankreich** unterstützt einen **italienischen** Aufstand gegen **Österreich.**

1860 **Parma, Modena** und **Toskana** mit **Piemont** vereint. **Garibaldi** * führt eine Revolution in **Sizilien** an und schließt sich dem **italienischen Königreich** an. Der **Kirchenstaat** wird besetzt. Der **Papst** behält **Rom.**

Eröffnung des ersten italienischen Parlaments in **Turin 1860.**

1861 **Viktor Emanuel,** König von **Piemont-Sardinien,** wird König des geeinten **Italiens.**

1861 **Zar Alexander II.** von **Rußland** befreit die **Leibeigenen** *.

Russische Leibeigene.

1863—64 **Polnischer** Aufstand gegen **Rußland** niedergeschlagen.

1864 Krieg zwischen **Preußen** und **Dänemark.** Dänemark muß **Schleswig** u. **Holstein** an **Preußen** u. **Österreich** abtreten.

1866 Krieg zw. **Preußen** u. **Österr.** um **Schleswig-Holstein.**

1866 **Italien** gewinnt **Venedig** im Krieg gegen **Österreich.**

1866 Der **böhmische** Mönch und Botaniker **Mendel** veröffentlicht die **Vererbungsgesetze.**

1867 **Preußen** gründet den **Norddeutschen Bund** *.

Amerika

1821 **Mexiko** wird unabhängig von Spanien. General **Augustin Iturbíde** wird **1822** Kaiser **Augustin I.**

1822 **Haiti** wird unabhängig.

1822 **Brasilien** wird unabhängig von Portugal.

1823 Die **Monroe-Doktrin:** US-Präsident **Monroe** warnt die **Europäer,** sich in amerikanische Angelegenheiten einzumischen.

1823 **Zentralamerikanische Föderation** * gegründet.

1823—24 nach dem Sturz **Augustins I.** wird **Mexiko** zur **Republik** *.

1828 **Uruguay,** seit **1816** Teil von **Argentinien,** wird selbständige **Republik** *.

Um 1830 **Amerikanische** Siedler ziehen in den **Westen.**

Indianerstämme, von landhungrigen Siedlern aus ihrer Heimat vertrieben.

1830 **Groß-Kolumbien** zerfällt in **Kolumbien, Ekuador** und **Venezuela** als selbständige **Republiken** *.

1833 **Großbritannien** annektiert die **Falkland-Inseln.**

1836 **Texas** löst sich von **Mexiko** und wird **Republik** *.

1839—40 Auflösung der **Zentralamerikanischen Föderation** in die Republiken **El Salvador, Honduras, Nicaragua, Guatemala** und **Costa Rica.**

1840 **Ober-** und **Unterkanada** werden vereinigt und erhalten **1841** Selbstregierung.

1845 **Texas** und **Florida** werden Staaten der **USA.**

1845—48 Krieg zwischen **Mexiko** und den **USA. Mexiko** verliert **Kalifornien, Neumexiko, Arizona, Utah** und **Colorado.**

1848—49 In **Kalifornien** wird **Gold** entdeckt.

Gerangel um Afrika

Zu Beginn des **19. Jahrhunderts** war der größte Teil **Afrikas** den Europäern noch unbekannt. Es gab eine Handvoll **britische** und **französische Siedlungen** an der **Westküste**, aber dies waren Handelsposten oder befestigte Plätze zum Schutz des Handels. Die einzigen Kolonien waren die portugiesischen Küstenkolonien **Angola** und **Mosambik**, die **Kapkolonie** (die **1814** von holländischer in britische Kontrolle wechselte) und seit **1830** das französische **Algerien**.

Die ersten **Europäer** in **Afrika** waren Forschungsreisende und **Missionare**, die kamen, um die **Afrikaner** zum **Christentum** zubekehren.

Aber zwischen **1877** und **1914** wurde nahezu der ganze Kontinent durch die europäischen Mächte kolonisiert. Bestehende Siedlungen wurden vergrößert und neue Kolonien gegründet. Der Wettlauf um die Aufteilung **Afrikas** ging schnell voran.

MAROKKO 1912
TUNESIEN 1881
Suezkanal
ALGIEREN 1830
LIBYEN 1912
ÄGYPTEN 1882
RIO DE ORO 1885
BRITISCH-SOMALILAND 1884
FRANZ. WESTAFRIKA 1876–1898
GAMBIA
ANGLO-ÄGYPT. SUDAN 1898
GOLDKÜSTE 1874
LIBERIA
NIGERIA 1861–1903
ÄTHIOPIEN
SIERRA LEONE 1896
TOGO 1884
KAMERUN 1884
UGANDA 1895
KENIA 1886
FRANZ. KONGO 1910
BELG. KONGO 1885
ITAL. SOMALILAND 1889
TANGANJIKA 1885
ANGOLA
DEUTSCH-SÜDWEST-AFRIKA 1884
RHODESIEN 1888–1889
NJASALAND
BETSCHUANALAND 1885
MADAGASKAR 1885–1896
SÜDAFRIKAN. UNION

- Frankreich
- Großbritannien
- Deutschland
- Portugal
- Belgien
- Anglo-Ägyptisches Kondominium
- Spanien
- Italien

TRANSVAAL
SWASILAND
Pretoria
Majuba
Johannesburg
ORANJE-FREISTAAT
Isandlhwana
BASUTOLAND
KAPLAND
Zulu-Reich

Die Karte zeigt die Daten der Kolonisation.

Asien

1858 **Vertrag von Tientsin:** 11 chinesische **Häfen** werden für den europäischen Handel geöffnet.

1859—1860 Britisch-französische Truppen besetzen **Peking. China** muß den weißen Mächten Sonderrechte einräumen.

1859—1865 **Mandalay** ist Hauptstadt von **Birma.**

1861—1862 **Frankreich** führt Krieg gegen **Cochin-China (Südvietnam)** und richtet **1867** ein **Protektorat*** über diese Provinz ein.

1863 **Frankreich** übernimmt das **Protektorat*** über **Kambodscha.**

1868 Die großen Familien **Japans** organisieren die Opposition gegen die **Tokugawa*.** Der letzte **Shogun*, Keiti,** dankt nach einem **Staatsstreich*** ab. Unter einer neuen Regierung wird die Macht in die Hände des Kaisers zurückgegeben (**Meiji-Erneuerung**). Für Japan beginnt der Aufstieg zur modernen Großmacht.

In einer japanischen **Seidenfabrik**

In der **Meiji**-Ära bauten die **Japaner** Werften, Webereien und Waffenschmieden. Sie führten die Wehr- und Schulpflicht ein und schufen ein Eisenbahn- und Postnetz.

1873 Fortgesetzte russische Expansion in **Asien. Rußland** erobert **Chiwa** und zahlreiche Provinzen.

1874 **Annam** (Vietnam) öffnet sich für den franz. Handel. **Tongking** wird **1883** franz. **Protektorat*.**

1876 **Korea** wird von **China** unabhängig.

Afrika und Ozeanien

1871 **Ujiji, Ostafrika:** Der britische Journalist und Entdecker **Henry Stanley,** trifft **David Livingstone*,** der vier Jahre lang als vermißt galt.

Stanley wird begrüßt **Livingstone.**

1872 **Großbritannien** kauft die holländischen Siedlungen an der **Goldküste.**

1873—1896 **Großbritannien** beginnt mit der Niederwerfung der **Aschanti*** in **Westafrika.**

1874—1877 **Stanley** erforscht den **Kongo.**

1875 Der brit. Premierminister **Disraeli** kauft **Suez-Kanal-Aktien** und sichert sich so den Seeweg nach **Indien.**

Zeremonie anläßlich der Eröffnung des **Suez-Kanals.**

1876 **Großbritannien** u. **Frankreich** übernehmen Schuldenverwaltung in **Ägypten.**

1877 **Transvaal** wird von **Großbr.** annektiert*.

1879 **Großbr.** und **Frankr.** kontrollieren **Ägypten.**

Es gab viele Gründe für den Wettlauf. Die **Franzosen** hatten schon seit längerem versucht, ihren Einfluß in **Nordafrika** und an der **Westküste** auszuweiten. Die **Industrialisierung*** in **Europa** und die Expansion des Welthandels erforderten neue Märkte und Rohstoffe. Forschungsreisen und der Bau von Eisenbahnen öffneten bis dahin unwegsame Regionen.

Deutsche kämpfen gegen **Hererokrieger** in **Südwestafrika**. Trotz heftigen Widerstandes unterlagen die Europäer auf Dauer nur in **Äthiopien** (1896).

Großenteils kam das Gerangel durch die Landnahme durch Siedler zustande. Aber es war auch eine Frage der Rivalität zwischen den europäischen Nationen und des Prestiges, ein Kolonialreich zu besitzen. **Afrika** war der letzte, noch nicht erschlossene Kontinent, und junge Nationen wie das **Deutsche Reich** und **Italien** wollten sich hier am Wettlauf um die Aufteilung der Welt beteiligen.

Raffles und Singapur

Singapur wurde 1819 durch **Sir Stamford Raffles** gegründet, der damals einen Stützpunkt der **Ostindischen Handelsgesellschaft*** in **Sumatra** verwaltete. **Raffles** wollte die britische Macht in **Südostasien** ausdehnen und als Gegengewicht zum holländischen Hafen **Malakka** eine britische Basis für den Handel mit **China** und **Indien** schaffen. Nach Einigung mit dem Herrscher der Insel landete er mit einer kleinen Truppe und gründete eine Kolonie. Dies verärgerte die **Holländer**, doch 1824 erwarb die Kolonie die ganze Insel.

MALAYSIA
Kedah
Malakka
Kuala Lumpur
Singapur
SUMATRA
BORNEO
■ Holländisch
■ Britisch   JAVA   INDONESIEN

Strategisch günstig gelegen, wenn auch von Krankheiten heimgesucht und dünn besiedelt, entwickelte sich **Singapur** bald zum größten und reichsten Hafen der Region.

Westeuropa

1865 **Louis Pasteur**, ein franz. **Chemiker**, veröffentlicht seine Theorien von den **Bakterien**.

1867 **Zweites Reformgesetz** erweitert das Wahlrecht in **England**.

1867 **Karl Marx*** veröffentlicht *Das Kapital*, eine Zusammenfassung seiner Theorien.

1870 Krieg zwischen **Frankreich** und **Preußen** endet mit der Niederlage **Frankreichs** (**Schlacht bei Sedan**). Preußische Truppen belagern **Paris** und stürzen das **Zweite Kaiserreich***. Nach einer Revolution **Dritte Republik** (1870—1940).

1871 Der **Friede von Frankfurt** beendet den Deutsch-Französischen Krieg.

Belagerung von **Paris** durch **preußische Truppen**.

Osteuropa und Italien

1867 Das **Kaisertum Österreich** wird in die **Österreichisch-Ungarische Doppel-Monarchie*** umbenannt, nachdem **Ungarn** gleichen Status erhalten hat.

1870 **Rom** fällt an das **Königreich Italien*** und wird Hauptstadt des vereinigten **Italien**. Der **Papst** behält den **Vatikan** (1871).

1871 **Wilhelm I.** von **Preußen** wird **deutscher Kaiser**, **Bismarck** wird **Reichskanzler**.

Gründung des Deutschen Kaiserreiches in Versailles 1871

1873 **Drei-Kaiser-Bund:** Deutschland, Österreich-Ungarn und Rußland.

1874 **Island** wird unabhängig.

Amerika

1857 Bürgerkrieg in **Mexiko**.

1859 In **Pennsylvania** wird **Erdöl** entdeckt.

Mit der Entdeckung von Öl wird die Entwicklung der **Erdölindustrie** ermöglicht.

Ölquelle in **Pennsylvania**.

1860—70 Schwere Kämpfe zwischen **Indianern** und Siedlern in **Nordamerika** führen zur Reduzierung der Indianerbevölkerung.

1860 **Abraham Lincoln** wird **Präsident der USA**.

Schlacht zwischen den Truppen der **Union** und den **Konföderierten** im Nordamerikanischen **Bürgerkrieg**.

1861—65 **Bürgerkrieg*** in den **USA** (Sezessionskrieg).

1864 **Erzherzog Maximilian von Österreich** wird **Kaiser von Mexiko**. Er wird **1867** erschossen und **Frankreich** zieht sich zurück.

Asien

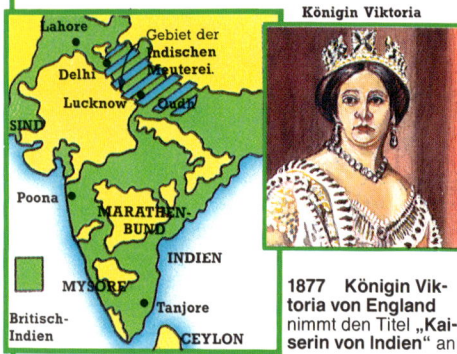

Königin Viktoria

1877 Königin Viktoria von England nimmt den Titel „**Kaiserin von Indien**" an.

1878—1880 Krieg zwischen **England** und **Afghanistan. Britisch-Indien** macht Gebietsgewinne; englischer Einfluß in **Afghanistan** wächst.

1881 Weitere **russ. Expansion** in Turkestan.

1883 Annam wird franz. **Protektorat***.

1883—84 Frankreich expandiert weiter in **Südostasien**. Krieg mit **China** um **Tongking**.

1884 Kambodscha von **Frankreich annektiert***.

1885 Indischer Nationalkongreß gegründet. Nationale Unabhängigkeitsbewegung beginnt.

1885—86 Briten annektieren* **Ava*** in Birma.

1887 Frankreich gründet **Indochinesische Union**.

1890—1897 Entstehung einer **armenischen Revolutionsbewegung** gegen die **Türkei**.

1894—1895 Chines.-japan. Krieg. Japan erhält **Formosa. Korea** wird von **China** unabhängig.

1896 England errichtet die **Föderierten Malaiischen Staaten**.

1896 Britisch-französisches Abkommen über Einflußgebiete in **Siam**.

1896 Rebellion auf den **Philippinen** gegen **Spanien**.

1898 China verpachtet die Halbinsel **Kiautschou** für 99 Jahre an das **Deutsche Reich**.

1898 Spanien verliert die **Philippinen** im Krieg gegen die neue Weltmacht **USA**.

1898—1909 Periode reaktionärer Herrschaft unter **chinesischer Kaiserin Tsu Hsi**. Versuche einer liberalen Reform werden vereitelt.

Kaiserin Tsu Hsi.

Afrika und Ozeanien

1879 Zulus* besiegen **Briten** bei **Isandlhwana**, werden aber im selben Jahr bei **Ulundi** geschlagen.

Schlacht von Isandlhwana.

1881 Nach dem Sieg der **Buren*** über die **Briten** am **Majuba Hill** erhält **Transvaal** die Unabhängigkeit.

1881 Nationalistische Revolte in **Ägypten**.

1882 Brit. Truppen besetzen **Ägypten** und **Sudan** wegen antieuropäischer Unruhen.

1883 Neu-Guinea von **Queensland** annektiert*.

1884 Aufstand gegen die **Briten** im **Sudan**, angeführt durch den **Mahdi**, einen sudanesischen religiösen Führer. **General Gordon** wird nach **Khartum** entsandt.

Gordons Residenz in **Khartum**.

1885 Der **Mahdi** erobert **Khartum. Gordon** fällt.

1886 In **Transvaal** wird **Gold** gefunden, und **Johannisburg** wird gegründet.

1888—89 Ausdehnung des britischen Einflusses in **Rhodesien** durch die *British South Africa Company* unter **Cecil Rhodes. Salisbury** wird gegründet.

1889 Italien will **Protektorat*** über **Äthiopien**.

1891 Kaiser Menilek von Äthiopien kündigt das **ital. Protektorat*. Italien** greift **1895** an, wird aber **1896** bei **Adua** geschlagen.

1895—96 Jameson Raid in Südafrika: **Rhodes** fehlgeschlagene Übernahme **Transvaals**.

1898 Faschoda-Krise: Konfrontation zwischen franz. und engl. Truppen bei **Faschoda** im **Sudan. Französischer Rückzug** führt zur *Entente cordiale*.

1898 Die **Briten** unter **Lord Kitchener** besiegen **sudan. Nationalisten** bei **Omdurman. Sudan** gerät unter **engl.-ägypt. Herrschaft** (**1899**).

1899—1902 Burenkrieg* in **Südafrika**.

Burenkämpfer.

Australien

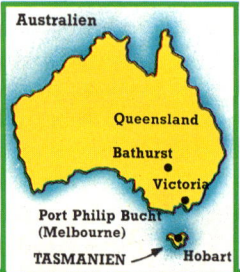

Queensland

Bathurst

Victoria

Port Philip Bucht (Melbourne)

TASMANIEN — Hobart

Neuseeland

Waitangi

OTAGO

annektieren, 113; Buren, 90; Protektorat, 114; Zulu, 90.

Westeuropa

1871 Paris fällt an die deutschen Truppen. **Frankreich** verliert **Elsaß** und **Lothringen** und zahlt eine hohe Entschädigung. Ein Aufstand der **Pariser Kommune** wird von Regierungstruppen zerschlagen.

Kommunarden (Mitglieder der **Kommune**) zerstören das Standbild **Napoleons** in **Paris**.

1872—74 Bürgerkrieg in **Spanien**.

1874 Impressionistische Malerei beginnt in **Frankreich**.

1880—85 Antibritische Unruhen in **Irland**.

1884 Reformgesetz in **England** gibt Landarbeitern das Wahlrecht.

1888 Der Schotte **John Dunlop** produziert **Luftreifen**.

Eifelturm, erbaut für die **Weltausstellung 1889** in **Paris**.

1890 Luxemburg wird von **Holland** unabhängig.

1893 Französische Allianz mit **Rußland**.

1894 Dreyfus-Affäre in **Frankreich**. Die Anklage gegen den jüdischen Armeeoffizier wegen Verrates führt zu sozialen und politischen Auseinandersetzungen. (Er wird **1906** freigesprochen).

Dreyfus unter Arrest.

1898 Pierre und **Marie Curie (franz.)** entdecken die **Radioaktivität** u. das Element **Radium**.

Osteuropa u. Italien

1876 Serbien und **Montenegro** erklären der **Türkei** den Krieg.

Türkische Truppen während des russisch-türkischen Krieges.

1877—1878 Russisch-türkischer Krieg. Rumänien, Montenegro und **Serbien** werden von der **Türkei** unabhängig. **Bulgarien** wird **autonom***. **Rußland** macht große Landgewinne, doch diese werden auf dem **Berliner Kongreß** (1878) revidiert.

Das **Brandenburger Tor, Berlin**.

1879 Zweibund zwischen **Deutschland** und **Österreich-Ungarn. Italien** tritt **1882** bei.

1881 Zar Alexander II. von **Rußland** wird ermordet. Repression folgt unter **Alexander III.**

1883 Russisch-marxistische Partei gegründet. Unruhen folgen.

1885 Daimler und **Benz**, deutsche Erfinder, bauen ein **Automobil**.

Erstes benzinbetriebenes Auto von **Karl Benz** (1885).

1888—1918 Regierung **Kaiser Wilhelms II.** von **Deutschland**. Spannungen mit **Bismarck***.

1892—1903 Modernisierung und industrielles Wachstum in **Rußland** unter **Sergej Witte**.

1893 Allianz zwischen **Rußland** und **Frankreich**.

1894—1897 Griechen und Kreter erheben sich gegen die Türken. Kreta 1897 zu Griechenland.

1895 Marconi, ital. Physiker, erfindet das **Radio**.

1895 Sigmund Freud, österr. **Psychiater**, veröffentlicht sein erstes Buch über **Psychoanalyse**.

Amerika

1864—70 Paraguay führt Krieg mit seinen Nachbarn, die Bevölkerung schrumpft um die Hälfte.

1865 Amerikan. Bürgerkrieg* endet mit dem Sieg der **Union*** über die **Konföderierten***. Die Sklaverei wird in den **USA** abgeschafft. **Abraham Lincoln** wird ermordet.

1866 Erste **transatlantische Kabelverbindung**.

1867 USA kaufen von **Rußland Alaska** für **7 Millionen Dollar**.

1867 Kanada wird **Dominion***.

1868—1878 Kuba verliert den Freiheitskampf gegen **Spanien**.

1869 Erste **transkontinentale Eisenbahnstrecke** in den **USA**.

Amerikanische Eisenbahn um **1860**.

1876 Erstes brauchbares **Telefon** von **Alexander Graham Bell** vorgeführt.

1877 Thomas Edison, ein **Amerikaner**, erfindet den **Plattenspieler** (links) und die **elektrische Glühbirne** (1879).

1879 Chile im Krieg mit **Bolivien** (bis **1883**) und **Peru** (bis **1884**). Beide Staaten verlieren Gebiete an **Chile**.

1877—1911 Regierung von **Porfirio Diaz, mexikan. Diktator***. Er sorgt für Ordnung, Wohlstand und industrielles Wachstum.

1880 Beginn der Bauarbeiten für den **Panama-Kanal**.

1889 Nach Sturz **Pedros II.** wird **Brasilien Republik***.

1890 Schlacht am Wounded Knee: letzter **Indianer**aufstand in **USA**.

1898 Der **Friede von Paris** beendet den **spanisch amerikanischen Krieg** zugunsten der **USA**.

Amerikan. Kriegsschiff ca. **1898**.

Afrika und der Nahe Osten

1900 Die **Briten** siegen über die **Buren** und annektieren den **Oranje-Freistaat** und **Transvaal**. Der **Burenkrieg*** endet mit dem **Frieden von Vereeniging** (1902).

1908 Revolution durch die **Jungtürken**, eine Vereinigung von Offizieren, unter ihnen **Mustafa Kemal**. Der Sultan führt eine liberale Verfassung ein und verspricht Reformen. Es folgt eine Periode der Stabilität. **1909** wird der Sultan durch die Jungtürken entthront.

Gruppe von **Jungtürken**.

1910 Das **britische Dominion*** **Südafrikanische Union** wird gegründet.

1911 **Italien** und **Türkei** führen Krieg um **Tripolis**. **Libyen** gerät **1912** unter italienische Kontrolle.

1914–22 **Ägypten** wird **brit. Protektorat***.

1916 **Arabische Nationalisten** im **Hedschas** erheben sich gegen die **Türken**.

T. E. Lawrence (**Lawrence von Arabien**), brit. Archäologe und Schriftsteller, organisiert den **arabischen Aufstand** gegen die **Türken**.

Arabische Nationalisten.

1917 **Balfour-Deklaration**: England garantiert den **Juden*** die Einrichtung eines Nationalstaates in **Palästina**, jedoch nur unter Wahrung der **arabischen** Rechte.

1918 **Syrien** erklärt die Unabhängigkeit, was **Frankr.** und **England** nicht anerkennen. Franz. Truppen übernehmen **1919** die Kontrolle.

1918 Zusammenbruch des **Osmanischen Reiches***. Die **Alliierten*** kontrollieren **Istanbul**.

1919 **Völkerbund** überträgt Mandat der **deutschen Afrikakolonien** den **Alliierten***.

1920 **Abdullah** wird **König von Irak**.

Türkische Flagge

1920 **Feisal I.** wird **König von Syrien**. **Jordanien** wird von **Syrien** getrennt.

1922 **Mustafa Kemal** (**Atatürk**) (**1882–1938**) erklärt die **Türkei** zur Republik. Es folgt eine Zeit der Reformen und Modernisierung.

1922 **England** erklärt Unabhängigkeit **Ägyptens**.

1922 Der **Völkerbund** überträgt **Frankreich** das **Mandat*** über **Syrien**.

1923 **England** erhält das **Mandat*** über **Palästina**.

1924 Verstärkung der Unabhängigkeitsbewegung in **Marokko**.

1926 **Ibn Saud** wird **König des Hedschas und Nadschad, 1932** in **Saudi-Arabien** umbenannt.

1926 **Libanon** wird **Republik***.

Asien

1900 Antieuropäischer **Boxeraufstand** in **China**. Intern. Truppe niedergeschlagen.

1901 Eine **brit. Ölgesellschaft** erhält für 60 Jahre in **Persien** Ölbohrrechte. Öl wird **1907** entdeckt.

1904–1905 **Russisch-Japanischer** Krieg um die **Mandschurei** und **Korea**.

1905 **Japaner** zerstören die russ. Flotte bei **Tsushima**. Im **Frieden von Portsmouth** erhält **Japan** das **Protektorat*** über **Korea** und chin. Gebiete.

1908–09 **Sultan Ahmed Schah** ergreift die Macht in **Persien**.

Japanische Soldaten (1904–1905).

1909 **Großbritannien** erwirbt **malaiische Staaten** von **Siam**.

1909 Der tibetan. Führer, der **Daila Lama**, flieht vor den Chinesen nach **Indien**.

1910–1945 **Korea** wird **japanische** Kolonie.

1910 **Tringanu** und **Perlis**, malaiische Staaten, akzeptieren die **brit.** Schutzmacht.

Karte von Malaysia

1910 **China**: Aufstand in der **Provinz Yünnan**.

1910 **Nationale Bewegung*** in **Birma** unter **buddhistischen*** Mönchen.

1911 **Chinesische Revolution**: eine Revolutionsregierung wird in **Nanking** unter **Sun Yat-sen** aufgestellt. Die **Mandschu-Dynastie*** wird **1912** gestürzt und eine **Republik*** ausgerufen. Es folgt eine Zeit großer Unruhe.

Sun Yat-sen und Soldaten.

1917 **China** und **Siam** auf seiten der **Alliierten*** im **1. Weltkrieg***.

1919 **Brit.** Soldaten schießen auf demonstrierende **Gandhi**-Anhänger in **Amritsar**. Nationalgefühl in **Indien** erwacht.

1920 **Mahatma Gandhi** (**1869–1948**) wird Präsident des **Indischen Nationalkongresses** u. beginnt gewaltlosen Kampf für die Unabhängigkeit **Indiens**.

1921 **Mao Tse Tung** gründet die **chinesische kommunistische Partei** in **Peking**.

1924–25 **Risa Khan** wird Herrscher in **Persien**.

1925 Tod von **Sun Yat-sen**. Im folgt **Tschiang Kai-schek**, der bis 1928 ganz **Nordchina** erobert.

1926 **Hirohito** wird **Kaiser von Japan**.

Nord- und Osteuropa

1905 Erfolglose Revolten in **St. Petersburg** und anderen **russischen** Städten.

1905 **Norwegen** wird von **Schweden** unabhängig.

1907 Wachsende Freundschaft zwischen **England** und **Rußland**.

1908 **Österreich-Ungarn** besetzt die türkischen Provinzen **Bosnien** und **Herzegowina**. Internationale Spannungen.

Bosnischer Kämpfer

1912 **1. Balkan-Krieg**: **Bulgarien, Griechenland, Serbien** u. **Montenegro** besiegen **Türkei**.

1913 **2. Balkan-Krieg**: **Türkei, Rumänien, Serbien** und **Griechenland** besiegen **Bulgarien**.

1914 Ermordung des **Erzherzogs Franz Ferdinand** in **Sarajewo** löst den **Ersten Weltkrieg*** aus (**1914—1918**).

Erzherzog Franz Ferdinand fährt durch **Sarajewo**.

1917 **Russische Revolution***.

März 1918 **Friede von Brest-Litowsk**: **Rußland** ist besiegt u. schließt Separatfrieden mit **Deutschland**, das den **Alliierten*** im November unterliegt.

1918 Neue Nationen werden unabhängig: Die **baltischen Republiken** (**Lettland, Estland** und **Litauen**), **Tschechoslowakei** und **Jugoslawien**.

Karte der neuen Nationen

1918 Revolution in **Berlin**. Der **Kaiser*** flieht, die **Weimarer Republik*** wird ausgerufen (**Juli 1919**).

1918 **Kaiser Karl von Österreich-Ungarn** dankt ab.

1919 **Finnland** wird **Republik***.

1923 **Putsch*** der **Nazis** (**Nationalsozialisten**) unter **Adolf Hitler** (**1889—1945**) scheitert.

Süd- und Westeuropa

1901 **Eduard VII.** folgt **Königin Viktoria** (**1837—1901**) auf dem Thron.

1902 **England** geht eine **Allianz** mit **Japan** ein, Ende einer langen Periode der Isolation.

1903 **Delcassé**, franz. Außenminister, besucht **London**. Wachsende engl.-franz. Freundschaft.

1904 **Entente cordiale**: Freundschaftspakt zwischen **England** und **Frankreich**.

1907 Zunehmende englisch-russische Annäherung.

1910 Revolution in **Portugal**: der König wird gestürzt und das Land **1911** **Republik***.

1914—1918 **Erster Weltkrieg***.

1914 Deutscher Vormarsch durch **Luxemburg** und **Belgien**. Beginn des Stellungskrieges an der **Westfront***.

1915 **Italien** tritt der **Allianz*** bei.

1916 **Osteraufstand** in **Dublin, Irland**, gegen **England**.

1916 **Briten** setzen erstmals Panzer ein.

Englischer Panzer 1917.

1916 **Schlacht um Verdun** und an der **Somme**: Patt an der **Westfront***.

1917 **Schlacht bei Passchendaele**. Keine Entscheidung.

1918 **England**: Wahlrecht für Frauen über 30.

1919 **Mussolini** organisiert **Faschisten*** in **Italien**.

1919 **Pariser Konferenz** mit Gründung des **Völkerbundes**, um den Frieden zu sichern.

1919—21 Unruhen in **Irland**.

1919 **Versailler Vertrag**. Im Spiegelsaal von Versailles wird der Frieden zw. den Alliierten und dem Deutschen Reich unterzeichnet.

1921 Der **Irische Freistaat** (**Eire**) wird **brit. Dominion***.

Amerika, Australien und Ozeanien

1900 **Neuseeland** besetzt die **Cook-Inseln**.

1900 **Papua** wechselt von **England** nach **Australien**.

1903 Revolution in **Panama**. Als **US-Protektorat*** gewinnt es Unabhängigkeit von **Kolumbien**.

1903 Erste Funkübertragung von **USA** nach **England**.

1903 Den **Gebrüdern Wright** (**USA**) gelingt der erste erfolgreiche Flug mit einem Motorflugzeug.

Flugzeug der Gebrüder Wright

1904 Baubeginn des **Panamakanals**.

1907 **Neuseeland** wird **Dominion***.

1908—18 Unruhen auf **Haiti**.

1911 Eine Revolution in **Mexiko** stürzt **Porfirio Diaz***. Es folgen Unruhen und der Aufstieg lokaler **Diktatoren***.

Mexikanische Revolution

1912 Der **Norweger Amundsen** erreicht als erster den **Südpol**.

1912 **Henry Ford** (**USA**) beginnt Massenproduktion von Autos.

1914 Eröffnung des **Panamakanals**.

1917 **Amerikan.** Schiffe werden durch **deutsche** U-Boote versenkt. Die **USA** erklären den Krieg. **Südamerikanische Staaten** u. **Kuba** treten der **Allianz*** bei.

1919 Erster Flug zwischen **England** und **Australien**.

1919 **Australien** erwirbt ehem. deutsche Kolonien im **Pazifik**.

1920 **USA** tritt nicht dem **Völkerbund** bei. Die **Prohibition** (**Alkoholverbot**) tritt in Kraft.

1921 Ende der freien Einwanderung in die **USA**.

1927 **Canberra** wird Hauptstadt des **Bundesstaates Australien**.

1927 „**Der Jazz-Sänger**", erster erfolgreicher **Tonfilm** (**USA**).

Der Erste Weltkrieg 1914–1918

Der **Erste Weltkrieg** war ein **europäischer** Krieg, in Europa um europäische Probleme ausgetragen. Trotzdem weitete er sich zu einem weltweit geführten Kampf aus. Viele **nichteuropäische Länder** und vor allem die Kolonien europäischer Mächte waren mitbetroffen.

Anfangs gab es eine Welle von Patriotismus und Enthusiasmus für den Krieg, von dem die meisten annahmen, er würde nicht lange dauern. Je länger der Krieg dauerte und je mehr er zu einer Folge von blutigen und erfolglosen Schlachten wurde, desto kriegsmüder wurden die Völker.

Französisches Kriegsplakat.

Die **Mittelmächte:**
Deutschland, Österreich, Ungarn
Die **Alliierten: England, Frankreich, Rußland**
Später mit den **Mittelmächten** verbündet
Später mit den **Alliierten** verbündet

RUSSLAND
Ostfront
Brest-Litowsk
Deutsches Reich
Passchendaele
GROSS-BRITANNIEN
Somme
Verdun
Westfront
Marne
ÖSTERREICH-UNGARN
FRANKR.
Sarajewo
RUMÄNIEN
ITALIEN
BULGARIEN
Gallipoli
GRIECHENL.
OSMANISCHES REICH

Europa 1914–1918

Etwa seit **1870** waren Bündnisse zwischen den Großmächten geschlossen worden, um das militärische Gleichgewicht zu erhalten. **1914** gab es zwei Lager: **Deutschland** und **Österreich-Ungarn** auf der einen Seite, **Frankreich** und **Rußland**, unterstützt durch **England**, auf der anderen. Die Hintergründe für den Ausbruch des Krieges lagen in einer Vielzahl von Interessengegensätzen und Spannungen zwischen den europäischen Mächten.

Deutsche Kriegsschiffe.

Deutsche Flagge um 1914.

Im Hintergrund des Krieges stand der Aufstieg Deutschlands. Sein zunehmender Wohlstand und die militärische Stärke gefährdeten das Kräftegleichgewicht in Europa.

Der Krieg wurde durch die Ermordung des österreichischen Thronfolgers **Erzherzog Franz Ferdinand** von einem **Serben** in **Sarajewo** im **Juni 1914** ausgelöst. Österreich hatte bereits lange Schwierigkeiten mit **slawischen Nationalisten**, darunter Serben, gehabt. So wollte Österreich zurückschlagen und stellte Serbien ein **Ultimatum***. Als eine befriedigende Antwort ausblieb, erklärte Österreich am **28. Juli** den Krieg. Der Erste Weltkrieg begann.

Anfangs hatten die Deutschen Erfolge in Frankreich, doch diese wurden schnell durch die **Alliierten** wettgemacht. Beide Seiten legten Schützengräben und Bunker an. **1915** stand im **Westen** und **Osten** die Front still. Die schlecht ausgerüsteten und halbverhungerten Russen erlitten hohe Verluste. Die sinkende Kampfmoral trug zur **russischen Revolution*** bei.

Vier Jahre lang bestand der Krieg an der **Westfront** aus Versuchen, unter oft großen Verlusten ein nur kleines Gebiet zu erobern, um es bald in einem blutigen Gegenangriff wieder zu verlieren.

In einem **deutschen** Schützengraben.

Wichtige Schlachten

Feb.—Juni 1916   Schlacht von Verdun: Erfolglose deutsche Offensive im Westen.

Juli—Nov 1916   Somme-Schlacht: Erfolgloser britisch-französischer Durchbruchsversuch.

Juli—Nov 1916   Schlacht von Passchendaele: Britische Offensive schlägt fehl.

März—April 1916   Deutsche Frühjahrsoffensive unter **General Ludendorff** durchbricht die alliierten Linien in **Nordfrankreich**.

Juli—Aug 1916   Schlacht an der Marne: Die **deutsche Frühjahrsoffensive** wird gestoppt.

Im **April 1917** traten die **USA** auf alliierter Seite in den Krieg ein. Dies war kriegsentscheidend: **1918** war Deutschland besiegt und kapitulierte am **11. November**. Der Krieg hatte Zerstörungen ungesehenen Ausmaßes bewirkt. Doch die Bedingungen, die Deutschland im **Friedensvertrag von Versailles** (1919) auferlegt wurden – Gebietsverluste, militärfreie Zone am **Rhein** und erdrückende Reparationszahlungen –, hinterließen Probleme, die einen neuen Krieg verursachen sollten. Der Krieg hatte Europa verändert; die alten Reiche brachen zusammen und neue Staaten entstanden.

Nationalismus, 93; **Russische Revolution**, 103; **Ultimatum**, 114.

Die Revolution in Rußland 1917

Die wachsende Unzufriedenheit mit dem repressiven und **autokratischen* Regime** des **Zaren*** erreichte **1917** ihren Höhepunkt. Der **Erste Weltkrieg** brachte Niederlagen und enorme Menschenverluste, es gab viel Armut und Hunger. Armee und Volk wendeten sich gegen den Zar. Unruhen brachen im **März 1917** aus (wegen des anderen Kalendersystems bekannt als **Februarrevolution**). Der Zar wurde gestürzt und eine provisorische **demokratische* Regierung** eingerichtet.

Sturm auf den **Winterpalast** in Petrograd im März 1917.

Die provisorische Regierung, geführt durch die **Menschewiken**, wollte den Krieg fortführen, aber die meisten Russen wollten Frieden. Die **Bolschewisten**, geführt von **Wladimir Iljitsch Uljanow** (**Lenin**) (**1870–1924**), waren auch gegen den Krieg. Im **November 1917** (**Oktoberrevolution**) errichteten sie eine **kommunistische*** Regierung.

Lenin hält eine Rede. Nach dem **Zweiten Weltkrieg** hatte sich der **Kommunismus** fast in ganz **Osteuropa** durchgesetzt.

Neue Regierungsinstitution war der **Oberste Sowjet** (**Arbeiterrat**). Er zentralisierte die Macht im Lande und beschlagnahmte den Kirchenbesitz. Es gab eine starke Opposition, was zu einem Bürgerkrieg (**1918–1920**) führte. Trotz der Invasion antikommunistischer Truppen aus dem Ausland blieb die **Rote Armee** Sieger.

Wichtige Daten

Revolutionsplakat

1900 **Lenin** geht ins Exil und entwickelt seine Theorie des **Marxismus-Leninismus**. Ab 1903 führt er die **Bolschewiken**.

13. März 1917 **Zar Nikolaus II.** dankt ab, und eine provisorische Regierung wird eingerichtet. Politische Macht hat der **Sowjet** in **Petrograd**.

8. November 1917 **Lenin** und **Trotzki** lassen den **Petrograder Sowjet** besetzen. Sturz der Regierung.

Sommer 1918 Der **Zar** und seine Familie werden von den **Kommunisten** ermordet.

1919 Die **Komintern** (Kommunistische Internationale) wird gegründet.

1921 **Neue Ökonomische Politik** in Rußland läßt private Betriebe zu.

1923 **Rußland** in **Union der Sozialistischen Sowjetrepubliken** (**UdSSR**) umbenannt.

Die Weltwirtschaftskrise

Von **1929** bis **Mitte der 30er Jahre** wurde beinahe jedes Land der Welt von der **Weltwirtschaftskrise** betroffen. Die Industrieproduktion sank, und es kam zu einer Massenarbeitslosigkeit. **Deutschland**, die **USA**, **Osteuropa** und viele Rohstoffländer in **Afrika, Asien** und **Lateinamerika** hatten am schwersten zu leiden. Viele Staaten versuchten, ihre Situation durch eine neue Wirtschaftspolitik zu verbessern. Einige führten Schutzzölle und Investitionen in die eigene Industrie ein, um vom Ausland unabhängig zu werden.

Die **Depression*** hatte drei Hauptgründe. Zunächst hatte der **Erste Weltkrieg*** große Armut hinterlassen. An Stelle der alten Reiche gab es neue, schwache und instabile Staaten, die sich Geld liehen, das sie nur schwer zurückzahlen konnten. Zweitens traf der Preisverfall für Rohstoffe und landwirtschaftliche Produkte Länder wie **Australien**, die davon abhängig waren. Zum dritten war die Wirtschaft der USA schwach, von der viele Länder mit ihren Exporten und Geldanleihen abhängig waren. Der **Börsenkrach in New York** im **Oktober 1929** (**Schwarzer Freitag**) stellte den Auftakt zu einer weltweiten Wirtschaftskrise dar.

In den **30er Jahren** wurde der **Faschismus*** zu einer starken Kraft in vielen europäischen Staaten, angeführt durch **Deutschland** unter **Hitler** (rechts) und **Italien** unter **Mussolini**. Die faschistischen Parteien versprachen eine radikale Lösung der wirtschaftlichen Probleme.

Afrika und der Nahe Osten

1927 Großbritannien erkennt Unabhängigkeit **Saudi-Arabiens** und des **Irak** an.

1930 Nach einer Revolution wird **Haile Selassie I.** (1892—1975) Kaiser von **Äthiopien**.

1935 **Italien** greift **Äthiopien** an.

1936 **Italien** annektiert* **Äthiopien.**

Naher Osten

1936 **Arabische** Revolte in **Palästina** gegen **jüdische** Einwanderer.

1940 **Italien** greift **Ägypten** an, wird aber durch **Engländer** zurückgedrängt, die **Libyen** besetzen.

1940 Viele **franz. Afrikakolonien** unterstützen General **de Gaulles** Befreiungsarmee.

1941 **Deutsche** Gegenoffensive unter **General Rommel** gegen die **Alliierten*** in **Nordafrika.**

1941 **Alliierte*** besiegen **Italiener** in **Äthiopien**.

1942 **Rommel** wird bei **El Alamein** durch die **Engländer** unter **General Montgomery** besiegt.

Die Schlacht von **El Alamein, Ägypten (1942).**

1943 Die **Deutschen kapitulieren*** in **Tunesien.**

1945 **Arabische Liga** in **Kairo** gegründet.

1945 Aufstand gegen die **Franzosen** in **Algerien.**

1946 **Transjordanien** wird von **England** unabhängig und in **Jordanien** umbenannt.

1947 Die **UNO*** beschließt die **Teilung Palästinas** in einen **arabischen** und einen **jüdischen** Staat, was die **Araber** ablehnen. Folge sind Kämpfe zwischen **Arabern** und **Juden** nach dem britischen Rückzug.

Flagge Israels

1948 Wahlsieg der **Nationalpartei** in **Südafrika** mit **Apartheid-Programm*.**

1948—49 **Israelisch-Arabischer Krieg** verhindert nicht die **Proklamation*** des **Staates Israel.**

1952 Revolution in **Ägypten: König Faruk** dankt ab. Die **Republik*** wird 1953 ausgerufen.

1952—1955 **Mau-Mau**-Aufstände in **Kenia**. (Geheimbund gegen die **Briten**).

1953 Föderation **Nord-** und **Südrhodesien** und **Nyasaland** gegründet.

1954 **Nasser** (1918—1970) übernimmt die Macht in **Ägypten.**

Asien

1927 **Tschiang Kai-schek**, Führer der **Kuomintang (Nationale Volkspartei)**, bricht mit der **Kommunistischen Partei***. Bürgerkrieg folgt.

1928 **Tschiang Kai-schek wird Präsident Chinas**.

1929 **Gandhi*** fordert die Unabhängigkeit **Indiens** und beginnt eine Kampagne zivilen Ungehorsams. Unruhen folgen.

1931 **Japan*** besetzt die **Mandschurei**, die 1932 zur **Republik von Mandschukuo** erklärt wird.

1934 Schnelle Wiederaufrüstung **Japans**.

1934 Beginn des **Langen Marsches** der **Kommunisten*** nach **Nordchina**, unter der Führung von **Mao Tse-tung***. Von **Kiangsi** aus erreichen sie 1935 **Jenan**, wo sie ein Hauptquartier einrichten.

Der **Lange Marsch** durch die **Berge Chinas**.

Mao Tse-Tung

1935 **Persien** wird in **Iran** umbenannt.

1937 England billigt Trennung von **Indien** und Selbstverwaltung **Birmas**.

1937—45 **Japanische Angriffe** auf **China** führen zum Krieg. Die Japaner greifen **Shanghai** und **Nanking** (1937), **Kanton** und **Hankou** (1938) an.

Von **Japan 1938** besetzte Gebiete.

Von **Japan 1944** besetzte Gebiete.

1940 Freundschaftsvertrag zwischen **Siam** und **Japan.**

1941 **Japan** greift die **US-Flotte** in **Pearl Harbor** an.

1941—42 Die **Japaner** besetzen nahezu den ganzen **südostasiat. Raum** und den **Pazifik.**

1944 **US**-Truppen besetzen **Guam** und bringen der **japanischen** Flotte schwere Verluste bei.

1944 Die **USA** besetzen **Saigon** und starten Bombenangriffe gegen **Japan.**

1945 **US**-Truppen zerstören die japan. Flotte bei **Okinawa. Atombombeneinsätze** über **Japan** führen zur Kapitulation am **14. August.**

1945 **Korea** wird von **USA** und **UdSSR** verwaltet.

1945 **Ho Chi Minh*** bildet eine Regierung in **Hanoi.** Franz. Versuche zur Wiedererlangung der Kontrolle (1946) führten zum Unabhängigkeitskrieg in **Indochina** (1946—54).

1945—51 **Alliierte*** besetzen **Japan.**

Nord- und Osteuropa

1924 Lenin* stirbt, russ. Führer wird **Josef Stalin** (1879–1953).

1924 Griechenland wird **Republik***.

1924 Achmed Zogu gewinnt in **Albanien** die Macht und wird **1928** König.

Josef Stalin

1925 Locarnopakt: Abkommen über Grenzen und Entmilitarisierung des **Rheinlandes**.

1925 Hitler* veröffentlicht seine Ideen in *Mein Kampf*.

1926 Militärputsch* **Pilsudskis** in **Polen**. Er errichtet eine **Diktatur*** bis **1935**.

1929 Rußland: Trotzki* geht ins Exil. Der erste **Fünfjahresplan** läuft an; wirtschaftliches Wachstum u. Industrialisierung.

1930 Eine Zeit des Terrors beginnt in **Rußland**. **Stalin** verstärkt die **Kollektivierung*** der Landwirtschaft. Millionen von Kulaken, arme Bauern, werden getötet.

1932 Die **NSDAP** unter **Adolf Hitler** wird stärkste Fraktion bei den Reichstagswahlen.

Aufmarsch der Nazis (1932)

1933 Hitler* wird Reichskanzler. **1934** wird er zum **Führer** ernannt und wird **Diktator***. Deutschland wird **Einparteienstaat***.

1934 Der österreich. **Bundeskanzler** wird ermordet. Wachsende Unruhe zwischen **Sozialisten*** und **Faschisten***.

1934–1939 Stalinistische **Säuberungen in Rußland: Stalin** vernichtet die polit. Opposition.

1935 Das **Saarland** stimmt unter Kontrolle des **Völkerbundes*** für den Wiederanschluß an **Deutschland**. Deutschland rüstet auf.

1935 Nürnberger Gesetze: Beginn der **Judenverfolgung**.

1936 Deutsche Truppen besetzen das **Rheinland** unter Mißachtung des **Locarnopakts**.

Süd- und Westeuropa

1922 Mussolini* marschiert auf **Rom**. Er wird Ministerpräsident und bildet eine **faschistische*** Regierung.

Benito Mussolini (1883–1945), der italienische **faschistische** Diktator.

1923 Revolution in **Spanien. De Rivera** wird **Diktator***.

1925 Mussolini verbietet alle politischen Parteien in **Italien** außer den **Faschisten***.

1926 Generalstreik in **England** endet mit Niederlage der Arbeiter.

Generalstreik 1926

1928 Alexander Fleming entdeckt das **Penicillin**, das erste Antibiotikum.

1931 Die **republikanische*** Bewegung in **Spanien** wächst. **König Alfonso XIII.** verläßt das Land, und die **Republik** wird ausgerufen. Unruhen brechen aus.

1931 Westminsterstatut: ein wichtiger Schritt in der Gründung des **Commonwealth***. Die **Dominions*** werden **souveräne*** Staaten.

1932 Salazar wird Ministerpräsident und **Diktator*** in **Portugal** bis **1968**.

1936 General Franco, Führer der **spanischen Nationalisten** (einer **faschist. Partei**), rebelliert gegen die republikän. Regierung. Beginn des **Span. Bürgerkrieges** (**1936–1939**). **Deutschland** und **Italien** unterstützen Francos Regierung. **Rußland** unterstützt die **Sozialisten**. **Franco** wird Regierungschef.

1938 Franco erringt Siege gegen die **Republikaner**.

1939 Franco erobert **Barcelona** und **Madrid** und ist bis zu seinem Tod **1975** Diktator* von **Spanien**.

1939–45 Zweiter Weltkrieg*.

1940–45 Koalitionsregierung* in **England** unter **Churchill**.

Amerika, Australien und Ozeanien

1927 Charles Lindbergh (USA) überquert als erster im Alleinflug den **Atlantik**.

1929 Börsenkrach: Zusammenbruch der New Yorker Börse. Beginn der **Weltwirtschaftskrise***.

1932–1935 Krieg zwischen **Paraguay** und **Bolivien** wegen des **Chaco**.

1933–1945 F. D. Roosevelt ist **US-Präsident**. Er führt die Reformpolitik *New Deal* zur Bekämpfung der **Depression** ein. Ende der **Prohibition***.

1938 Faschist.* Verschwörungen in **Chile** u. **Brasilien** scheitern.

1941 Japan greift die **US-Flotte** in **Pearl Harbor, Hawaii**, an. Die **USA** treten in den **2. Weltkrieg** ein.

Angriff auf **Pearl Harbor** (1941)

1942 Fermi baut den ersten Atomreaktor in den **USA**.

1942 Mexiko und **Brasilien** erklären **Deutschland** und **Japan** den Krieg. Alle anderen amerikanischen Republiken* außer **Argentinien** brechen die Beziehungen zu **Deutschland** u. **Japan** ab.

1943 Eine Revolution in **Argentinien** bringt **Juan Peron** als **Militärdiktator*** an die Macht.

1945 Harry Truman wird US-Präsident.

1945 Erster Atombombenversuch der **USA** in **Neu-Mexiko**.

1945 In **San Francisco** unterzeichnen **48** Staaten die **Charta** der **Vereinten Nationen** (**UN**).

1946 Trygve Lie wird erster **UN-Generalsekretär**.

Flagge der **Vereinten Nationen** und Hauptquartier in **New York**.

1946 Juan Peron wird Präsident in **Argentinien**.

1946 USA kündigen den **Marshall-Plan** zur Unterstützung des Wiederaufbaus **Europas** an. 12 Milliarden US-Dollar werden als Unterstützung von **1948** bis **1951** gezahlt.

Der Zweite Weltkrieg 1939−1945

Der **Zweite Weltkrieg** brach am **3. September 1939** aus. **Deutschlands** militärische Stärke hatte unter **Adolf Hitler*** in den **30er Jahren** stark zugenommen und bedrohte das Gleichgewicht in **Europa.** **Hitler** besetzte **Österreich** (1939) und die **Tschechoslowakei** (1939). Am **1. September 1939** fiel er in **Polen** ein. Zwei Tage später erklärten **England** und **Frankreich** den Krieg.

Luftangriff auf London.

Deutsche Soldaten besetzen **Paris** (Juni 1940).

Bis **Juni 1940** hatten die Deutschen in überfallartigen „Blitzkriegen" **Polen, Norwegen, Dänemark, Belgien, Holland, Luxemburg** und **Frankreich** erobert. Die Luft-

Englisch
Deutsch
Flugzeuge in der **Luftschlacht um England**.

waffe erlitt in der **Luftschlacht um England (August−Dezember 1940)** starke Verluste und konnte England nicht entscheidend treffen.

Deutsche Expansionspläne in **Osteuropa** erregten die Besorgnis der **Russen.** In einem Überraschungsangriff fiel **Hitler** im **Juni 1941** in **Rußland** ein. Zunächst war die Invasion ein Erfolg, sie band jedoch viele Divisionen an der **Ostfront.**

Im **September 1940** unterzeichnete **Japan**, das eine militärische Expansionspolitik verfolgte, einen Vertrag mit **Deutschland** und **Italien**. Nach dem Überfall Japans auf die **US-Flotte** in **Pearl Harbor** (7. 12. 1941) trat die **USA** in den Krieg ein. Im **April 1942** hatten die **Japaner** den größten Teil **Südostasiens** und des **pazifischen Raumes** erobert.

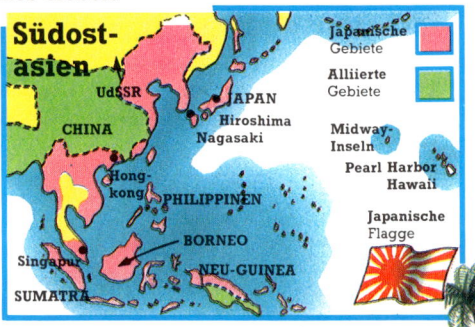

Südost-asien

| | Japanische Gebiete |
| | Alliierte Gebiete |

UdSSR • JAPAN • Hiroshima Nagasaki • CHINA • Midway-Inseln • Hongkong • PHILIPPINEN • Pearl Harbor Hawaii • BORNEO • NEU-GUINEA • Singapur • SUMATRA • Japanische Flagge

Ab **1942** begannen die überlegenen Kräfte der **Alliierten** die Anfangserfolge der **Achsenmächte** auszugleichen. Es gab wichtige Siege bei **El Alamein** in **Ägypten** (1942) und **Stalingrad** (1943). Im

Amerikanische Panzer landen auf einer **Pazifikinsel**.

Mai 1944 wurden die deutschen Linien in **Italien**, nach der **Invasion** (6. Juni), in **Frankreich** durchbrochen. Im **April 1945** erreichten russische und alliierte Truppen aus verschiedenen Richtungen **Berlin.** Hitler beging kurz vor der Niederlage am **30. April** Selbstmord. Am **8. Mai** kapitulierten die neuen Führer. Anfang **1945** erlitten die **Japaner** Niederlagen im **Fernen Osten.** Am **6.** und **9. August** zerstörten Atombomben **Hiroshima** und **Nagasaki.** Am **2. September** kapitulierte **Japan.**

Europa 1939

ENGLAND • IRLAND • London • NORWEGEN • SCHWEDEN • FINNL. • DÄNEMARK • HOLLAND • BELGIEN • Berlin • DEUTSCHLAND • POLEN • Paris • ÖSTERREICH • TSCHECHOSL. • UNGARN • FRANKREICH • JUGOSLAWIEN • ITALIEN • RUMÄNIEN • BULGARIEN • SPANIEN • GRIECHENLAND • TÜRKEI • MAROKKO • TUNESIEN • SYRIEN • ALGERIEN • LIBYEN • El Alamein • ÄGYPTEN

RUSSLAND (mit Deutschland alliiert 1939−1940) ● Moskau	**Alliierte** Länder
	Achsen-mächte
	Neutrale Länder
Stalingrad ● ● Von Deutschland besetzte Gebiete	

Adolf Hitler, 100.

Die Entkolonisation

1939 hatten die **europäischen Länder** noch ausgedehnte Kolonialreiche – in **Afrika***, im **Pazifik**, in der **Karibik** und in **Asien**. Zwischen **1947** und **1975** lösten sich diese Kolonialreiche auf. Die Kolonialmächte waren durch den **Zweiten Weltkrieg*** geschwächt. Viele der asiatischen

Kolonien waren durch die **Japaner** besetzt worden, was zur Entwicklung von Befreiungsbewegungen geführt hatte. Auch die öffentliche Meinung änderte sich; es schien nicht länger gerechtfertigt, daß ein Land Völker eines anderen Kontinents beherrschte.

Karte der Entkolonisierung

Die Unabhängigkeit **Indiens* 1947** war ein Wendepunkt und der Beginn der Auflösung des **Britischen Kolonialreiches**. Nachdem einige Länder unabhängig geworden waren, wurde es schwierig, Forderungen anderer Länder abzuweisen. **1949** mußte **Holland** die Unabhängigkeit **Indonesiens** anerkennen, die **Franzosen** mußten **Indochina*** verlassen.

1957 wurde die **Goldküste** (**Ghana**) als erstes Land in **Schwarzafrika** unabhängig. **1960** sprach der britische Premierminister **Harold Macmillan** von einem „neuen Wind", der durch den Kontinent wehe.

Indische Flagge

Flagge Ghanas

Flagge Algeriens

In **Rhodesien** (**Zimbabwe**) erklärte eine weiße Minderheitsregierung **1965** einseitig die **Unabhängigkeit** von **Großbritannien**. Nach einem grausamen Bürgerkrieg erhielt eine schwarze Mehrheitsregierung **1980** die Macht.

Die Entkolonisation verlief weder schnell noch einfach. Es gab viele furchtbare Kriege um die Macht in den einzelnen Ländern. Besonders grausam waren die Kriege in **Algerien (1954–1962)**, **Indochina*** **(1946–1954)**, **Angola** und **Mosambik** **(1961–1975)**. Trotz der Einsetzung **demokratischer*** Regierungen zu Beginn der Unabhängigkeit gab es in vielen Ländern **Diktaturen*** und **Staatsstreiche***. Viele ehemalige Kolonien haben trotz allem eine weiterhin enge Beziehung zu ihren ehemaligen Kolonialmächten. Die meisten britischen Kolonien z. B. wurden Mitglied im **Commonwealth***, dessen Oberhaupt die englische Königin ist.

Afrika und der Mittlere Osten

1954—62 Der **französische Algerienkrieg** endet mit der Unabhängigkeit **Algeriens**.

1956 In **Nigeria** wird Öl entdeckt.

1956 **Ägyptens Präsident Nasser*** erklärt die Verstaatlichung des **Suez-Kanals*** gegen den Willen der **Briten** und **Franzosen. Israel** greift **Ägypten** an. England und Frankreich besetzen die **Kanalzone. US-Opposition** zwingt England und Frankreich, zurückzuziehen.

Flagge **Ghanas**

1957 Die **Goldküste** (in **Ghana** umbenannt) wird unter **Kwame Nkrumah** unabhängig. Ein wichtiger Schritt der **Entkolonisierung* Afrikas***.

1957 Im **Irak** wird **König Feisal** ermordet und eine **Republik*** ausgerufen.

1958 **Ägypten** und **Syrien**, später auch **Jemen**, schließen sich zur **Vereinigten Arabischen Republik (VAR)** zusammen. Syrien scheidet **1960** wieder aus.

1960 **OPEC (Organisation** der **erdölproduzierenden Länder)** in **Bagdad** gegründet.

1960 **Massaker von Sharpeville** in **Südafrika**. 67 Schwarze werden bei einer Demonstration getötet.

1960 Der **Kongo** wird unabhängig von **Belgien.** Chaos und Bürgerkrieg folgen. Die Provinz **Katanga** macht sich selbständig. Ein **Staatsstreich*** im **Kongo** bringt **Präsident Mobuto** an die Macht.

1961 **Südafrika** verläßt das **Commonwealth***.

1963 30 afrikanische Länder gründen in **Addis Abeba** die **OAU (Organisation für Afrikanische Einheit)**.

1964 **Tanganjika** und **Sansibar** gründen die **Vereinigte Republik Tansania**.

1964 Rebellenkämpfe gegen die **Portugiesen** in **Mosambik** nehmen zu.

1965 Premierminister **Ian Smith** erklärt die einseitige Unabhängigkeit **Rhodesiens** (ehemals **Südrhodesien**). Ein Bürgerkrieg bricht aus.

1966 **Bokassa** übernimmt die Macht in der **Zentralafrikanischen Republik**.

1966 **Milton Obote** gewinnt die Macht in **Uganda**.

1966 Revolution in **Ghana** stürzt **Nkrumah**.

1966 **Dr. Verwoerd**, südafrikanischer Ministerpräsident, wird ermordet.

1966 Revolution in **Nigeria**.

1967 **Sechs-Tage-Krieg** zw. **Israel** u. den **arab. Staaten. Israel** siegt und besetzt den **Sinai**.

Israelische Raketenbasis im Sechs-Tage-Krieg

1967—70 **Nigerianischer Bürgerkrieg**: Unabhängigkeitserklärung der **Ostregion Nigerias, Biafra. 1970** kommt die Zentralregierung wieder an die Macht.

Asien

Parlamentsgebäude, New Delhi

1947 **Indien** wird unabhängig und in den **Hindu-Staat* Indien** und den **Moslem-Staat* Pakistan** geteilt. Es folgt ein blutiger Bürgerkrieg um die Provinz **Kaschmir**, die Indien zuerkannt wird.

1946—49 Bürgerkrieg zwischen **Nationalisten** und **Kommunisten*** in **China**. Die Kommunisten siegen. **Mao** proklamiert die **Volksrepublik China**. Die Nationalisten errichten auf **Formosa (Taiwan)** einen nationalchinesischen Staat.

1948 **Kommunistischer* Terror** führt in **Malaysia** zum **Ausnahmezustand***.

1948 In **Korea** werden zwei Republiken ausgerufen: ein **pro-kommunistisches** Regime in **Nordkorea** und ein **pro-westliches** Regime in **Südkorea**.

1949 **Siam** wird in **Thailand** umbenannt.

1949 Die US-Besatzungsmacht beginnt ein Programm zur Verbesserung der Wirtschaftslage **Japans**. Japan wird wichtiges Bollwerk gegen den **Kommunismus***.

1950—53 **Koreakrieg: Nordkorea**, unterstützt durch **Rußland**, greift **Südkorea** an. **UN-Friedenstruppen*** (vor allem **Amerikaner**) unterstützen Südkorea. **China** hilft Nordkorea. Nach Anfangserfolgen der Kommunisten gewinnen die UN-Truppen **1951** Boden. Der **Vertrag von Panmunjon (1953)** legt die Grenze zwischen Nord- und Südkorea fest.

Grenze, die im **Vertrag von Panmunjon** festgelegt wurde.

CHINA

NORDKOREA

Pjöngjang · Nordkoreanische Flagge

Seoul

SÜDKOREA

Südkoreanische Flagge

1950 **China** marschiert in **Tibet** ein.

1951 **Iran** verstaatlicht die *Anglo-Iranian Oil Company*. Spannungen mit **England** folgen.

1951 Ein Friedensvertrag mit den **Alliierten*** gibt **Japan** die volle Unabhängigkeit. Rasches industrielles Wachstum beginnt. Die **US**-Besatzung endet **1952**.

1953 **Edmund Hillary (Neuseeland)** und **Sherpa Tensing (Nepal)** besteigen als erste den **Mount Everest**, den höchsten Berg der Welt.

1954 **Franz.** Niederlage bei **Dien Bien Phu***.

1954 **Südostasien-Pakt (SEATO)** zur Abwehr der weiteren Verbreitung des **Kommunismus***. **Australien, Frankreich, Neuseeland, England, Philippinen, Pakistan, Thailand** und **USA** treten bei.

1954—73 **Vietnam-Krieg***.

1957 Aufstand in **Tibet** gegen die **Chinesen** scheitert. Der **Dalai Llama** flieht nach **Indien**.

1960 **Indisch-chinesischer Krieg** wegen Grenzstreitigkeiten.

1960 Spannungen zwischen **China** und **UdSSR**.

1964 **USA** offiziell am **Vietnam***-Krieg beteiligt.

Nord- und Osteuropa

1936 Achse Berlin—Rom.

1938 Anschluß Österreichs an das Deutsche Reich.

1938 Deutsche Forderung nach Kontrolle über das Sudetenland (deutschsprachiger Teil der Tschechoslowakei).

1938 Im Münchner Abkommen erhält Deutschland das Sudetenland.

1939 Hahn und Straßmann (Deutschland) entdecken die Kernspaltung.

1939 Hitler besetzt Tschechoslowakei, Mussolini* Albanien.

Aug. 1939 Deutsch-sowjet. Nichtangriffspakt. Hitler und Stalin* beschließen Teilung Polens.

Sept. 1939 Deutsch-russ. Angriff auf Polen führt zum II. Weltkrieg* (1939—1945).

Juni 1941 Deutschland greift Rußland an.

1943 Russen siegen bei Stalingrad.

1944—1949 Nach Befreiung Bürgerkrieg in Griechenland.

1945 Deutsche Niederlage. Franz., engl., russ. und amerikan. Besatzungszonen.

1945—46 Nürnberger Kriegsverbrecherprozesse.

1946 Ungarn, Bulgarien und Albanien werden Republiken*, gefolgt von Rumänien 1947.

1948 Ungarn, Polen, Rumänien, Bulgarien und Tschechoslowakei kommunistisch*.

1948—49 Berlin-Blockade: Rußland will die Westmächte* zwingen, Berlin an den Ostblock* abzutreten. Die Blockade wird durch eine engl.-amerikan. Luftbrücke umgangen.

Eintreffen von Hilfsgütern während der **Luftbrücke**.

1949 Gründung der Bundesrepublik Deutschland und der Deutschen Demokratischen Republik.

1953 Stalins* Tod. Chruschtschow wird Parteichef in der UdSSR.

Süd- und Westeuropa

1940 Deutschland besetzt Frankreich. General de Gaulle bildet eine Befreiungsarmee.

1943 Sturz Mussolinis* und Niederlage Italiens. Deutschland besetzt Norditalien und Rom.

1944 Weitere alliierte* Erfolge an allen Fronten. Einnahme Roms und Befreiung Frankreichs.

Britische Fallschirmjäger in **Frankreich** am **D-Day** (1944)

1945 Labour Party unter Attlee in England.

1945 General de Gaulle wird Regierungschef in Frankreich.

1946 Wachsende Spannungen zw. UdSSR und dem Westen*.

1946 Italiens König dankt ab und eine Republik* wird ausgerufen.

1947—58 4. Republik in Frankreich.

1947 Benelux-Zollunion zw. Belgien, Holland und Luxemburg. Beginn der europäischen Einigung.

1947—48 Unruhen in Frankreich. Häufige Regierungswechsel.

1948 Europäischer Wirtschaftsrat (OEEC) wird gegründet.

1949 Irland verläßt das Commonwealth.

1951 Montan-Union zwischen Belgien, Frankreich, Holland, Italien, Luxemburg und Bundesrepublik. Ein wichtiger Schritt zur Einigung Europas.

1952 Elizabeth II. wird Königin von Großbritannien.

1953 Crick (England) und Watson (USA) enträtseln die Struktur der DNS.

1957 Römische Verträge gründen die EWG (Europäische Wirtschaftsgemeinschaft).

Flaggen der **EWG**-Gründungstaaten.

1958 De Gaulle wird franz. Ministerpräsident. Eine neue Verfassung begründet die 5. Republik. De Gaulle Staatspräsident.

Amerika, Australien und Ozeanien

1949 Gründung des Nordatlantikpakts (NATO). Mitglieder: Belgien, Kanada, Dänemark, Holland, Großbritannien, Frankreich, Island, Italien, Norwegen, USA.

1950 US-Präsident Truman genehmigt Entwicklung der Wasserstoffbombe.

1950—54 Senator McCarthy (USA) führt eine Hetzkampagne gegen Kommunisten*.

1952 Revolution in Kuba: General Batista gewinnt die Macht. Die Kommunisten unter Fidel Castro bekämpfen sein Regime. Unruhen und Bürgerkrieg folgen.

1955 Eine Revolution in Argentinien stürzt Präsident Peron*.

1958 Der Siliconchip wird in USA patentiert.  Früher Silicon-Chip.

1958 Alaska wird 49. US-Staat.

1959 Revolution in Kuba: Castro stürzt Batista.

1958—67 Forderung nach Bürgerrechten* für Schwarze in USA.

1959 Wachsende Spannungen zwischen USA und Kuba.

1959 Hawaii wird 50. US-Staat.

1960 Brasilia wird neue Hauptstadt Brasiliens.

1961 Schweinebucht: Eine vom US-Geheimdienst geplante Invasion von Exilkubanern auf Kuba schlägt fehl.

1962 Jamaika, Trinidad und Tobago erlangen Unabhängigkeit.

1962 Kubakrise: Rußland baut Raketenabschußbasen auf Kuba. Die USA drohen mit Krieg. Nach UN*-Vermittlung lenken UdSSR und USA ein.

1963 US-Präsident Kennedy wird in Dallas, Texas, ermordet.

1965 Erste Mondlandung der USA.

1966 Britisch-Guyana und Barbados werden unabhängig.

Afrika und Naher Osten

1968 Guerrillakrieg* in **Rhodesien** verstärkt sich.

1969 Revolution in **Libyen** stürzt **König Idris I.** und bringt **Oberst Gaddhafi** an die Macht.

1970 Militärputsch* in **Uganda** bringt **Idi Amin** an die Macht.

1970 **Israel** und **Ägypten** kämpfen um den **Sinai**.

1973 Yom-Kippur-Krieg zwischen **Israel** und den **arab. Staaten. Ägypten** und **Syrien** greifen **Israel** an. Die **OPEC*** drosselt die Ölproduktion. Dies führt zu einem starken Anstieg des Ölpreises und einer weltweiten **Wirtschaftskrise**.

1974 Beginn des Bürgerkrieges zwischen rivalisierenden religiösen (**Christen und Moslems***) und politischen Gruppen im **Libanon**. Bis **1985** gibt es über **40 000 Tote** in **Beirut** und anderen Städten.

1974 **Haile Selassie*** wird von **marxistischer Junta*** gestürzt.

1975 **Angola** und **Mosambik** werden unabhängig.

1976 Unruhen unter den Schwarzen in **Soweto, Südafrika**.

1977 Präsident **Sadat** von **Ägypten** besucht **Israel** zu Friedensverhandlungen. Abschluß mit dem Abkommen von **Camp David** (**1978**).

1978 UN-Truppen* zur Friedenssicherung an die **israel.-liban. Grenze** entsandt.

Soldat der **UN-Friedenstruppe** im **Libanon**.

1979 Unterzeichnung des Friedensvertrages zwischen **Ägypten** und **Israel**. **Israel** räumt den **Sinai**.

1979 **Uganda**: Bürgerkrieg und militär. Eingreifen **Tansanias** führen zum Sturz **Idi Amins**.

1980 **Rhodesien** wird unabhängig und **Zimbabwe** genannt. **Robert Mugabe** wird Ministerpräsident.

1980 Irakisch-Iranischer Krieg (**Golfkrieg**) beginnt.

1981 **Ägypt**. Präsident **Sadat** wird ermordet.

1982 **Israel** besetzt **Südlibanon**, um die **PLO** (**Palästinensische Befreiungsorganisation**) zu vertreiben und eine starke christliche Regierung in **Beirut** zu unterstützen. **Syrien** ist gegen **Israel**. Bürgerkrieg und Terrorismus sind die Folge.

1983—85 **Israel. Truppen** ziehen aus **Libanon** ab.

1983 **Golfkrieg** verschärft sich.

1984 Hungerkatastrophe wegen Dürre in **Äthiopien, Sudan** und **Tschad**.

1985 Politische Unruhen unter **Schwarzen** in der **Kapregion, Südafrika**.

1986 **USA** bombardieren **Libyen** als Vergeltung für **Terrorakte*** in **Europa**.

Asien

1965 **Indien** und **Pakistan** kämpfen um **Kaschmir**.

1965 **Singapur** wird von **Malaysia** unabhängig.

1966 **Mao Tse-tung** startet die **Kulturrevolution** in **China**: Zwei Jahre Terror, in denen vermuteter **kapitalistischer*** Einfluß zerschlagen wird.

1967 **China** zündet die erste **Wasserstoffbombe**.

1970 **Khmer-Republik** in **Kambodscha**.

1971 **Pakistan** greift **Indien** an, wird aber besiegt.

1972 **Pakistan** muß **Ostpakistan** aufgeben. Es entsteht der unabhängige Staat **Bangladesch**.

1973 **Ceylon** benennt sich in **Sri Lanka** um.

1973 Die letzten **US-Truppen** verlassen **Vietnam***.

1973 Der **afghanische König** wird gestürzt.

1975 **Vietnam** wird unter **kommunistischer*** Regierung vereinigt.

1975 **Kommunisten*** gewinnen die Macht in **Kambodscha** und **Laos**.

1976 Tod **Mao Tse-tungs***.

1977 Militärputsch* in **Pakistan** durch **General Ziaul-Haq**. Präsident **Bhutto** wird gestürzt.

1978 **Vietnam** (**pro-russisch**) greift **Kambodscha** an, um die Rebellen zu unterstützen, die die **pro-chinesische Khmerregierung** stürzen wollen. Eine **pro-vietnamesische Regierung** wird ernannt.

1979 Der **Schah von Persien** wird gestürzt. Eine **Islamische Republik***, geführt durch **Ayatollah Khomeini**, wird proklamiert.

1979 Bürgerkrieg in **Afghanistan** gegen die sozialistische Regierung. Russ. Truppen marschieren zur Unterstützung des **pro-russischen Regimes** ein. Ein **Guerilla-Krieg*** gegen die **Russen** folgt.

Ayatollah
Khomeini

1980 Irakisch-Iranischer Krieg.

1983 Unruhen zwischen **tamilischen Separatisten*** und **Singhalesen** in **Ceylon**.

1984 **Großbritannien** und **China** einigen sich über die Bedingungen der Unabhängigkeit **Hongkongs**.

Hongkong

1984 Ermordung der ind. Ministerpräsidentin **Indira Gandhi**. Es folgen Repressionen zur Unterdrückung von Unruhen der **Sikhs*** im **Pandschab**.

1985 **Kambodscha**: Vietnamesische* Offensive gegen Rebellenstützpunkte an **Thailands** Grenze.

1985 Der **Golfkrieg** spitzt sich zu.

Nord- und Osteuropa

1954 EOKA in **Zypern** für Vereinigung mit **Griechenland**. Antibrit. Unruhen bis **1959**.

1955 UdSSR unterzeichnet den **Warschauer Pakt**, ein osteurop. Verteidigungsbündnis.

1956 Ungarischer **Volksaufstand** von **sowjetischen** Truppen niedergeschlagen.

1957 Rußland startet den ersten Erdsatelliten, **Sputnik I**.

1960 **Zypern** wird unabhängig.

1961 Erster bemannter Raumflug von **Juri Gagarin** (**UdSSR**).

Russische Briefmarke, die an **Gagarins** Raumflug erinnert.

1961 Bau der **Berliner Mauer**, um die Flucht von DDR-Bürgern in den **Westen*** zu verhindern.

1961 Kämpfe zwischen **Griechen** und **Türken** auf **Zypern**.

1968 Der **Prager Frühling**, die liberale Bewegung in der **tschechoslowak. kommunist. Partei**, wird durch die **UdSSR** gewaltsam beendet.

Russische Panzer in **Prag**.

1973 **Dänemark** tritt der **EWG** bei.

1973 **Griechenland** wird eine **Republik***.

1980 Tod **Titos** (**1892—1980**), jugoslaw. Präsident seit **1945**.

1980 Schwere Unruhen in **Polen**, als die unabhängige Gewerkschaft **Solidarität** unter **Lech Walesa** Einfluß gewinnt. Die Regierung erklärt das **Kriegsrecht***, verbietet Solidarität und verhaftet viele Anführer.

Plakat der **Solidarität**.

1985 **Gorbatschow** Staats- und Parteichef in der **UdSSR**.

1986 **Reaktorunfall** in **Tschernobyl**, UdSSR.

Süd- und Westeuropa

1962 **England** bewirbt sich um Beitritt in die **EWG***, wird aber von **Frankreich** abgelehnt.

1965 Tod **Winston Churchills**.

Studentenproteste in **Paris**.

1968 Streiks und Studentenunruhen in **Europa**, besonders in **Frankreich**.

1968 **Bürgerkrieg*** in **Nordirland**. Auseinandersetzung zwischen **Protestanten** und **Katholiken** um die Unabhängigkeit **Nordirlands**.

1969 **Staatspräsident de Gaulle** in **Frankreich** tritt zurück.

Ölplattform in der **Nordsee**.

1970 **England** findet Öl in der **Nordsee**.

1970 Tod **de Gaulles***.

1970 **Spanien**: schwere Unruhen im **Baskenland** wegen baskischer Separatisten, die die Unabhängigkeit von Spanien wollen.

1971 **Frauen** erhalten das Wahlrecht in der **Schweiz**.

1972 Verschlechterung der Situation in **Nordirland**. Direkte Regierung von **London** aus.

1973 **Dänemark, Irland** und **Großbritannien** treten der **EWG*** bei.

1974 Revolution in **Portugal**.

1975 Tod **Francos**. Die Monarchie wird unter **Juan Carlos** in **Spanien** wiedereingeführt. 1977 wird Spanien wieder **Demokratie***.

1976 **Concorde**, das erste Überschallpassagierflugzeug, fliegt die Transatlantikroute.

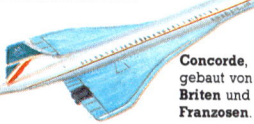

Concorde, gebaut von **Briten** und **Franzosen**.

1980 **Anti- Atomkraft-Bewegung** in **Europa** wird stärker.

1981 **Mitterand** wird erster **sozialist.*** Präsident **Frankreichs**.

Amerika, Australien und Ozeanien

1967 Friedensmärsche in vielen Städten der **USA**.

1967 **Che Guevara**, Anführer der **linksgerichteten*** **Guerilla*** in **Bolivien**, wird getötet.

1968 **Martin Luther King**, schwarzer **Bürgerrechtler***, ermordet.

1969 21. Juli: US-Astronaut **Neil Armstrong** als erster Mensch auf dem Mond.

Neil Armstrong auf dem Mond

1969 Demonstrationen gegen den **Vietnamkrieg*** in **USA** nehmen zu.

1973 **Militärputsch*** in **Chile**, unterstützt durch die **USA**, stürzt den **sozialist.*** Präsidenten **Allende**.

1973 Ende des Militärengagements der **USA** in **Vietnam***.

1973 **Juan Peron*** wird wieder **argentinischer** Präsident.

1973—74 **Watergate-Skandal** in **USA**. Präsident **Nixon** dankt ab.

1978 **USA** nehmen diplomatische Beziehungen zu **China** auf.

1979 **Nicaraguas** Präsident **Somoza** wird gestürzt. Die **Sandinisten** übernehmen die Regierung.

1981 **Ronald Reagan** wird amerikanischer Präsident (bis 1989).

1982 **Belize** (ehemals **Britisch-Honduras**) wird unabhängig.

1982 **Falklandkrieg**: Argentinien besetzt die **brit. Falklandinseln**. **England** entsendet Truppen und erobert die Inseln zurück.

1983 **Linksgerichteter*** **Staatsstreich*** in **Grenada** wird durch Eingreifen der **USA** vereitelt.

1983 **Demokratie*** in **Argentinien** wiederhergestellt.

1985 **Demokratie*** in **Brasilien** und **Uruguay** wiederhergestellt.

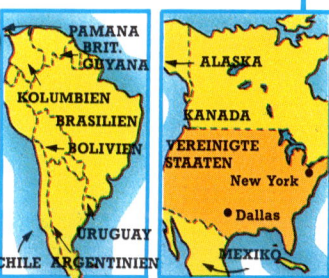

Der Kalte Krieg

Nach dem **II. Weltkrieg*** bildeten sich zwei Blöcke: die **UdSSR** und ihre **kommunistischen*** Verbündeten und **USA** und ihre nichtkommunistischen Verbündeten. Der **Kalte Krieg** ist die Bezeichnung für die harte Konfrontation zwischen beiden Blöcken, die ihren Höhepunkt zwischen **1948** und **1962** erreichte.

Flagge der **UdSSR**

Flagge der **USA**.

Schon vor Ende des Krieges traten Differenzen zwischen den **Alliierten*** auf. Mangelnde Übereinstimmung in bezug auf die **deutsche Frage** führte zur **Berlinblockade** (**1944–49**) und Teilung des Landes. Wachsende Spannungen führten zur Aufrüstung und Gründung von Militärbündnissen: **NATO*** (**1949**) und **Warschauer Pakt*** (**1955**). Beide Lager unterstützten gegnerische Seiten in Konflikten wie z. B. dem **Koreakrieg*** (**1950–1953**).

Europa

Die Grenzlinie, die den sowjetischen Machtbereich von der übrigen Welt trennt, ist als **Eiserner Vorhang** bekannt.

NORWEGEN, FINNLAND, GROSSBRITANNIEN, DÄNEMARK, SCHWEDEN, DDR, POLEN, BRD, FRANKREICH, TSCHECHOSLOWAKEI, UdSSR, SCHWEIZ, ÖSTERREICH, UNGARN, RUMÄNIEN, SPANIEN, JUGOSLAWIEN, BULGARIEN, ITALIEN, GRIECHENLAND, TÜRKEI

- ⬛ Warschauer Pakt
- 🟥 NATO
- 🟨 Neutrale Staaten

Die **Kubakrise*** (**1962**) brachte die Welt an den Rand eines Atomkrieges. Seit Anfang der **70er Jahre** hat es trotz weiterer, vor allem nuklearen Aufrüstens eine leichte **Entspannung** gegeben.

Der Vietnamkrieg

Die drei alten Königreiche **Vietnam, Laos** und **Kambodscha** wurden durch die **Franzosen** zwischen **1860** und **1900** kolonialisiert und **Französisch-Indochina** genannt. Während des **II. Weltkrieges** waren sie von den **Japanern** besetzt. In **Nordvietnam** entstand eine **pro-kommunist.** Befreiungsbewegung, **Vietminh**, unter **Ho Chi Minh**. **1945** stellte er in **Hanoi** eine Regierung auf. **Französischer Widerstand** führte zum **Indochinakrieg** (**1946–54**), der mit der französischen Niederlage bei **Dien Bien Phu 1954** endete.

Franz.-Indochina — Dien Bien Phu, Hanoi, LAOS, NORD-VIETNAM, Vientiane, KAMBODSCHA, SÜD-VIETNAM, Phnom Penh, Saigon

Nordvietnam wurde unabhängig. Auch **Südvietnam** wurde unter einer antikommunistischen Regierung unabhängig. Nordvietnam war gegen die Teilung des Landes, und es kam zum Krieg um Südvietnam.

Nordvietnam half den pro-kommunistischen Rebellen im Süden (**Vietcong**). Die südvietnamesische Regierung wurde durch die **USA** unterstützt, die ab **1961** in den Krieg eingriffen. **1965** begannen US-Flugzeuge mit der Bombardierung Nordvietnams. Trotz starker US-Kräfte (eine halbe Million Soldaten **1968**) und Truppen anderer Länder war der **Vietcong** Meister des Dschungelkrieges und gewann Sieg um Sieg.

Amerikanische Hubschrauber über dem vietnamesischen Dschungel.

Die Amerikaner zogen **Ende 1973** ab. Eine Waffenruhe wurde vereinbart, aber die Kommunisten wollten Südvietnam kontrollieren. **Saigon** fiel **1975** und Vietnam wurde unter einem kommunistischen Regime vereint. Auch **Laos** fiel unter vietnamesische Kontrolle, ebenso **1978 Kambodscha**.

Glossar

Amnestie
Von der Regierung erlassene Straffreiheit für begangene Straftaten. Die Amnestie soll manchmal helfen, einen Bürgerkrieg friedlich beizulegen.

annektieren
Gewaltsame Aneignung oder Besetzung fremden Landes. *Nomen:* Annexion.

Apartheid
Die Politik der Rassentrennung in Südafrika.

Aristokratie
(griech. Herrschaft der Besten) Regierung durch Adlige oder Privilegierte.

Absolutismus
Regierungsform, in der ein Staatsoberhaupt uneingeschränkt, d. h. ohne Kontrolle durch ein Parlament oder Stände, herrscht.

Ausnahmezustand
Von der Regierung in Sonderfällen verhängte Gesetzgebung, die zahlreiche Bürgerrechte außer Kraft setzt.

Autokratie
Herrschaft einer Person oder Gruppe mit unbeschränkter Macht und ohne Opposition.

Autonomie
Oft begrenztes Selbstverwaltungsrecht, das einer Nation oder einem Volk von einer mächtigeren Nation gewährt wird.

Bantu
Gruppe afrikanischer Sprachen und Völker zwischen Äquator und Kap.

Bürgerrechte
Grundrechte der Bürger, Gleichheit auf sozialem, wirtschaftlichem und politischem Gebiet.

Christenheit
Dem **christlichen** Glauben zugehörige Menschen.

Commonwealth of Nations
Völkergemeinschaft, die sich aus Großbritannien, Nordirland und den ehemaligen **britischen Kolonien** zusammensetzt. Ihr Ziel ist die gegenseitige Unterstützung und Zusammenarbeit.

Demokratie
Aus dem **antiken Griechenland*** stammende Staatsform: „Herrschaft des Volkes".

Depression
Im Wirtschaftsleben eine sehr ungünstige Entwicklung.

Despot
Ein **absoluter** oder **autokratischer** Herrscher oder **Tyrann**. Ein aufgeklärter Despot versucht gemäß den Ideen der **Aufklärung*** im Volksinteresse zu regieren.

Diktator
Ein nicht-königlicher **autokratischer** Gewaltherrscher. Die Regierungsform wird **Diktatur** genannt.

Dominion
Bezeichnung für eine selbstverwaltete Kolonie im **Britischen Kolonialreich**, wie Kanada.

Dritte Welt
Zumeist arme, nicht industrialisierte Entwicklungsländer in **Afrika, Asien** und **Südamerika**.

Einparteienstaat
Herrschaft einer Partei ohne zugelassene Opposition.

Entmilitarisierung
Beseitigung aller militärischen Einrichtungen und Soldaten aus einem Gebiet.

Exkommunikation
Ausschluß einer Person aus der katholischen Kirche.

Faschismus
Eine zunächst von **Mussolini** entwickelte Ideologie: Regierungsform ohne Oppositionsparteien mit starker Kontrolle der Bürger. Der **Nationalsozialismus** ist eine Form des Faschismus.

Feudalismus
Die von **Lehnsherren** ausgeübte Herrschaft.

Föderation
Staatenbund

Freibeuter
Von einer Regierung beauftragter Seeräuber.

Guerilla
Kleinkrieg, den bewaffnete, nicht zur Armee gehörige Gruppen meist gegen eine Besatzungsmacht oder gegen eine Regierung führen.

Hegemonie
Überlegene Vorherrschaft einer Macht oder eines Staates in einem Bündnis.

Junta
Regierung einer Offiziersgruppe, oft nach einem **Staatsstreich**.

Kalifat
Amt oder Staat eines **Kalifen**.

Kapitalismus
Wirtschaftssystem, in dem die Produktionsmittel wenigen gehören, die diese investieren und den größten Profit abschöpfen.

Kapitulation
Bedinglose oder an Bedingungen geknüpfte Ergebung eines besiegten Heeres oder Landes.

Koalition
Zeitweiliger Bund zwischen Gruppen oder Parteien, z. B. für eine Regierung.

Kollektivierung
Das Eigentum über Produktionsmittel wird vom Staat an **Kollektive** vergeben, die selbst damit arbeiten.

Kolonisierung
Besetzung und Besiedlung eines entfernten Landes. Eine Kronkolonie wird von der Krone, König oder Königin, verwaltet.

Kommunismus
Hauptsächlich auf der Lehre von **Karl Marx** beruhende Ideologie, die eine klassenlose Gesellschaft ohne Privatbesitz anstrebt. Die Produktionsmittel (Industrie und Handel) gehören dem Staat.

Kongreß
Die aus zwei Häusern bestehende Regierung der USA: Senat und Repräsentantenhaus.

Kriegsrecht
Bestimmungen des Völkerrechts, nach der sich die kriegführenden Staaten zu richten haben.

Lehnswesen
Im Mittelalter entlohnten die Könige und Fürsten als **Lehnsherren** ihre Gefolgsleute mit Land oder Ämtern. Dafür mußten die **Lehnsmänner** oder Vasallen sich durch **Lehnseid** zur Treue und zum Kriegsdienst verpflichten.

Leibeigenschaft
Unfreiheit und Abhängigkeit der Bauern vor allem im Mittelalter.

Liberalismus
Eine politische Ideologie, die für mehr individuelle Freiheit und möglichst geringe staatliche Einmischung eintritt.

links
Weist auf eine zum **Sozialismus** oder **Kommunismus** neigende Ideologie hin.

Mandat
Vom **Völkerbund** an ein Land vergebener Auftrag, ein anderes Land als Treuhänder zu verwalten.

Marxisten
Personen oder Regierungen, die den Lehren von **Karl Marx** folgen. Der Glaube, daß die wirtschaftlichen Bedingungen das Handeln bestimmen und daß der Klassenkampf letztlich zur Überwindung des **Kapitalismus** durch den **Kommunismus** führt.

Minderheitenregierung
Herrschaft einer Personengruppe, die sich politisch oder rassisch von der größeren, beherrschten Gruppe unterscheidet.

Mittelalter
Epoche etwa zwischen 500 und 1500 n. Chr.

Monopol
Alleiniges Recht zum Verkauf eines bestimmten Produktes oder in einem Gebiet.

Nepotismus
Bevorzugung der eigenen Verwandten bei der Vergabe von Ämtern.

Nomaden
Ständig wanderndes Volk (meist Hirten).

Notstand
Krisenzustand, in dem die Regierung alle üblichen Rechte und Freiheiten außer Kraft setzt.

Päpstliche Bulle
Offizielles Dokument des **Papstes**.

Parlamentarische Demokratie
Moderne Form der **Demokratie** in der die vom Volk gewählten Repräsentanten eigene Entscheidungen treffen.

Patent
Genehmigungsurkunde

Plebiszit
Direkte Volksabstimmung über eine wichtige Frage, wie etwa die Vereinigung mit einem anderen Staat.

Proklamation
Amtliche Bekanntmachung.

Protektorat
Ein von einem mächtigen Staat weitgehend beherrschtes, aber nicht **annektiertes** Gebiet.

Putsch
Siehe Staatsstreich.

radikal
Zu extremen sozialen, politischen oder ökonomischen Ansichten und Veränderungen neigend.

Regent
Jemand, der die königliche Macht für ein Kind oder einen unfähigen Monarchen ausübt.

Reparationszahlungen
Wiedergutmachungsleistungen eines unterlegenen Staates für Schäden, die er im Krieg anderen zugefügt hat.

Republik
Durch die Vertreter des Volkes ohne Monarchen regierter Staat.

Residenz
Offizielles Haus des **britischen Gouverneurs** am Hof eines indischen Fürsten.

Säkularisation
Übernahme von Kirchengütern in fürstlichen oder staatlichen Besitz.

Schisma
Spaltung der kirchlichen Einheit.

Separatist
Gruppe oder Person, die die Trennung von einer größeren politischen Einheit fordert.

Souveränität
Unabhängigkeit eines Staates von anderen Mächten.

Sozialismus
Ideologie, die die wirtschaftliche Gleichheit der Menschen und den staatlichen Besitz der Produktionsmittel (Industrie etc.) vertritt.

Staatsstreich
Gewaltsamer Umsturz einer Regierung durch eine kleine Gruppe, oft Armee-Offiziere, mit dem Ziel, die Macht an sich zu reißen.

Sultan
Oberster Herrscher eines **moslemischen** Landes, wie etwa des **Osmanischen Reiches**.

Terrorist
Jemand, der Terror (Bombenanschläge, Morde) als Mittel zur Erreichung politischer Ziele einsetzt.

Tribut
Zahlung eines Volkes an ein anderes, mächtigeres als Zeichen der Unterwerfung.

Triumvirat
Koalition dreier Amtsinhaber, wie **Caesar**, **Crassus** und **Pompeius** zur gemeinsamen Herrschaft.

Tyrannei
Unterdrückende und ungerechte Regierung eines **Despoten** oder **autokratischen Herrschers**.

Ultimatum
Letztes Angebot einer Regierung oder Partei, in welchem bestimmte Bedingungen festgesetzt werden.

Unfehlbarkeit
Ein Prinzip, das für bestimmte Verkündigungen des **Papstes** gilt.

Vetternwirtschaft (Nepotismus)
Verleihung öffentlicher Ämter oder Privilegien an Verwandte oder Freunde.

weltlich
Auf profane Dinge bezogen, im Gegensatz zu „geistlich".

Register

120

Veröffentlicht von Usborne Publishing Ltd, 20 Garrick Street, London WC2E 9 BJ, England.
Übersetzung: Jörg Wichmann.
Copyright © 1987 Usborne Publishing Ltd.
Copyright © 1989 der deutschen Ausgabe Tessloff Verlag, Nürnberg–Hamburg.
ISBN 3-7886-0955-9
Printed in Great Britain